思想政治教育研究文库

——

基于大学生
政治价值观培育的政治仪式研究

章荣君　端木燕萍　著

光明日报出版社

图书在版编目（CIP）数据

基于大学生政治价值观培育的政治仪式研究 / 章荣
君，端木燕萍著 . -- 北京：光明日报出版社，2025. 2.

ISBN 978 - 7 - 5194 - 8519 - 1

Ⅰ. G641

中国国家版本馆 CIP 数据核字第 2025ZU5561 号

基于大学生政治价值观培育的政治仪式研究

**JIYU DAXUESHENG ZHENGZHI JIAZHIGUAN PEIYU DE ZHENGZHI
YISHI YANJIU**

著　　者：章荣君　端木燕萍

责任编辑：刘兴华　　　　　　　　责任校对：宋　悦　乔宇佳

封面设计：中联华文　　　　　　　责任印制：曹　净

出版发行：光明日报出版社

地　　址：北京市西城区永安路 106 号，100050

电　　话：010-63169890（咨询），010-63131930（邮购）

传　　真：010-63131930

网　　址：http：// book. gmw. cn

E - mail：gmrbcbs@ gmw. cn

法律顾问：北京市兰台律师事务所龚柳方律师

印　　刷：三河市华东印刷有限公司

装　　订：三河市华东印刷有限公司

本书如有破损、缺页、装订错误，请与本社联系调换，电话：010-63131930

开　　本：170mm×240mm

字　　数：222 千字　　　　　　　印　　张：15.5

版　　次：2025 年 2 月第 1 版　　　印　　次：2025 年 2 月第 1 次印刷

书　　号：ISBN 978 - 7 - 5194 - 8519 - 1

定　　价：95.00 元

以政治仪式培育大学生政治价值观

——评《基于大学生政治价值观培育的政治仪式研究》

端木燕萍

1921 年 7 月 1 日，中国共产党诞生，由此开启了政治仪式及其思想政治教育功能的转型，为大学生政治价值观培育提供了日渐完整的、系统的新渠道。在新民主主义革命以前，中国政治仪式是政治统治者对被统治阶级展开自上而下教化过程的一种重要途径，从而强化统治者的传统权威和克里斯玛型权威。新民主主义革命以来，历经了四个历史时期，历届党中央领导集体引领全国各族人民共同推进政治仪式及其思想政治教育功能的创造性转化和创新性发展，从而不断强化大学生政治价值观的开放性、包容性、主体性等发展特征。在上述过程中，学生们对中国政治系统及其各组成部分形成日渐系统化的认知，不断强化政党立场、国家立场和人民立场，逐渐增强对党政力量及其政治行动状态的信任感，并最终落实为积极的政治参与行为意向，致力于为中国式现代化道路的进一步拓展贡献力量。

而基于政治仪式培育大学生政治价值观必须从整个作用过程的现实与问题出发，以促进学生们的自由全面发展为旨归。近年来，基于政治仪式培育大学生政治价值观受到党和国家的高度重视。《新时代公民道德建设实施纲要》（以下简称《纲要》）强调，"要制定国家礼仪规程，完善党和国家功勋荣誉表彰制度，规范开展升国旗、奏唱国歌、入党入团入队等仪式，强化仪式感、参与感、现代感，增强人们对党和国家、对组织集体的认同感和归属感"。保护大学生群体免受历史虚无主义、泛娱乐主义、消费主义等不良价值观的负面影响，使他们充分嵌入政治仪式及其共同符号体系的运作过程，是政府、社会和高校主阵地迫切需要解决的问题。本书立足于针对政治仪式培育大学生政治价值观的功能分析，从政治仪式的外部环境，政治仪式"记忆"功能、"情感"功能、"价值"功能以及三种功能的相互作用入手，阐明政治仪式环境量能有待强化，大学生群体部分地出现政治认知结构不清晰问题，容易陷入集体无意识陷阱，缺乏纵横连接的政治仪式的有力支撑，在从"台前"向"幕后"的转换中可能会出现仪式化的政治参与行为。究其原因，由于政治仪式运行权力基础弱化，整个培育过程中社会经济资源支持有待强化，培育成果传播机制欠缺互联网技术支持，从而导致上述问题的产生。两位笔者据此提出未来进一步优化的设想，体现出对大学生自由全面发展的深切观照。

运用结构功能主义思维设想未来优化基于政治仪式场域培育大学生政治价值观的具体路径。政治仪式及其思想政治教育功能的发挥过程是一个涵盖政治仪式时空建构、政治仪式展演相关法律法规、政治仪式互动结构筑造与发展等不同组成部分的综合性工程。这就要求研究者对政治仪式本身及其对大学生政治价值观的作用过程做到完整、深入把握，从而能够针对现实实践中凸显的问题提出切实可行的优化方案。从大学生间接参与政治仪式的维度来看，完善互联网空间传播过程的制度配套、制度衔接以及制度执行机制，将会在更大程度上规范各传播主体的具体行为，避免其他人群对政治仪式的大学生政治价值观培育过程及效能的曲解。

另外，强化整个作用过程的中国特色和国际面向能够向世界呈现出一个良好的中国形象。政治仪式及其思想政治教育功能具有文化背景上的差异性。一方面，中国政治仪式要积极吸纳其他国家政治仪式及其主流价值培育过程中的有益因子；另一方面，中国政治仪式组织者也要不断强化自身的文化底蕴，保证中华优秀传统文化、革命文化和社会主义先进文化的统一发展，从而既促使国内大学生群体对国家主流政治价值予以理性赞同，也能够保证远在异国他乡的留学生群体受到中国政治仪式链的辐射效应，在适应西方文化环境的过程中不断增强对人类政治文明新形态的价值自信。

本书的两位笔者分别来自公共管理学科和思想政治教育学科，在两个学科的相互交流中提出了一些新观点、新结论。全书以政治仪式为重要渠道的大学生政治价值观培育具体实践提供了学理上的有力支撑。

序

　　大学生政治价值观培育一直是思想政治教育学科领域关注的一个重要议题。大学校园、社会生态、伦理道德、风俗习惯等都是实现思想政治教育的重要资源。由于我国社会主要矛盾是人民日益增长的美好生活需要和不平衡不充分的发展之间的矛盾，这一矛盾在教育领域也是如此，而在具体的思想政治教育上，不同大学生的政治价值观也存在着明显的差异。如何帮助当代大学生找到一种有效的载体或渠道，使他们既能实现教育资源的有效生产与再生产，又能够保证个体与组织相互作用，从而形成科学、正确的政治价值观，是相关研究领域学者致力于探索的一个重要课题，政治仪式则在其中扮演着非常重要的角色。在上千年的中华民族发展历史进程中，政治仪式始终与不同历史时期中国政治系统的发展变化紧密关联。"国之大事，在祀与戎。"在不同类型的政治仪式链条之中，人们的政治认知、情感价值得以不断升华，从而具有理性化、系统化等特征。当前，大学生群体能够通过体制化的途径聚集在一起，再加上高校这一思想政治教育的主阵地，拥有直接和间接参与政治仪式的各种途径，因而易于受到政治仪式的深刻影响，从而增加了借此形塑自身政治价值观的可能性与可行性。可见，当前已经初步具备了实现政治仪式链条化、常态化发展的条件。

　　政治仪式虽然发生在有限的时间和空间结构中，但是其长期以来对大学生群体的政治心理和政治参与行为发挥着重要功能。而随着数字时代的到来，大学生往往面临着数字技术带来的信息茧房问题，对其嵌入政治仪式的作用过程常常被屏蔽或视而不见。数字时代的显著发展特征在于信息的生产与再生产不再受制于行为主体是否掌握相应的资源分配能力和管理权，而是实现了自上而下和自下而上的双轨运行。在这种情况下，大学生在不同维度形成了特定的圈层：在同一圈层内部，相关大学生在互动沟通中不断强化对政治仪式所包含政治象征体系的认知与情感价值倾向；在不同圈层之间，由于上述数字技术带来的互联网空间屏障，不同的大学生群体之间难以实现不同观点的碰撞与相互融合发展，即出现了政治参与热情高涨与政治冷漠并存的现象。

在现实实践中，大学生群体有着较高的认知力与理解力，能够对中国政治系统及其各组成部分形成较为准确的认识；他们也面临着理想与现实的张力，同时也是历史虚无主义、泛娱乐主义等不良价值观的目标作用对象。因而造成了政治仪式的思想政治教育功能发挥作用有限，对大学生实现政治社会化有着一定的负面影响。在这一背景下，当政治仪式难以促使大学生跨越政治价值观发展的分离阶段、阈限阶段和融合阶段时，上述这些问题将会在更大程度上阻碍大学生成长为合格的"政治人"。

从国际社会这一宏观视角来看，政治仪式组织者应当致力于促使大学生群体以一种历史唯物主义的视野比较国内外政治仪式的异同点。政治仪式是政治象征的集合体。仪式组织者引领其他参与人员构筑人、事、物的相互作用机制，使得大学生实现不同记忆资源的互促发展。电视、报刊等传统媒体和互联网社交媒体平台借助文字、图像、视频的相互辅助机制，精准触发人们的情感反应。这些是政治仪式在总体意义上的作用过程描述。同时，政治仪式也是特定时代的产物，包含着不同国家的重大政治事件、重要政治人物以及受到公民普遍赞同、口口相传的价值观念。因此，中国大学生在看待其他国家的政治仪式的时候，需要真正嵌入该政治仪式所包含的历史情境之中，从而在普遍与特殊的相互交织之中感受政治仪式强大的吸引力，并批判性地看待国外政治仪式的政治价值观生产和再生产过程。

而立足于国家和社会关系，政治仪式组织者则需要凸显新时代大学生群体的主体性地位，从而进一步保障政治仪式在大学生政治价值观培育上的隐性教育功能。当大学生群体的政治效能感被不断强化的时候，他们就成为促进强国家和强社会建设的重要中介角色。构成政治仪式的特定器物、图像、参与人员及其语言符号需要借助大学生群体对互联网空间语言符号的熟悉和灵活运用优势，使得他们成为政治仪式及其所包含的政治思想和政治精神的传播者，完成政治象征的解释与接收过程。

本书实现了研究角度创新和研究结论创新，从政治仪式入手，分析了大学生政治价值观培育的又一重要渠道，其中既包含了对政治仪式本身的、系统化的分析，又阐述了政治仪式与大学生政治价值观培育之间的逻辑关系，包含仪式前、仪式中和仪式后三个阶段，缺一不可。整个分析框架结构始终结合当前大学生群体的发展特征，力图在最大程度上契合政治仪式中的个体与组织关系。在研究方法的运用上，本书采用了深描法、历史分析法以及跨学科分析方法，试图使基于大学生政治价值观培育的政治仪式研究这一选题得到更加充分的解释。随着时代的发展，政治仪式的思想政治教育功能会呈现出一些新的表征，还需要我们在今后的学术生涯中持续跟踪研究，以优化政治仪式形塑大学生政治价值观的途径与方法。

是为序。

章荣君

2024 年 3 月 4 日

目　录
CONTENTS

绪　论

一、选题的背景与意义

大学生作为未来推进国家政治发展与社会和谐稳定的中坚力量，具有较强的专业能力、创新思想，同时面临着理想与现实的张力，容易受到历史虚无主义、泛娱乐主义等错误思潮的冲击，其政治价值观培育成为中央和地方各级党政部门、高校教育队伍以及大学生群体自身广泛关注的重要议题。现阶段，大学生政治价值观的基本情况是他们既始终坚定"以人民为中心"的政治立场，又面临西方国家多种社会思潮的挑战；在政治情感态度上，他们面临着各种发展不均衡问题，从而存在政治冷漠的倾向；既对国家政权体系制定的改革方针和政策文本呈现出较高的政治信心，又对部分地方党政部门领导干部主导制定和执行的政策内容抱持着无所谓甚至是怀疑的态度；既对国家层面发生的重大政治事件和国际政治格局表现出积极的政治参与意识，并实施多元化的政治参与行为，又在面对一些基层公共事务时难以释放出更为强烈的政治效能感。

为了有效解决大学生政治价值观发展过程中出现的问题，使得他们积极参与到政治生活中，不同组织和个体提供了相应的解决方案。第一，高校教育队伍更加强调发挥课堂教学以及学校组织的社会实践活动的重要作用，涵盖高校党委、二级学院及其相关职能部门以及辅导员、思想政治理论课教师、专业课教师等不同群体。他们通过挖掘新的资源，巧妙运用网络育人新载体，从而解决大学生政治价值观发展过程中存在的负面效应。

高校党委补齐制度短板，二级学院及其相关职能部门进一步强化相关规范的制定与实施，而思想政治理论课教师和专业课教师则在课堂教学的过程中，通过发挥自身深厚的知识储备和优秀的教学技能，不断强化大学生的人民立场，提升他们对党政力量的政治信任水平，辅导员则在大学生的组织生活和日常生活中，给予他们必要的指导，促使他们形成和发展积极健康的政治价值观。

第二，基层党政力量作为满足人民利益诉求的一线力量，他们努力提升对大学生政治参与需求的回应效率。具体而言，一方面，基层政权体系通过举行听证会、恳谈会、协商议事会，使得大学生群体得以及时了解相关政策、议题的推进过程；另一方面，相关领导干部不断强化党员联系户制度，与大学生个体成员进行全面、有效的情感沟通，从而有效提升后者对他们的政治信任水平，而不是继续抱持着政府官员和一般公务人员始终坚持盈利型思维方式和行为模式的刻板印象。

第三，大众媒体积极发挥自身的外部监督功能。一方面，他们借助互联网空间信息数据的生产和再生产的去中心化特征，为大学生群体提供了一种表达自身利益诉求的体制化平台；另一方面，面对极少数破坏国家程序正义的人、事、物，通过专业的新闻报道和规范的传播过程，让大学生认识到政治权力行使者及其领导的政策制定与执行过程始终需要以人民为中心，满足公共利益需求。

第四，大学生个体成员自身积极发挥作为网络原住民的优势，在微博、微信、抖音、B站等自媒体平台制作和发布相关视频和文本，从而积极表达自身对中国特色社会主义的政治系统及其各组成部分构建与运行的政治态度，进而呈现出日渐积极的政治参与意识和政治参与行为。

这些措施有效地消除了大学生政治价值观发展过程中出现的一些不良现象，同时也为相关学者对此展开进一步的理论研究提供了现实依据。但仍需注意的是，一方面，这些对策覆盖范围较为有限，难以以一种常态化的方式促使更多的组织和个体实践嵌入——契合过程；另一方面，它们对大学生群体仍然相对缺乏吸引力，一些大学生在其中欠缺主动性意识，①从而难以有效达成强化自身政治立场、政治信任水平、政治宽容度以及提升政治参与水平等目标。而政治仪式作为承载人们记忆和情感的复合载体，借助象征物品、特定话语以及仪式行动等构成的政治象征体系，吸引大学生群体积极参与其中，从而在纵横相接的政治仪式链中强化政治立场，增强对中央和地方各级党政部门的政治效能感，最终转化为对相关公共事务的积极关注。基于此，本书从政治仪式这一价值观念生产和再生产载体切入，探寻促进大学生政治价值观健康良性发展的理论和实践路径。

二、研究方法

从政治仪式这一维度切入，为推动大学生政治价值观发展找到切实可行的完善路径，笔者既需要详细分析政治仪式本身的基本组成部分及其整体运行过程，也需要了解大学生政治价值观的基本状况，包括具体表现、存在的问题等层面，并详细分析政治仪式作用于大学生政治价值观培育过程的具体方式。为此，我们需要在研究过程中使用经验分析的方法来探寻切实可靠的研究结果。具体而言，获取和使用第一手资料在其中发挥着较为重要的作用。这一研究方法一般包括以下四个前后相接的具体研究步骤："（1）运用归纳法将我们观察到的事物转换成假定；（2）运用演绎法做出事物发展的预测；（3）用新的观察来检测这些预测；（4）修订假定以使它与我们的观察结果相符。"② 本书在对以政治仪式为载体培育大学生政治价值观逻辑理路和现实路径进行分析时，既需要借助相关理论构建相应的理论分析框架，又需要运用大量的现实实践资料进行解析，从而提出对促进大学生政治价值观生产与再生产切实有效的对策建议。

互联网技术的迅猛发展为研究资料的整理和分析提供了较大的便利。其中，历史分析方法的运用效率和效果得到有效增强，即互联网空间为研

① 邢国忠，胡雪纯."思想道德与法治"课程中爱国主义教学的理路探寻［J］.思想教育研究，2024（1）：76-82.

② 商红日.政府基础论［M］.北京：经济日报出版社，2002：6.

究团队获取国内不同历史时期举行政治仪式的相关资料提供了更大的便利性，同时也有助于批判性地吸收借鉴西方国家政治仪式研究成果与实践经验。另外，鉴于本书具有跨学科的性质，笔者在撰写相关内容的过程中将会综合运用政治学、社会学、人类学等学科的多元研究方法，以对相关问题进行全面、深入、立体化的分析。当然，学术研究需要建立在学界已有的研究成果之上，剖析其中的优势与不足之处，所以本书对国内外现有研究成果进行了梳理总结，并加以评析。

三、国内外研究现状述评

关于政治仪式和政治价值观的学术研究，引起了政治学、社会学、人类学等不同学科相关领域学者的高度关注和重视。相应地，国内外相关研究成果也大量涌现，值得研究者加以梳理、评价，并在其中实现本书及其主要研究内容的创新性发展。

（一）国内研究现状

就国内研究现状而言，大体上分为两方面、四个层面：一是关于政治仪式的研究，具体包括当前国内政治仪式发展与运行过程中产生的问题以及学者们从各自的理论视角出发提出具体解决方案；二是关于大学生政治价值观的研究，包括大学生政治价值观培育过程中使用的具体方式与手段及其存在的问题以及针对这些问题提出的优化路径。

就政治仪式研究而言，第一种研究视角是从政治权力的角度切入，分析了政治仪式在推进政治权力生产与再生产过程中面临的困境。第一，政治仪式既发挥了规训诫惧功能①，同时也成为极少数领导干部继续抱持官本位思维方式并实施相应政治行为的抓手②。其中，政治仪式的规训诫惧功能具体包括以下两点：一是政治仪式能够对公权力行使者的政治行为予

---

① 王淑琴. 政治仪式推动政治认同的内在机理：兼论政治仪式的特性 [J]. 中共福建省委党校学报，2018（9）：73-78.

② 马敏. 仪式与剧场的互移：对现代中国大众政治行为的解读 [J]. 甘肃理论学刊，2004（4）：9-13.

以有效约束，比如，公职人员在宪法宣誓仪式中，面向党旗党徽，手按《中华人民共和国宪法》文本，宣读誓词，既是明确自身政治身份的转变，表达对党和政府的忠诚承诺，也意味着其新的政治生命的开始①，促使其谨记自身的初心与使命。二是政治仪式能够对多元社会力量产生震慑作用②，使得他们感受到党的政治权威以及政府主导社会治理的公信力，从而严格遵守法律制度规范体系及其相关规定，共同维护社会秩序的稳定与发展。在此基础之上，一些学者揭示了部分地方和基层政府官员在举行政治仪式的过程中，相对忽视政治仪式的上述功能，而是将更多的政策、资金、人才和技术资源投入经济增长中这一现象。③ 比如，极少数基层政权体系中的党员干部缺乏对入党仪式重要性的关注，出现省略仪式程序的现象，从而威胁到相关政府部门及工作人员有效达成自身与相应岗位的融合发展目标。第二，政治仪式发挥着增强政府官员及一般公务人员政治合法性的功能④，同时一些地方则因为对相关政治仪式程序出现"能省就省"的现象，并相对忽视仪式后的场域转换机制，从而丧失了增强政府公信力的时机⑤。现阶段，政治仪式通过象征物品、特定话语以及一系列仪式行动，能够全面、深入地呈现出党政力量经由政策制定与执行取得的发展绩效，并触发人民群众对党和国家的多元记忆和集体情感，从而增强他们的政治合法性。但部分地方相对忽视政治仪式的这一重要功能，缺乏对象征物品及其文化内涵的挖掘。仪式组织者在仪式中发表重要讲话的时候，使用一些形式化的话语，不遵守仪式行动的相关制度规范，从而削弱了政治

① 薛洁，王灏淼 . 国家认同：现代多民族国家共同体意识的构建目标［J］. 上海行政学院学报，2020，21（5）：4-12.

② 刘骄阳 . 后现代社会的政治仪式何以可能［J］. 探索与争鸣，2018（2）：50-52，142.

③ 胡国胜 . 建国以来中国共产党的纪念活动探析［J］. 党史研究与教学，2008（1）：32-42.

④ 王海洲 . 作为媒介景观的政治仪式：国庆阅兵（1949—2009）的政治传播学研究［J］. 新闻与传播研究，2009，16（4）：53-60，109.

⑤ 王海洲 . 政治仪式的权力策略：基于象征理论与实践的政治学分析［J］. 浙江社会科学，2009（7）：38-43，126.

仪式强化党政力量政治合法性的重要功能。第三，也有学者对政治仪式展开历史研究，分析王朝国家时期国家层面的重大政治仪式发挥的权力生产与再生产功能，并探索这些政治仪式为何在清朝末年失去其应有的功能，无法起到巩固皇权、稳定社会秩序的作用。① 胡元林、司忠华对古代中国国家军政仪式所使用的仪式程序进行了详细研究，揭示了王朝国家重大政治仪式所发挥的宣扬皇权合法性、安抚民心的重要功能。② 比如，在国家祭祀礼仪中，皇帝亲祭、虔诚斋戒是不可缺少的仪式程序，且对祭品的品种、数量、形态、颜色等都有着较为明确的规定，从而彰显皇帝至高无上的政治权威以及不同陪祀官员之间严格的权力等级划分。马敏则从仪式参与人员这一角度切入，展示古代中国重大政治仪式所发挥的权力生产与再生产功能。③ 王朝国家政治仪式参与人员的选择机制以儒家礼治思想为依据，彰显天国、君主、行政官员和普通百姓之间严格的等级关系，这些关系凸显了古代中国政治结构的超稳定性特征。但随着国际局势发生重大转变以及国内僵化的生产关系难以适应生产力的发展，政治仪式的外部环境发生了重大变化，政治仪式的参与人员构成也有了新的转变，从而不断削弱古代中国政治仪式所呈现出的超稳定性特征。比如，有学者对古代中国政治仪式的一个重要仪式空间即天安门进行了详细的分析，指出在王朝国家行将崩溃之际，天安门在西方帝国主义势力的侵略下，逐渐失去了其神圣性和严肃性，从而难以促使普通百姓继续保持对君主及其领导的行政官僚体系的服从与忠诚。④ 王秀玲、万强则对清代国家祭祀礼仪中的实物象征、语言象征和行为象征展开具体研究，认为国家祭礼要发挥强化金字塔式的政治权力结构、安抚民心的重要作用，需要统治者保持稳定的政治仪

① 胡元林，司忠华.中国古代政治教化仪式及其社会功能［J］.湖南科技大学学报（社会科学版），2020，23（4）：167-174.
② 胡元林，司忠华.中国古代政治教化仪式及其社会功能［J］.湖南科技大学学报（社会科学版），2020，23（4）：167-174.
③ 马敏.政治仪式：对帝制中国政治的解读［J］.社会科学论坛，2003（4）：18-22.
④ 薛洁，王灏森.国家认同：现代多民族国家共同体意识的构建目标［J］.上海行政学院学报，2020，21（5）：4-12.

式外在环境，并投入巨大的人力、物力，① 但嘉道以降，清朝统治者逐渐简化各种祭祀仪规，皇帝亲祭的次数也逐渐减少，所以国家祭仪所发挥的强化政治统治者合法性的功能逐渐走向下坡路。

第二种研究视角则是从实现政治文化继承与创新性发展这一角度出发，对政治仪式及其展演过程加以详细剖析，具体包括政治记忆生产与再生产、政治情感生产与再生产以及观念赋予→再造→共享→延展三方面。在政治记忆的生产与再生产问题上，更多的学者是以集体记忆理论为理论基础，认为政治仪式组织者领导多元化的仪式参与人员，设计和运行政治仪式，运用"操演"等一般手段和"重演"手段，促使人们完成对中华民族共同体记忆的建构。② 一方面，仪式观众通过聆听党员干部的重要讲话、观看游行群众代表多元化的仪式行动，既回忆起中国民众被西方帝国主义侵略势力压迫与屠杀的耻辱历史记忆，又实现了对反侵略实践记忆的有效建构；既被唤起了社会主义革命和建设时期曲折发展历程的相关记忆，又将中国共产党领导全国各族人民实现经济增长、稳定政治权力结构、促进社会结构转型等回忆内容融入相应的记忆系统中；既回忆起改革开放和社会主义现代化建设新时期一些地方和基层呈现出的盈利型的思维方式和政治行为，又不断凝聚关于中国高层、中层和基层以经济建设为中心而取得的一系列发展绩效的记忆内容。另一方面，仪式观众也在党和国家领导人的重要讲话和人民群众游行活动中，感受到了过去五到十年党政力量的实践历程及其所取得的成就，从而获取和积累现实实践记忆。同时，政治仪式的记忆生产与再生产功能及其发挥缺乏相对完善的法律制度规范体系支撑，也缺少更为强大的专业人才和技术支持。在政治情感的生产与再生产问题上，以曾楠教授为代表的一众学者则主张政治仪式组织者通过充分运用仪式操演过程，强化民众的情感归属，使之产生强烈的震撼、感染和自

---

① 王秀玲，万强. 清代国家祭祀礼仪的象征体系与政治文化内涵 [J]. 深圳大学学报（人文社会科学版），2020，37（1）：152-160.

② 朱庆跃. 政治仪式在中共政党文化构建中的功能价值分析：以民主革命时期抗日纪念仪式为例 [J]. 现代哲学，2021（4）：58-65.

我约束。① 但在一些地方和基层政权体系举行的政治仪式中，曾有部分党员干部空谈大道理、简化与其他仪式参与人员的互动交往过程等问题尚未得到解决。因此，仪式观众部分地出现身体在场但功能不在场的现象，仪式中所蕴含的情感沟通过程的"走过场"特征明显增加。在观念生产与再生产方面，有学者主张政治仪式作为一种国家观念的仪式化表达，通过观念赋予→再造→共享→延展的完整流程，实现观念形态变迁。② 中国古代政治仪式将君为民、民事君的等级政治文化嵌入仪式参与人员的内心世界；近现代政治仪式则在对金钱关系的探求中，使得价值的相对、个体的物化成为仪式参与人员价值观念的发展趋势；现阶段的政治仪式虽然以协商、交往、互动达成共识为一系列仪式行动的基础，但仍然存在着参与和沟通问题，需要进一步加强平等性和互动性特征。

面对上述学者对政治仪式运行困境进行的全面、深入的分析，也有学者致力于进一步明确提出设计、实施政治仪式的原则和发展趋向，其中呈现出较为显著的差异性。比如，姬会然在"国家与社会关系"的分析框架下，提出党中央、国家权力机关、中央和地方政府需要将政治仪式纳入制度化安排中，使得政治仪式释放出调动民众情感、增进社会凝聚力、彰显程序正义等特质，③ 从而促使人们认可相关政府官员和一般公务人员的政治合法性。王海洲教授则立足于微观层面的仪式中使用的象征符号系统，主张仪式组织者需要进一步强化象征符号系统的文化内涵，使其输出更多的"政治态度、价值、感觉、信息和技能"，进而促使政治仪式"呈现出政治文化的外在影响力，对政治动员和政治参与等重要政治活动产生巨大的推动作用"。④ 在此基础之上，王海洲教授又先后撰写了《试析政治仪式

① 曾楠. 政治仪式建构国家认同的理论诠释与实践图景：以改革开放 40 周年纪念活动为例 [J]. 探索，2019 (3)：51-60.

② 曾楠. 国家认同的生成考察：政治仪式的观念再生产视域 [J]. 安徽师范大学学报（人文社会科学版），2021，49 (1)：33-39.

③ 姬会然. 论宪法宣誓制度的政治内涵、价值及其完善：以现代政治仪式建构为分析视角 [J]. 社会主义研究，2016 (6)：71-77.

④ 王海洲. 政治仪式的权力策略：基于象征理论与实践的政治学分析 [J]. 浙江社会科学，2009 (7)：38-43，126.

中的声音符号及其象征意义》《政治空间转换中的仪式实践策略》《仪式与
政治时间的更新》等论文，对政治仪式的不同组成部分及其功能发挥的实
然和应然状态加以详细阐释。曾楠、张云皓则从政治仪式的整体运行机制
和具体过程切入，分析了进一步强化政治仪式的记忆生产与再生产、情感
生产与再生产以及价值观念生产与再生产三种功能的具体实践路径，从而
增强人们的政治认同意识。① 在记忆的生产与再生产上，中央和地方各级
政权体系需要通过政治仪式，唤醒集体记忆，实现对相关政治组织和个体
的动态性认同；在情感的生产与再生产上，政治仪式通过进一步强化不同
仪式参与者组成的互动结构，构建中华民族情感共同体；在价值观念的生
产与再生产上，仪式组织者需要在未来不断推进政治仪式操演过程的完善
与优化，从而塑造人们对党和国家的价值信仰，进而推动铸牢中华民族共
同体意识。

　　而针对大学生政治价值观的相关研究成果也可以被划分为问题与解决
方案两个层面。正如前文所述，大学生的政治价值观由政治立场、政治信
任感、政治宽容度和政治参与行为四个部分构成。在政治立场上，总体而
言，大学生群体始终坚持以人民为中心的立场。同时，极少数大学生对自
身政治立场还需要进一步确认。李保强指出，一些大学生对政治教育、政
治学习、政治活动产生抵触心理，易在不良思潮的影响下引发政治立场的
缺失和偏差。② 针对这一理论观点，罗坤瑾通过对贵州六所高校的大学生
进行问卷调查，并对数据进行整理与分析，得出以下结论：现阶段，大学
生存在明确的政治立场与摇摆的政治认知并存的现象。③ 其中，魏新兴揭
示了娱乐性网络文化对大学生形塑正确政治立场产生的负面影响。④ 在政

① 曾楠，张云皓. 政治仪式：国家认同建构的象征维度——以庆祝中华人民共和国成
　　立 70 周年大会为考察对象 [J]. 云南民族大学学报（哲学社会科学版），2020，37
　　（6）：5-11.
② 李保强. 大学生的政治认同与政治立场 [J]. 人民论坛，2019（25）：95-97.
③ 罗坤瑾. 网络使用与大学生政治素养的实证研究：以贵州六所高校为调研对象 [J].
　　新闻界，2012（13）：41-45.
④ 魏新兴. 网络文化对大学生的负面效应及消解机制 [J]. 河南社会科学，2008（5）：
　　180-181.

治信任感层面，总体而言，大学生的政治信任水平较高，特别是对党中央和中央人民政府制定的政策、方针，抱持着较高的信任水平，但也有学者指出一些大学生对极少数地方党政领导干部则呈现出相对较低的政治信任水平。① 因此，这部分学生对相关政策的制定和执行过程保持政治冷漠，既不倾向于通过制度化的政治参与方式对这一系列过程发挥作用力，也不倾向于行使自身的民主监督权利。在此基础之上，李静等立足于网络社交媒体构筑的虚拟空间，强调对地方和基层政权体系持较低的政治信任水平，将会导致大学生群体面对社交媒体上的相关议题，呈现出比较低水平的卷入状态，② 同时因多元主义文化思潮的冲击而被拜金主义、泛娱乐主义所裹挟。在政治宽容度层面，大学生对改革开放大背景下党中央和中央人民政府制定的顶层规划是予以肯定、赞同的态度的。但喻永红也指出，现阶段，一些大学生对部分地方和基层表现出相对较低的宽容度。③ 马得勇教授对这一现象产生的原因进行了详细剖析。他认为主要是因为部分政府官员面对高层和中层倡导的协商民主制度体制机制以及民众对有效行使政治权利的需求时，予以相对忽视，出现"走过场"甚至是"一言堂"现象。④ 从而不断降低大学生群体对他们的政治宽容度。而政治宽容度的降低，将会导致部分大学生对当地政策制定和执行过程产生消极态度；或者是进一步降低政治参与意愿水平，进而加剧基层治理悬浮问题。在政治参与行为方面，越来越多的大学生参与到基层党政力量组织的政治活动中，比如，在外攻读学位的青年返回故土，参加地方政治选举。同时，也有学

---

① 方曦，王奎明．大学生政治信任现状及影响因素的实证研究：基于学校层面的分析 [J]．上海交通大学学报（哲学社会科学版），2018，26（1）：53-62．

② 李静，姬雁楠，谢耘耕．中国大学生在社交媒体上的公共事件传播行为研究：基于全国 103 所高校的实证调查分析 [J]．新闻界，2018（4）：44-50，71．

③ 喻永红．当代大学生政治价值观的特点与教育对策研究 [J]．黑龙江高教研究，2003（6）：45-46．

④ 马得勇．东亚地区民众政治宽容及其原因分析：基于宏观层次的比较研究 [J]．武汉大学学报（哲学社会科学版），2009，62（3）：339-347．

者指出，当前大学生有序政治参与意识与行为仍然有待加强。① 李济沅等则基于面向 1159 名在校大学生的实证数据分析结果，得出以下结论：当前大学生群体更加倾向于选择非制度化的网络政治参与方式，其中又存在着互联网依赖度高、圈层化符号性强等不良发展趋势。② 上述这些问题共同导致大学生的政治价值观出现了理性与非理性交织的现象，呈现出相对不稳定的发展状态，亟须进一步强化其政治价值观培育过程。

现阶段，学界侧重于从第一课堂、第二课堂和第三课堂以及互联网技术入手，为上述问题的解决提供具体方案。就第一课堂而言，高洁主张一方面在知识教育上，教师需要进一步强化对知识理论与教学语言的精细考究；另一方面，高校教师要在政治价值规范的关系性表达上，搭建理解通道，使观点有情有义，从而引发学生的情感共鸣。③ 其中，针对大学教师的思想政治教育就凸显出相应的重要性和必要性。无论是作为准教师职前预备重要载体的高校教师培训体系，还是高校党委及相关职能部门为新教师、资深教师提供的继续教育培训，都需要进一步强化他们的共产主义立场，④ 提高他们的政治组织信任水平,⑤ 增强他们的政治宽容度以及提升他们的政治参与意愿水平。

针对第二课堂，有学者提倡进一步强化党团组织及其举办的活动以及社团活动等高校校园文化活动，在形塑大学生政治价值观上发挥的重要作用。⑥ 其中，刘素贞强调必须不断提升高校基层党组织的组织力，具体包

① 卞靖懿，娄淑华. 国家治理现代化视域下大学生有序政治参与意识与习惯培养 [J]. 思想理论教育导刊，2019（1）：135-139.

② 李济沅，孙超. 大学生非制度化网络政治参与意愿研究：基于 1159 名在校大学生的实证分析 [J]. 中国青年社会科学，2022，41（3）：64-74.

③ 高洁. 论教师在价值观教育中的观点表达力 [J]. 教育科学研究，2021（11）：18-25.

④ 孙康. 高校思想政治理论课教师的学者角色和学术阐释力的提升 [J]. 学校党建与思想教育，2010（34）：19-21.

⑤ 杨烁，余凯. 组织信任对教师知识共享的影响研究：心理安全感的中介作用及沟通满意度的调节作用 [J]. 教育研究与实验，2019（2）：39-45.

⑥ 迟淑清. 论蕴含于高校校园文化活动中的隐性思想政治教育 [J]. 黑龙江高教研究，2014（2）：109-110.

括体制机制建设和党务工作者队伍建设,① 从而在组织相关政治学习活动的过程中,强化对大学生群体政治引领的力度和效度。针对社团活动,有学者则认为需要强化学生社团活动与思想政治教育的有机融合过程,提升社团参与度,增加社团成员数量,② 从而使得大学生自觉、主动地参加相关政治学习活动,强化自身政治立场、提升政治信任水平、提高政治宽容度并形成积极正向的政治参与意识与政治参与行为。

就第三课堂而言,参与社会实践活动对大学生群体强化政治认同产生积极影响,因此有学者主张要积极开展特色社会实践,从而实现大学生政治价值观的自我构建以及社会化修正。③ 为此,李一楠以红色社会实践活动为例,认为高校思想政治教育队伍需要通过更新育人理念、完善活动组织机制、丰富活动形式内容、培养活动指导队伍,④ 从而有效提升大学生政治价值观培育的时代性、创新性和专业性。当然,也有相当一部分学者主张将新兴的互联网技术融入大学生政治价值观培育体系中,比如,侯欣、邵竞莹提出,政府方面需要完善互联网监管机制,媒体方面需要创新政治价值观传播策略,高校方面则需要实现思想政治教育理论课课堂教学主渠道与互联网空间的有效融合,学生个体方面则要增强算法素养、提高政治价值判断能力,⑤ 从而使得大学生群体在面对互联网空间多元化的文化思潮时,能够坚定自身的政治立场,强化对党和国家的政治价值的信仰。

---

① 刘素贞. 新时代提升高校基层党组织组织力探析 [J]. 思想理论教育,2021 (11):78-82.

② 陈荟洁. 基于学生社团的高校思想政治教育模式的实践与探索 [J]. 吉首大学学报(社会科学版),2017,38 (S2):156-158.

③ 王振杰. 论特色社会实践对大学生价值观的塑造 [J]. 教育理论与实践,2021,41 (15):38-41.

④ 李一楠. 以红色社会实践活动推进大学生社会主义核心价值观教育的理性审视 [J]. 思想理论教育导刊,2019 (2):78-82.

⑤ 侯欣,邵竞莹. 论"泛娱乐主义"思潮对大学生价值观的负面影响及其消除 [J]. 学校党建与思想教育,2022 (16):47-49.

（二）国外研究现状

从仪式到政治仪式，这一关键场域经由人类学、社会学、政治人类学等相关学科领域的广泛、深入研究，已经衍生出多元化的、高质量的研究成果。在人类学方面，被视为"人类学之父"的爱德华·泰勒（Edward Burnett Tylor），通过研究原始社会的人类生活，指出仪式是崇拜万物之灵的重要方式，与教义共同成为宗教体系的重要组成部分。① 而爱弥尔·涂尔干（Emile Durkheim）则跳出原始社会时空结构，第一次在社会背景下探寻宗教仪式的功能及其有效发挥途径，认为仪式中迸发出的"集体狂欢"，成为"激发、维持和重塑"社会性群体生活的重要变量。② 涂尔干的这一理论主张，将仪式运转的外部环境转换到了现代社会中。在社会学方面，阿诺尔德·范热内普（Arnold Van Gennep）在其创作的《通过性仪式》（*The Rites of Passage*）一书中开创性地将"阈限"这一概念引入到仪式中。在此基础之上，维克多·特纳（Victor Turner）对范热内普所提出的"阈限"概念进行了更深层次的挖掘，他提出，通过仪式过程可以被划分为"分离（separation）阶段""阈限（limen）阶段"和"聚合（aggre-gation）阶段"，其中"阈限阶段"意味着，在仪式过程中，"阈限的实体既不在这里，也不在那里；他们在法律、习俗、传统和典礼所指定和安排的那些位置之间的地方"③。特纳的这一解释表明，社会成为一种过程，而仪式在其中起着稳定社会秩序的作用。此后，政治人类学方面的仪式研究逐渐兴起和发展，具体包括四个层面的专题性研究成果：一是就职、宣誓和葬礼等与国家重要政治人物相关的政治仪式，比如，有学者就对1948年印度国大党为圣雄甘地举行的国葬仪式进行研究④，揭示了这一类型的政

① 泰勒. 人类学：人及其文化研究［M］. 连树声，译. 上海：上海文艺出版社，1993：350.
② 涂尔干. 宗教生活的基本形式［M］. 渠东，汲喆，译. 上海：上海人民出版社，1999：8.
③ 特纳. 仪式过程：结构与反结构［M］. 黄剑波，柳博赟，译. 北京：中国人民大学出版社，2006：95.
④ KHAN Y. Performing Peace：Gandhi's Assassination as a Critical Moment in the Consolida-tion of the Nehruvian State［J］. Modern Asian Studies，2011，45（1）：57-80.

治仪式能够起到形成和巩固社会团结的重要作用。二是与政党、政府或政治利益团体相关的政治仪式，比如，庆典集会、党派竞选等，温蒂·威廉姆斯（Wendy Willems）将政治选举作为一种嵌入式仪式予以分析，指出仪式中使用的语言符号、到场的参与人员结构以及大众媒体报道仪式所选取的视角，都彰显出权力关系的非民主化以及结构性不平等问题的存在。①西蒙·泰勒（Simon Taylor）则对纳粹主义代表人物希特勒主导的政治集会进行了详细阐释，指出他在仪式过程中使用的象征物品、语言符号和行为符号等，使得犹太人团体成为恶的代名词，而德国社会的中间阶层则被赋予了善的特征，从而加剧了社会结构的对立性特征。② 三是社会冲突或政治斗争过程中所使用的仪式，马拉·艾布瑞特（Mara Albrecht）以1886年在北爱尔兰首府贝尔法斯特和1929年在耶路撒冷爆发的两次政治集会为例，指出这一类型在公共空间举行的政治仪式包含城乡差别、宗教差别等排斥性特征，是不同团体行使集体暴力的工具。③ 而史蒂文·卢克斯（Steven Lukes）则认为恰恰是在现阶段冲突的、多元化的工业社会大背景下，政治仪式能够起到凝聚社会的作用，而不是成为诱发偏见与歧视的载体。四是与强化政治价值观念相关的政治仪式。④

而西方国家大学生在政治价值观方面的基本状况也存在着较为复杂的特征和一些亟待解决的问题，具体表现在不同族裔之间、不同宗教之间、不同政党支持者之间。就不同族裔而言，亚裔、拉丁裔大学生均因为少数族裔的社会身份、地位，遭遇身份压力和文化适应压力，在政治参与上也

---

① WILLEMS W. The Ballot Vote as Embedded Ritual: A Radical Critique of Liberal-democratic Approaches to Media and Elections in Africa [J]. African Studies, 2012, 71 (1): 91-107.

② TAYLOR S. Symbol and Ritual under National Socialism [J]. The British Journal of Sociology, 1981, 32 (4): 504-520.

③ ALBRECHT M. Ritual Performances and Collective Violence in Divided Cities-The Riots in Belfast (1886) and Jerusalem (1929) [J]. Political Geography, 2021, 86 (5): 1-13.

④ GORDON D M. The Cultural Politics of a Traditional Ceremony: Mutomboko and the Performance of History on the Luapula (Zambia) [J]. Comparative Studies in Society and History, 2004, 46 (1): 63-83; COTTLE S. Mediatized Rituals: Beyond Manufacturing Consent [J]. Media, Culture & Society, 2006, 28 (3): 411-432.

受到较大的限制，从而难以对所居住的国家、政治党派产生较高水平的政治信任、政治宽容度，进而采取暴力行动、示威游行等非制度化的政治参与方式，而不是积极参与相关政治议程。比如，杰弗瑞·K. 格里姆（Jeffrey K. Grim）等以亚裔美国大学生为例，指出校园里的其他人群对他们存在较为普遍的误解，造成亚裔美国大学生无法与其他人进行有效互动交往，难以参与针对一些政治问题的对话，进而削弱了他们对美国主流政治价值观，包括自由主义、社会正义的认可与接受。① 在不同宗教之间同样存在着大学生政治价值观发展困境，罗德尼·T. 哈特内特（Rodney T. Hartnett）等对 1500 名美国大一新生进行问卷调查。调查结果显示，在基督教徒、新教徒、犹太教徒和没有正式宗教信仰的人中间，新教徒和基督教徒能够享有更多的政治权利，从而在政治立场上更加偏向于美国的主流政治价值观。② 由此，犹太教徒和没有正式宗教信仰的人将会在民主观、平等观等政治价值观的完善与优化上，遭遇难题。而在不同政党的支持者之间，同样存在着大学生政治价值观形塑难题。以瑞典为例，亚瑟·尼尔松（Artur Nilsson）等针对这个国家的 1515 名大学生进行了调查研究，调查结果显示，该国的大学生存在着较为明显的政治偏向，分为"自由派"和"保守派"，其中保守派虽然拥有更高水平的社会道德感，但他们对移民维持着较低的接受度，从而削弱了自身对民主、自由、平等的信仰，③ 进而对现实实践产生负面影响。为此，国外学术界提出了不同类型的解决问题的路径。其中更多的学者侧重于从高等教育体制出发，强调发挥大学管理人员、专业教师和研究人员以及其他学校工作人员的多元化的功能，从而推

---

① GRIM J K, LEE N L, MUSEUS S D, et al. Asian American College Student Activism and Social Justice in Midwest Contexts [J]. New Directions for Higher Education, 2019 (186): 25-36.

② HARTNETT R T, PETERSON R E. Religious Preference as A Factor in Attitudinal and Background Differences among College Freshmen [J]. ETS Research Report Series, 1967 (1): 1-25.

③ NILSSON A, MONTGOMERY H, DIMDINS G, et al. Beyond 'Liberals' and 'Conservatives': Complexity in Ideology, Moral Intuitions, and Worldview among Swedish Voters [J]. European Journal of Personality, 2020, 34 (3): 448-469.

动大学生政治价值观的发展与完善。有学者强调，高等教育机构承担着培养关心公共事务和致力于解决社会问题的积极公民这一重要使命，因此学校领导者以及教职工需要促进校园文化的发展，从而促使学生提升政治参与水平。① 具体而言，一方面，教师和教学中心的其他工作人员可以将政治投票内容纳入相关课程的课堂对话过程中，从而使得学生在教学体验中深化对积极关注国家相关议题、参与政治议程的重要性和必要性的认识与体悟；另一方面，学校领导者则要致力于塑造支持政治参与的环境和现实实践，比如，聘用接受过专业训练的主持人，并成立特别工作小组，支持学生参与政治生活。杰弗瑞·K. 格里姆等针对亚裔美国大学生政治价值观形塑困境则提出应当发挥智能技术和跨地区会议的力量。② 一是要相关社区创建数据系统，使得跨种族和社会经济阶层的数据能够得到普及并被正常使用，从而解决其他人群对这一群体的误解问题。二是要鼓励亚裔美国大学生领袖积极参与关注亚裔美国人获得社会正义问题的地区和国家会议，从而有效应对来自其他人群的系统性歧视。林赛·T. 贝克（Lindsey T. Back）则更加强调发挥社会组织的作用，即通过社会力量的有效干预，提升他们的自我效能感，并在种族/民族认同与国家认同、政党认同之间构建有效的平衡机制。③ 比如，一些专业人员构建表达和综合少数族裔大学生利益诉求的专门机构，为他们参与政治生活提供必要的专业理论知识、实践经验以及技术支持，例如，为他们构建数字身份，发挥他们作为网络原住民的优势，④ 从而强化他们的领导力和互动交往能力。可以说，

① BERGOM I. How to Learn and Use Your Institution's Student Voting Rates ［J］. Dean and Provost, 2016, 18 (3): 1–5.

② GRIM J K, LEE N L, MUSEUS S D, et al. Asian American College Student Activism and Social Justice in Midwest Contexts ［J］. New Directions for Higher Education, 2019 (186): 25–36.

③ BACK L T, KEYS C B. Developing and Testing the College Student Empowerment Scales for Racial/Ethnic Minorities ［J］. Journal of Community Psychology, 2019, 48 (6): 482–502.

④ AHLQUIST J. Digital Student Leadership Development ［J］. New Directions for Student Leadership, 2017 (153): 47–62.

国外学者为了解决大学生存在的政治价值观形塑难题，从不同组织、机构和个体入手，提出了多元化的培育手段与方式。

（三）总结评析

纵观国内外现有研究成果，笔者可以明确的是，一方面，针对大学生政治价值观的研究较为全面、深入，涵盖了政治立场、政治信任感、政治宽容度以及现实的政治参与行为等不同层面；另一方面，学界也从政府、学校、家庭、民间社会组织等不同行为主体出发，为大学生政治价值观形塑难题提供具体的解决方案。我们也需要注意的是，无论是哪一种解决办法都相对欠缺历时性发展和共时性融合相互作用的效能，且相对缺乏系统性。而政治仪式作为一种具有悠久发展历史的价值观念培育载体，且党政力量作为仪式组织者在其中发挥着不可缺少的引领力、号召力、凝聚力，同时通过现代化的大众传媒系统，弥补其他培育方式的不足之处，并在更大程度上吸引大学生参与其中，接受仪式"记忆"功能、"情感"功能、"价值"功能以及三种功能交互作用产生的积极正向的影响，从而巩固以人民为中心的政治立场，提升对国家、地方和基层政权体系的政治信任水平、政治宽容度，强化政治参与意识，完善与优化政治参与行为。

四、研究的主要观点与创新之处

（一）研究的主要观点

本书的第一个基本观点就是大学生政治价值观培育过程中要始终坚持以人民为中心的政治立场。一些西方国家的相关研究成果或者是为了实现不同政治党派的利益诉求，或者是维护少数经济精英的利益，从而丧失了正义性、公正性等重要特征。而在社会主义新中国，中国共产党领导全国各族人民，致力于实现最广大人民的根本利益。在此基础之上，大学生作为未来促进国家政治发展和社会秩序稳定、发展的中坚力量，更加需要坚持以人民为中心的政治立场，对党和人民政府保持较高的政治信任水平，在改革开放大背景下维持较高的政治宽容度，积极参与基层政治生活，关注国内重大政策、方针的制定与执行过程，并对国际形势有一个较为全面、客观的把握，以实现人的自由全面发展、共产主义远大理想和中国特色社会主义共同理想为终极目标。

本书的第二个基本观点是政治仪式是深刻影响大学生政治价值观念的重要渠道。一方面，政治仪式的囊括范围较为广泛，既包括国家层面的重大政治仪式，比如，国庆阅兵仪式、"七一"纪念活动、国家公祭日等，又包括地方各级党委和人民政府举办的集会庆典、英雄模范人物表彰大会，还覆盖了基层政权体系主导的公职人员宪法宣誓仪式、入党仪式等。另一方面，政治仪式的基本组成部分，即仪式时空结构、象征物品和多元化的参与人员及其开展的仪式行动，蕴含着丰富的记忆、不同的情感内容以及相关人物和事件所折射出的伟大政治精神，从而能够深刻作用于大学生的认知、情感和价值观念。此外，更为关键的是政治仪式具有周期性、规范性等重要特征，能够形成纵横交错的政治仪式链，再加上大众传播媒介的网络化发展，处于不同地理区域的大学生，甚至是远在海外的留学生群体均能够在中国共产党的集中统一领导下，实现自身政治价值观的进一步发展与优化，进而为未来建成富强、民主、文明、和谐、美丽的社会主义现代化强国贡献力量。

（二）研究的创新之处

本书的创新之处则主要体现在研究主题、研究方法和研究结论三个层面。一是研究主题的创新。正如前文所述，一方面，现有研究成果针对大学生政治价值观培育，仍然集中在高校教育、政府决策、民间社会组织和企业承接相关社会实践活动等层面，尚未触及政治仪式的相关研究领域。另一方面，现阶段，虽然学界已经有了一些运用政治仪式强化大学生政治价值观的研究成果，但仍然较为零散，缺乏较为全面、深入的理论分析结果。而笔者以"基于大学生政治认同培育的政治仪式研究"为选题，则能够以相对较大的体量，借助较为严密的理论分析框架，系统剖析政治仪式对大学生政治价值观培育发挥作用力的理论逻辑、现实问题、形成机理以及相应的对策建议。

二是研究方法的创新。本书将会使用跨学科的研究方法，具体包括政治学、社会学、人类学等相关学科。政治学的研究方法强调关注政治权力的重要作用，而本书的一个重要研究目标就是使得越来越多的大学生能够有效行使政治权利，实现与公权力行使主体的较高水平的情感沟通。社会学的宗旨是超越主客观二元对立，使得人们能够增强自主性、自觉性。而政治仪式过程的展开，需要实现仪式现场的布置与仪式参与人员特别是大学生群体的相互交融，从而促使他们实现更加自由全面的发展。人类学的核心旨趣在于为人类社会的发展与运行构建一个逻辑完整的解释系统、叙事框架。而就政治仪式而言，远可以追溯至传统中国的国家祭祀礼仪，近则触及从党中央和中央人民政府到地方政权体系，再到基层党政力量举办的通过性政治仪式、纪念性政治仪式等不同类型的政治仪式，它们经由时间的检验以及相关制度体制机制的不断完善，更重要的是指导思想的不断更新，已经形成了一套较为完整的运行机制，其中，政治仪式"记忆"功能、"情感"功能、"价值"功能以及三种功能的交互作用日渐发展成熟，已经能够对大学生政治价值观培育产生系统的、深刻的作用力。

三是研究结论的创新。本书最终致力于运用富含政治文化内涵的仪式话语、象征物品以及一系列政治仪式行动，打造一个不同于日常生活但能够映射人们政治生活本质的仪式时空结构，并促进大学生政治价值观不同组成部分的发展与完善，从而进一步强化他们的民主观、法治观、政党观、权力观等，削弱西方多元主义文化思潮对他们的政治价值观念形成的负面影响。

五、研究的主要内容

本书的逻辑理路是厘清大学生政治价值观培育的基本状况，探讨其中存在的不足之处。在此基础之上，笔者引入政治仪式这一重要载体，基于人的自由全面发展理论（the theory of the free and well-rounded development of people）、符号理论（the theory of symbolism）以及互动仪式链理论（the theory of interaction ritual chains），搭建相应的理论分析框架。由此，笔者将会详细分析党政力量借助政治仪式培育大学生政治价值观的历史演进、现阶段的发展与运行、其中存在的问题及其形成机理，进而提出符合理论规范性和现实实践基础的对策建议。因此，本书的主要内容如下所示。

第一章是对相关核心概念、命题、理论和分析框架的整体把握，从而为后续详细剖析提供较为清晰的界定标准。核心概念包括政治仪式、政治价值观以及大学生。这主要是因为政治仪式具备公权力行使者、政治场所等几个基本的构成要素，需要与仪式、社会仪式、仪式化活动等相关或相近概念区分开来；政治价值观既与政治认知、政治情感、政治行为等概念紧密联结，又与它们存在较大的差别，同时又需要区别于政治价值观念、政治意识形态、政治思想等与之较为相近的概念；而大学生则主要是指在国内各类高校攻读学士学位的中国青年群体。就理论基础而言，卡尔·马克思（Karl Heinrich Marx）的人的自由全面发展理论，查尔斯·桑德斯·皮尔斯（Charles Sanders Santiago Peirce）的符号理论以及兰德尔·柯林斯（Randall Collins）的互动仪式链理论共同构成了本书所需的理论基础。它们有助于笔者剖析政治仪式的基本组成部分、仪式本身在思想价值观念上发挥的具体功能以及大学生政治价值观的基本结构、大学生政治价值观形塑的重要目标。在此基础之上，具有针对性、具体化的分析框架得以形成，有助于探讨教育主体借助政治仪式培育大学生政治价值观的理论逻辑和实践路径。

第二章则是针对党政力量以政治仪式为载体，培育大学生政治价值观这一过程的历史考察，其中以新中国成立为历史起点，从而详细分析这一过程。在社会主义革命和建设时期，中国的政治仪式及其相应功能初具雏形，缺乏系统性、针对性等重要特征。从仪式环境来看，仪式的文化环境较为单一，政治环境的发展过程较为曲折，面临来自国内和国际两个层面的不同因素的挑战，而事件环境呈现出突发性、模糊性等特征，有待党政力量及其引领的广大人民群众的积极探索。从仪式过程的展开来看，政治仪式发挥"记忆"功能，更多的是凝聚大学生对历史记忆的感性体悟；发挥"情感"功能，则主要激发的是大学生群体对党政力量及其领导力的自豪、肯定等较为短暂的政治情感体验；发挥"价值"功能，则在融入马克思主义指导思想的时候，也蕴含着深厚的传统文化内涵，其中既包括中华优秀传统文化，也包括仪式观众所带来的一些较为陈旧的观念；而三种功能的交互作用则尚未能够在这一阶段得以实现，还需要不同类型的参与人员共同致力于相关功能的进一步完善与优化。在此基础之上，大学生政治价值观基本遵循的是"注入—循环"逻辑，即大学生群体的被动性特征较为明显，缺乏参与政治生活的自觉性、自主性。改革开放和社会主义现代化建设新时期，随着国家政权体系的战略总要求转变为以经济建设为中心以及中国综合国力的日渐增强，政治仪式所处的外部环境逐渐稳定，而仪式过程的设计、运行和传播机制也从制度建设、人员输入、技术嵌入等方面获得了丰富多样的发展资源，其中大学生政治价值观及其形塑过程开始具有明显的自主性和自觉性，即大学生群体意识到自身需要担负相应的社会责任，不断强化以人民为中心的政治立场，在党政力量健康发展的情况下进一步强化对它们的政治信任感和政治宽容度，并在针对政府官员遴选的政治选举上积极发挥自身的重要作用。在中国特色社会主义新时代，在"两个大局"大背景下，我们面临着日渐复杂的政治仪式外部环境，同时政治仪式三种功能的发挥则逐渐凸显出理性特征，从而使得大学生逐渐形成"释放"逻辑下的政治价值观。

第三章则是对政治仪式作用于大学生政治价值观的现状进行分析，主要包括动力来源分析、作用过程分析以及生态关系分析。从动力来源来看，现阶段的政治仪式获得了来自政治、经济、社会、文化等多个层面的支持。从仪式过程的展开来看，政治仪式三种功能的发挥在继续凸显成效的同时，也存在着不可忽视的缺陷和亟待解决的问题，如何有力应对来自拜金主义、泛娱乐主义、消费主义等多元主义思潮的冲击，同时促使大学生的政治价值观朝着共产主义社会的要求、标准发展是需要深入探讨的问题。从作用过程所反映的生态关系来看，一方面，培育过程的系统化、科学化特征得到有效凸显；另一方面，不同政治仪式参与人员之间相对缺乏互为主体间性，尤其是在一些由地方和基层主导的政治仪式时空结构中，这一问题需要得到解决。

第四章则是分析以政治仪式为载体培育大学生政治价值观过程中遭遇的具体困境，同样是从仪式环境、仪式"记忆"功能、仪式"情感"功能、仪式"价值"功能以及三种功能交互作用这五个角度出发。在仪式环境层面，政治仪式面临着不同地区不平衡不充分发展的问题，来自国内国际的双重政治压力，社会结构中的原子化发展趋势以及一些文化虚无主义现象。政治仪式"记忆"功能的发挥则出现了大学生集体记忆、历史记忆和社会记忆三重记忆相互混淆的现象。在政治仪式"情感"功能层面，少数大学生在仪式过程中，容易陷入集体无意识陷阱，从而造成他们与党员干部的情感沟通效度有所削弱。在政治仪式"价值"功能层面，不同政治仪式之间相对缺乏较为有效的连接机制，从而导致其输送相关价值观念的过程受到阻滞。在具体的政治参与行为上，因为从政治仪式时空结构转向日常生产生活空间的过程中，一些大学生没有实现相关价值观念的有效传递，从而使得他们的政治参与行为的积极性难以得到进一步强化，甚至是产生仪式化的倾向。

第五章则是针对上述困境进行归因分析，具体包括政治权力因素、社会经济资源因素以及技术因素。首先，就政治权力因素而言，一些地方和基层党组织的引领力和号召力有待强化，政治仪式相关制度体制机制尚未实现系统化发展，同时政治仪式组织者、操演者尚未完成专业人才的有效吸纳。其次，就社会经济资源因素而言，中央和地方之间、东中西部地区之间以及城乡之间在针对政治仪式的财政投入上存在不平衡不充分发展的问题，从而对培育过程造成负面影响。最后，就技术因素而言，与西方发达国家相比，互联网技术的三个基本组成部分即物理层、逻辑层和社会层三方面建设存在不足之处，同时国内不同地区之间在互联网基础设施建设与发展、互联网数据协议优化以及互联网空间相关组织和个体的互动交往上也存在着一些问题，从而阻碍了培育成果在不同地区之间的有效传递。

第六章则是为未来进一步优化与完善借助政治仪式培育大学生政治价值观的具体过程提供了一种设想。在政治仪式环境层面，各级党政部门需要共同强化政治环境的全过程人民民主特征，推进国内国际双循环发展格局的构建，在社会转型背景下维持社会环境的稳定与和谐以及加快建设呈现多元一体格局的文化环境。在政治仪式"记忆"功能的优化层面，相关研究者需要以符号理论为支撑，进一步铸牢三重记忆复合序列，从而深刻作用于大学生群体的内心世界，强化其人民立场、国家立场和法治立场。在政治仪式"情感"功能层面，政治仪式组织者需要提升仪式参与人员互动结构所包含的四种子互动结构的运行水平，从而有效强化大学生对地方和基层的政治信任感。在政治仪式"价值"功能层面，较为有效的解决方案则是实现"记忆"功能和"情感"功能相互交织并推进它们的网络化发展，从而强化不同政治仪式之间的纵横连接关系，进而使得大学生群体有效吸收中国政治价值观及其现代化进程中凸显的理论优势和丰富实践经验，对党和政府呈现出更为积极的政治情感态度。在三种功能的交互作用层面，党政力量需要在智能传播环境下，消除一些大学生不同场域政治参与意识的孤岛状态，并有效提升他们的政治参与水平。

第一章

基本概念、理论基础和理论分析框架

纵观现有研究，政治仪式、大学生、政治价值观三个概念得到了广泛使用，同时也出现了与相关概念相混淆的现象，需要进一步加以厘清。此外，马克思的人的自由全面发展理论、查尔斯·桑德斯·皮尔斯的符号理论、兰德尔·柯林斯的互动仪式链理论以及政治社会化理论则成为重要的理论基础。本书结合中国现实发展状况搭建相应的理论分析框架，将会为后续的详细阐释奠定坚实基础。

第一节　基本概念

政治仪式与社会仪式、大学生与青年学生、政治价值观与政治心理三组概念的内涵与外延存在着相互交叉、重叠的内容，同时也有着较为明显的区别。为此，本书需要对这三组概念进行详细阐释，明确不同概念之间的界限，从而为后续的研究内容提供一个较为科学的界定标准，避免相关研究内容的模糊化、扩大化。

一、政治仪式与社会仪式

针对政治仪式这一概念，国内外学者展开了系统、详细的论述，在此基础之上，本书基于研究主题提出对政治仪式内涵和外延的新理解。相关文献资料表明，对政治仪式的具体分析最早出现在西方国家学者的相关著述中。美国人类学家大卫·科泽（David I. Kertzer）对政治仪式进行了较为详细的阐释，他回答了在一系列政治过程中，政治仪式发挥着什么样的功能、如何发挥功能。第一，科泽将政治与仪式紧密联结起来。一方面，一个有效运行的政治系统离不开政治组织的建立、政治行为主体形成对政治生活的理解、不同政治行为主体之间政治共识的产生以及他们致力于政治权力的获取和行使；另一方面，政治仪式是政治系统中的一个不可缺少的重要组成部分，它与政治系统的日常生活层面相互衔接，共同作用于政治系统的现代化发展过程。第二，科泽提出，政治仪式主要由不同类型和规格的政治象征构成。现实主义法学家瑟曼·阿诺德（Thurman W. Arnold）指出，所有个体和机构的行为都是象征性的，即一些人们本以为是受现实经济理性指导产生的行为实际上是一种普遍的幻象。① 虽然这一理论观点受到人们的强烈质疑，但是其提出的象征概念实际上点明了人们与所处文化背景之间有着无法分割的关系。而政治仪式作为特定政治文化的具体呈现，它包含着各种类型的政治象征系统，有助于现实政治系统的进一步完善与优化。一是视觉象征系统。它主要是由服装、影像、器物等不同类型的象征物品构成。仪式参与人员透过这些象征物看到了现实的政治世界。比如，在中国传统政治体系中，皇帝主导国家祭礼，他所穿的衣服、使用的祭品则象征着他至高无上的政治权威。对此，行政官僚体系成员和普通百姓不可僭越。二是听觉象征系统。这一象征系统具体包括国歌、有节奏的声音、特定数量的礼炮声等。它们象征着国家、政党、政府及其所拥有的政治权威，具有强化政治权力行使者的政治权威、政治合法性的重要作用。三是触觉象征系统。比如，在西方国家的就职宣誓仪式中，宣誓人就需要手抚宪法文本。相关仪式行动和仪式器物具有以下象征内涵：宪法是基于平等、自由、民主的产物以及权力社会化的具体表现。手抚宪法、宣读就职誓词的宣誓人必须遵守、实施并有力贯彻宪法规定的其对国家和人民的相应的责任和义务。这三种象征系统各自发挥功能并相互作用，对参

---

① ARNOLD T W. The Symbol of Government［M］. New Haven：Yale University Press，1935：17.

与仪式的机构、人员形成深刻影响。第三，科泽对政治仪式本身进行了较为科学的界定。他指出，广义上的仪式是"将一切规则化的人类行为"①，狭义上的仪式则是指"一种体现社会规范的、重复性的象征行为"②。而政治仪式则意味着象征系统在政治生活中发挥相应的作用，包括增强权力主体的政治合法性、推进政治秩序平稳发展等。第四，科泽对政治仪式的特性加以详细阐释。他主张其"依循高度结构化和标准化的程序，尤其特定的展演场所和时间，这些程序和时空都具有特殊的象征意义"。更重要的是，它蕴含着深厚的政治权力内涵。③ 第五，大卫·科泽对政治仪式所发挥的功能做出了科学的说明。虽然在西方国家主流意识形态中，政治仪式并不为大多数政治行为主体所关注和侧重，但是更多的人是通过政治象征体系来感知政治系统的相关机构和个体、制度体制机制以及具体的政策制定与执行过程。可以说，大卫·科泽对政治仪式做出了非常具有针对性的分析，对于本书围绕政治仪式进行科学分析具有较大的借鉴价值。同时，我们不可以忽视的是，科泽本人并没有回答政治仪式为什么能够影响参与人员的认知、情感和价值观念等问题。此后，西方国家学术界对政治仪式从多个维度、不同角度进行了分析，逐渐明晰了政治仪式的构成、象征内涵和发挥的具体功能。比如，在精英研究方面颇有建树的乔尼·艾恩达斯基（Joni Lovenduski）对政治仪式下了一个定义，即政治仪式是一种"政治权力规则支配的象征性活动，它将参与人员的注意力集中到具有特殊政治象征意义的思想和情感对象上"④。这一定义的界定标准蕴含着浓厚的西方国家主流意识形态色彩，强调政治仪式是为维护少数人的利益服务的，而不是致力于满足基层民众的公共利益诉求。尤拉伊·布佐尔考（Juraj Buzalka）则对政治仪式进行了分类，认为政治仪式应当被分为以下两种类

---

① 科泽. 仪式、政治与权力［M］. 王海洲，译. 南京：江苏人民出版社，2015：10.

② 科泽. 仪式、政治与权力［M］. 王海洲，译. 南京：江苏人民出版社，2015：11.

③ 科泽. 仪式、政治与权力［M］. 王海洲，译. 南京：江苏人民出版社，2015：12-13.

④ LOVENDUSKI J. Prime Minister's Questions as Political Ritual［J］. British Politics，2012，7（4）：314-340.

型：第一种政治仪式以塑造敌对、冲突关系的象征性姿态和叙事形式为主要目标；第二种政治仪式的核心旨趣是在多元文化的基础之上，强化不同宗教、民族、社会团体之间的相互包容意识。① 这是从政治仪式组织者的目的出发，对政治仪式进行类型上的划分。当然，也有学者针对东亚社会的政治仪式进行详细剖析。比如，有学者就对政治仪式的现实功能进行具体分析。他以朝鲜帝制时代举行的政治仪式为例，强调这一象征性活动的一个重要功能就是在仪式过程中，政治统治者通过构建不同政治意见之间的对话机制，为传统政治权威服务，从而强化自身的政治合法性。② 这一研究结论虽然是以朝鲜帝制时代为大背景，但是由于其以儒家思想为文化内涵，且在地理、建筑、社会结构等方面与古代中国存在相似之处，从而有助于本书从中汲取一些有益的理论观点，促进相关研究内容的展开。

此外，因为我们是在社会主义新中国背景下对政治仪式展开研究，所以本书还需要关注国内学者对政治仪式的研究成果，从而为本书提供更多具有参考价值的研究结论。清华大学社会学系郭于华教授对仪式进行了系统化的研究，撰写了《死的困扰与生的执著：中国民间丧葬仪式与传统生死观》《仪式与社会变迁》等专著。她明晰了仪式和政治仪式之间的界限：仪式"通常被界定为象征性的、表演性的、由文化传统所规定的一整套行为方式"③；政治仪式的核心意蕴是"被传统所规范的一套约定俗成的生存技术或由国家意识形态所运用的一套权力技术"④。这一概念的产生是基于一些学者对中国政治仪式进行的民族志分析，相对缺乏代表性和普遍性，不利于对特定国家的政治仪式形成较为全面的、立体化的理解与认识。而南京大学王海洲教授则从政治学的角度出发，为政治仪式实践积累了丰富的理论基础，对这一概念形成了较为客观的理解和认识。他认为，政治仪

① BUZALKA J. Nationalism, Religion, and Multiculturalism in Southeast Poland [J]. Czech Sociological Review, 2007, 43（1）：31-47.

② HAHM C. Ritual and Constitutionalism：Disputing the Ruler's Legitimacy in a Confucian Polity [J]. The American Journal of Comparative Law, 2009, 57（1）：135-203.

③ 郭于华. 仪式与社会变迁 [M]. 北京：社会科学文献出版社，2000：1.

④ 郭于华. 仪式与社会变迁 [M]. 北京：社会科学文献出版社，2000：3.

式是指"一种以仪式活动进行权力生产与再生产的象征体系，其中，权力运作以象征的构建和解释为核心"①。这一定义的相对优势在于，它不仅是单纯地从功能主义的角度出发，分析政治仪式如何在实用逻辑下展演，也并没有将政治仪式限制在结构主义的分析模式中，而是较为关注政治仪式组织者的政治目的以及政治仪式发展与运行所依托的社会结构。王海洲教授对政治仪式的界定为研究者进一步展开后续研究内容奠定了坚实的理论基础。此后，越来越多的学者认识到政治仪式在中国政治系统中发挥的重要作用。其中，曾楠教授侧重于研究政治仪式在强化人们政治认同方面发挥的重要功能，撰写了《政治仪式：国家认同建构的象征维度——以庆祝中华人民共和国成立 70 周年大会为考察对象》《国家认同的历史逻辑：以政治仪式的权力再生产为中心的考察》《国家认同建构的象征性资源探究：以政治仪式为视角》《国家认同的生成考察：政治仪式的观念再生产视域》等论文。她运用单一案例分析、规范性研究等多种研究方法，对政治仪式及其价值观念培养功能进行分析，强调政治仪式依靠国家元素、政府绩效元素、感染性形式元素、国家实力元素以及四类元素之间的相互作用，实现记忆生产与再生产、观念生产与再生产以及权力生产与再生产，从而增强仪式参与人员对国家政权、基本制度、发展道路、方针政策的认同。②虽然曾楠教授深入分析了政治仪式在人们价值观念形成和发展中发挥的重要功能，但是她更多的是基于特定案例展开具体分析，对政治仪式及其思想政治教育功能相对缺乏完整系统的分析。而本书对政治仪式所下的定义：政治仪式是指在特定的仪式时空结构中，仪式参与人员在象征物品、仪式话语以及一系列仪式行动的综合作用之下，在政治认知、政治情感、政治价值观念以及现实政治行动上发生相应的变化，具体表现为不断丰富对政治系统的认知框架，强化对党的敬仰之情、爱国主义情怀以及对人民

---

① 王海洲. 政治仪式：权力生产和再生产的政治文化分析 [M]. 南京：江苏人民出版社，2016：60.

② 曾楠，张云皓. 政治仪式：国家认同建构的象征维度——以庆祝中华人民共和国成立 70 周年大会为考察对象 [J]. 云南民族大学学报（哲学社会科学版），2020，37（6）：5-11.

政府的政治信任感，提升对社会主义核心价值观的信仰水平，在现实实践中不断提升政治参与水平，从而为全面建设社会主义现代化国家贡献力量。

社会仪式则与政治仪式之间存在着较为根本的区别，同时也有相互交叉重叠的地方。正如前文所述，政治仪式的核心内容是政治权力的生产与再生产机制。最为直观的表现是政治仪式是由中央和地方各级党政力量主导的，其主要目的在于借助政治仪式强化自身的政治合法性，为维护最广大人民的根本利益提供源源不断的精神动力。不同于此，社会仪式既包括由社会团体、经济组织和民众个体等社会力量主导的民间仪式，又包括佛教、道教等不同类型的宗教仪式。从民间仪式来看，仪式组织者的核心目标在于提升社会结构不同组成部分之间的凝聚力，从而促进社会秩序的稳定与发展，比如，普遍发生在乡村社会的宗族仪式。从宗教仪式来看，不同类型的宗教因发展需要而构建了特定的宗教仪式，比如，佛教斋供仪式以施主、僧人与斋意三个核心要素为基本组合结构，举行诵经、讲经、说法、受戒、演科、宣卷等仪式程序，[①] 从而引导佛教与社会主义社会相适应，发挥宗教的正向功能。可以说，社会仪式与政治仪式的不同之处体现在仪式目的、仪式组织者以及仪式过程的展开等方面。同时，政治仪式与社会仪式之间也存在着相同之处，即二者共同致力于推进建设富强、民主、文明、和谐、美丽的社会主义现代化强国，且始终坚持着"以人民为中心"的立场。

二、大学生与青年学生

第二组概念是大学生与青年学生。首先，我们在汉语语境下对这一组概念的具体含义进行解释。就大学生而言，依据《现代汉语词典》，这一群体的核心内涵是在高等学校接受教育、以获取学士学位为重要目标的学

---

① 侯冲. 中国宗教仪式文献中的斋意类文献：以佛教为核心［J］. 世界宗教文化，2019（5）：26-32.

生群体，包括本科生和高职学生。① 而培育大学生的关键是对大学生的政治价值观念、主流意识形态、生活方式等进行有效建构与引导。高校思想政治教育队伍需要依托第一课堂、第二课堂、第三课堂以及三种教学方式的相互作用，从而培育大学生的政党观、政府观、民主观、权力观和法治观。从主流意识形态来看，学校党委、相关职能部门以及处于教学一线的思想政治教育理论课教师需要持续夯实马克思主义在意识形态领域的主导地位，特别是要为应对来自拜金主义、消费主义和泛娱乐主义等多元主义文化思潮的冲击，实施积极的教学策略。此外，面对作为网络原住民的大学生群体，高校思想政治教育队伍需要积极应对互联网技术所带来的双重影响。具体而言，一方面，大学生将拥有丰富信息资源、信息传播突破时空界限的新媒体作为获取信息和进一步学习的平台，使用互联网技术已经成为他们的一种生活方式；另一方面，互联网空间的隐匿性特征明显，使得西方国家借此加强思维方式、生活方式层面的渗透，网络大 V、意见领袖等群体粉墨登场，因此极少数大学生模糊自身在社会生活中的价值定位，对社会价值规范采取既不认同也不反对的冷漠态度。为此，高校党委、思想政治教育理论课教师、专业课教师以及辅导员则需要在教学环境上实现线上线下培育相互融合的目标，从而避免学生受到不良信息的负面影响。可以说，针对大学生群体，高校领导干部、教师和其他工作人员的核心目标是促使他们形成正确的政治认知，形成并维持对国家和社会的责任意识，积极参与到现实政治生活中。

国外学者对"大学生"这一概念及其内部结构也进行了详细分析，积累了较多优秀的研究成果，对研究者展开后续的研究过程具有较强的借鉴意义。美国实用主义哲学家约翰·杜威（John Dewey）从教育制度出发，对大学生这一概念做出了理解。他强调任何国家的教育制度都可以分为三个时期："第一，是儿童时期；第二，从儿童发达起来，过渡到成人，就是中学的时期；第三，快要成人了，受高等教育的时期。"在第三个时期，

---

① 中国社会科学院语言研究所词典编辑室. 现代汉语词典：第 7 版 ［M］. 北京：商务印书馆，2016：247.

"高等教育的大学专门学校，应该养成专门的人才，在工业、实业、政治、文学各科当中，知道他的方法，使别人能在他所开的一条路子上进步；不但事业上做领袖，还要在本门的学问上做领袖，这是高等教育应该根据的"。① 杜威在相关论述中更加侧重于介绍大学生所处的教学系统以及毕业后的去向，关注大学生所应当学习的专业知识与技能。而法国教育家让-雅克·卢梭（Jean-Jacques Rousseau）强调培养大学生的精神，从而使得其"在没有监督和强迫的情况下，自然而然地做好人，做好事，才能公正行事，履行天职，才能将美德牢记于心。只有这样，才能在享受生活的幸福之余，最终获得良心的安宁"②。在这一时期，一方面，大学生拒斥单一化、权威化，崇尚自由、平等和民主，希望在踏上人生之路时获得归属感、尊重和自信；另一方面，他们对外部世界的认知缺乏理性和深入的思考，易于在无形中产生价值选择的偏差。为此，大学教师既要通过经验教育，使学生自觉自愿地、充满乐趣地获得有用的知识，又要教育学生形成良好的道德，为实现公共利益贡献力量，而不仅仅是依托工具理性进行现实实践。此后，不同国家的学者均对大学生这一群体展开进一步的研究，除侧重于专业知识和道德品质的教育以外，还强调提升大学生的政治参与水平，集中体现在参与民主选举层面。

纵观国内外现有研究，除关于"大学生"内涵和外延的一系列重要阐述以外，少数学者出现了混合使用大学生和青年学生这两个概念的现象，造成对前者概念界定不清晰，导致相关研究主题相对缺乏具体性、针对性。比如，20世纪末21世纪初，一批社会心理学家对青年学生的思想价值观念和外在行为方式进行详细分析，大多数研究是采用了问卷调查的研究方法，受访者主要由大学生构成。③ 这一研究方法的使用过程模糊了大学生和青年学生之间的界限，削弱了研究结果和研究结论的准确性、科学性。青年学生群体除全日制的大学生群体以外，还包括非全日制的学生群

---

① 杜威. 杜威五大讲演 [M]. 胡适，口译. 合肥：安徽教育出版社，2005：143，149.

② 卢梭. 爱弥儿 [M]. 方卿，编译. 北京：北京出版社，2008：106.

③ 黄希庭，杨雄. 青年学生自我价值感量表的编制 [J]. 心理科学，1998（4）：289-292，382.

体。二者之间在学习背景、工作背景上存在着较为明显的差别，需要审慎对待，避免削弱研究过程和研究结论的科学性。

三、政治价值观与政治心理

接下来一组较为关键的概念即政治价值观和政治心理。同样地，本书需要梳理国内外学者对于这两个概念的理解和分析，并在此基础之上，对其中存在的优势和弊端予以评价，进而提出研究者对政治价值观和政治心理的定义。

就政治价值观而言，国内外学者从不同的角度出发，给出了多元化的论断，具体包括政治文化取向、价值观取向。从政治文化取向来看，美国政治学家罗纳德·英格尔哈特（Ronald Inglehart）对政治价值观下了一个定义，他认为在更为宽泛的政治文化结构中，政治价值观主要被划分为物质主义价值观和后物质主义价值观两种类型。其中，物质主义价值观旨在强调生存需求，具体包括"物价上涨""经济增长""稳定经济""维持秩序""打击犯罪""强大国防力量"六项目标项；后物质主义价值观则倾向于把个人表现或者知识问题定为优先目标。① 而美国政治学家加布里埃尔·A.阿尔蒙德（Gabriel A. Almond）和西德尼·维伯（Sidney Verba）则从政治价值观的内部结构出发，对这一概念进行解析。他们认为政治价值观主要是由对国家政治和政府各方面的了解和认识、政治情感和政治参与、政治义务和政治能力意识以及在其他权威环境下的社会态度和经历构成。② 总体而言，西方国家学者越来越倾向于使用实证研究方法，来确立政治价值观的内涵与外延。而国内一些学者则既吸取其中严密的逻辑体系和优秀经验，又始终立足于中国特色社会主义的现实实践，来对政治价值观这一概念进行具体分析。比如，肖唐镖、余泓波以中国农民为研究对

---

① 英格尔哈特.现代化与后现代化：43个国家的文化、经济与社会变迁［M］.严挺,译.北京：社会科学文献出版社，2013：121-122.
② 阿尔蒙德，维伯.公民文化：五个国家的政治态度和民主制［M］.徐湘林，戴龙基，唐亮，等译.北京：华夏出版社，1989：438.

象，对农民的民主观、法治观、权力观、政党观和政府观进行实证分析。其分析结果显示，年龄的代际变化、教育程度的提升、经济状况的改善、政治参与实践与传统文化禀赋是影响农民政治价值观变迁的主要因素。基于此，他们认为政治价值观的内涵有广义和狭义之分：在广义上，它是指对于人类社会政治价值的一般观念以及特定政治共同体的价值判断与取向；在狭义上，政治价值观则意味着针对特定政治共同体的政治价值判断取向。[1] 李路路、钟智峰则围绕着政体偏好、政府偏好、政治重要性、政府信任度和政治顺从五个维度，对人们的政治价值观的基本模式及其变迁趋势进行分析，他们主张政治价值观是"政治文化的核心，它指导着人们在政治生活中的各种选择，如选择什么样的政体、何种规则来促进权力的运用，赋予政治组织什么样的目的，并以何种态度对待政治组织（信仰或怀疑，参与还是疏离，支持还是挑战等）"[2]。

从价值观取向来看，许多学者将政治价值观理解为价值观在政治方面的集中体现，是一种比较抽象的信念。比如，黄希庭等认为，政治价值观是影响个人政治取向的抽象政治信念或观念。[3] 张国华则进一步对大学生政治价值观进行了科学阐释，他认为，应当从价值认知、价值取向、价值实现、价值目标和价值主体等角度对大学生政治价值观的时代特征进行有效归纳。[4] 他通过调查研究发现，总体上，大学生所拥有的政治价值观是积极向上的，同时其中也蕴含着世俗性、非均衡性等发展特征。池上新则在市场化背景下考察了中国居民政治价值观的变化及其对政府信任的影响，并得出以下结论：中国居民对政府的信任水平存在较为显著的地区差

---

[1] 肖唐镖，余泓波. 农民政治价值观的变迁及其影响因素：五省（市）60村的跟踪研究（1999—2011）[J]. 华中师范大学学报（人文社会科学版），2014，53（1）：17-30.

[2] 李路路，钟智锋. "分化的后权威主义"：转型期中国社会的政治价值观及其变迁分析 [J]. 开放时代，2015（1）：172-191，8.

[3] 黄希庭，等. 当代中国青年价值观与教育 [M]. 成都：四川教育出版社，1994：110.

[4] 张国华. 当代大学生价值观的时代特征 [J]. 江苏高教，2008（1）：125-126.

异，而市场化进程与居民的政府信任水平呈线性递减关系。① 其中，人们的政治价值观是经过社会化阶段形成的，继而被用来分析现实政治生活的一种道德和价值标准。批判性地吸收借鉴上述两种取向中的理论观点，再结合本书的研究目的和研究内容，笔者给政治价值观下一个定义：政治价值观是指人们对党和国家及其相关政策、主流意识形态形成的抽象的价值观念以及外化于现实政治生活中的政治参与行为。依据这一定义可知，它主要由政治立场、政治认知、政治信任感、政治宽容度以及政治参与行为等不同部分构成，具体包括民主观、法治观、权力观、政党观和政府观不同子维度。

与政治价值观相比，政治心理则是一个与之显著相关的概念，需要被进一步分析，从而避免在对这两个概念的理解上出现相互混淆的问题。国内外诸多学者对政治心理这一概念进行了科学分析。王丽萍、方然通过使用抽样调查研究方法，得出以下结论：政治心理主要由政治效能感、信任、权威人格等要素构成，② 对人们的政治参与行为特别是投票行为产生重要影响。天津师范大学徐大同先生则将政治心理视为政治文化的一个层面。政治心理"潜藏在人的内心世界，是不表露在外的。但是它促进着人们政治观念的形成，即人们对政治生活有系统的认识，而政治心理又受其政治思想的支配，即人们是在一定的政治观念影响下产生出一定的政治情感、信仰和认知的"③。换言之，徐大同先生认为政治心理是与政治意识形态相互区分的，后者包括政治观念、政治思想，且政治心理和政治意识形态是互为表里、互相作用的。而丛日云、王路遥则将政治心理划分为政治态度、信仰、情感、价值等基本取向④。金太军教授将政治心理理解为

① 池上新. 市场化、政治价值观与中国居民的政府信任 ［J］. 社会，2015，35（2）：166-191.

② 王丽萍，方然. 参与还是不参与：中国公民政治参与的社会心理分析：基于一项调查的考察与分析 ［J］. 政治学研究，2010（2）：95-108.

③ 徐大同. 政治文化民族性的几点思考 ［J］. 天津师大学报（社会科学版），1998（4）：33-40，47.

④ 丛日云，王路遥. 价值观念的代际革命：英格尔哈特的后物质主义评述 ［J］. 文化纵横，2013（5）：108-113.

"人们共同遵循的政治规范、价值观念和政治生活准则"①。可以说，在国内学者看来，政治心理更多的是需要从抽象的态度、认知、情感和信仰层面来理解，且主要是被用来指导人们现实的政治行为。而国外学者对政治心理也积累了一系列的研究成果，其中具有代表性的人物是美国政治学家加布里埃尔·A. 阿尔蒙德和鲁恂·W. 派伊（Lucian W. Pye）。加布里埃尔·A. 阿尔蒙德强调，政治心理是"一个民族在特定时期流行的一套政治态度、信仰和感情"②。而鲁恂·W. 派伊则提出，政治心理应当被视为"作为民主而且作为一切现代社会基础的性格和人格"，此外还包括具有生动、合理特征的人们的态度和感情。③ 此后，学者们沿着上述研究视角对政治心理进行进一步的剖析与阐释。可以说，西方国家学者更多的是从政治文化的角度出发，对政治心理的内涵意义加以理解。

依据上述定义，我们确立了政治价值观与政治心理之间的相同之处。具体而言，首先，二者都涉及人们关于政治系统的抽象观念。政治价值观包含着人们对党和政府及其政治行为的政治立场、政治信任感和政治宽容度。同样地，政治心理也被用于指导人们现实政治生活的认知、情感、态度要素。其次，人们的政治价值观和政治心理都需要符合特定国家的主流意识形态，从而维持人们内心世界和外在政治行为的稳定与和谐。最后，从最终目标导向来看，政治价值观和政治心理都致力于维护社会正义，实现广大人民群众的公共利益。当然，二者之间也存在着较为明显的不同之处：第一，与政治心理相比，政治价值观是兼具抽象性和现实性特征的存在，它在国家和地方政治生活中具体表现为人们的政治参与行为。第二，政治心理和政治价值观是相互作用、相互影响、相互制约的关系。其中，政治心理是"人们对政治现象和政治过程所持的态度、兴趣、情绪、愿

---

① 金太军. 论中国传统政治文化的政治社会化机制 [J]. 政治学研究，1999（2）：49-61.

② 彭觉勇. 规划过程参与主体的行为取向分析：基于传统政治文化视角 [M]. 南京：东南大学出版社，2015：133.

③ 派伊. 政治发展面面观 [M]. 任晓，王元，译. 天津：天津人民出版社，2009：108.

望、要求，并支配或调节人们的政治行为的一定心理倾向"①。而政治价值观是人们基于以人民为中心的政治立场，对党、政府以及相关部门制定和执行的政治制度体制机制、政策等形成的总观点和总看法，具体表现为人们对相关政治行为主体的政治信任感和政治宽容度，并最终外化为相应的政治参与行为。它们作为意识形态领域的两个重要组成部分，能够共同致力于相应标准和动力机制的构建，从而促进现实政治体制机制的改革以及政策制定和执行过程不断优化与完善。总而言之，对本书的核心概念即政治仪式、大学生和政治价值观进行科学分析与阐释，能够为接下来明确相关命题、理论基础，并最终搭建科学、合理的理论分析框架打下良好的基础。

第二节　理论基础

研究政治仪式作用于大学生政治价值观培育的逻辑理路与现实路径，主要需要用到四个经典理论，即卡尔·马克思的人的自由全面发展理论，查尔斯·桑德斯·皮尔斯的符号理论，兰德尔·柯林斯的互动仪式链理论以及政治社会化理论。其中，本书以人的自由全面发展理论为主导，同时批判性地吸收借鉴后三者所包含的优秀经验。这主要是因为符号理论、互动仪式链理论、政治社会化理论是在西方国家政治、经济、社会和文化发展背景下被最早提出的，与中国的历史发展脉络、具体国情和主流意识形态存在不相适应的地方，不可照搬照抄。

一、人的自由全面发展理论

马克思指出，"以每一个个人的全面而自由的发展为基本原则的社会

---

① 全国 13 所高校《社会心理学》编写组. 社会心理学 [M]. 天津：南开大学出版社，2008：4-6.

形式"① 是未来新社会的具体衡量标准。马克思主义始终坚持人民大众的立场，为全人类的利益而奋斗。那么，人的自由全面发展要如何才能实现呢，要解决这一问题，人们需要摆脱对物的依赖，成为现实的人，并共同构建一个共同体。

就人类需要摆脱对物的依赖而言，理解这一命题的关键之处在于，人类要推动生产力的发展，并构建与之相适应的生产关系，而不是成为物质的奴隶。马克思强调，"劳动者在经济上受劳动资料即生活源泉的垄断者的支配，是一切形式的奴役即一切社会贫困、精神屈辱和政治依附的基础；因而工人阶级的经济解放使一切政治运动都应该作为手段服从于它的伟大目标"②。由此可知，人们需要不断提升自身的专业知识与技能，实现劳动生产率的进一步提升，补齐制度体制机制短板，参与相关政策的制定和执行过程，在单独的政治事件中强化自身的自主性和自觉性。因此，人类将会摆脱物与人类个体之间支配与被支配的关系，按照自身的兴趣、个性、爱好与天赋，自由且多元化地发展自己，而不是在严格的社会分工和消费主义的作用下成为物质的奴隶。

那么人们如何成为现实的人？人们需要实现个体性与社会性两个属性的平衡和充分发展。马克思强调，"应当避免重新把'社会'当作抽象的东西同个体对立起来"③。个体并不是独立存在的，而是在特定时空结构中有着具体的社会属性；同时，这种社会属性又并不是简单地被归纳为政治属性，同时也强调人在生产生活中的多元化的感性体悟。人类具有个体性与社会性的双重优势，一方面，人类个体依据自身特定的人格特征，从而衍生出相应的生存需要力、归属需要力、价值需要力（发展需要力）、思

---

① 中共中央马克思恩格斯列宁斯大林著作编译局. 马克思恩格斯选集：第2卷［M］. 北京：人民出版社，2012：267.
② 中共中央马克思恩格斯列宁斯大林著作编译局. 马克思恩格斯全集：第16卷［M］. 北京：人民出版社，2007：15.
③ 中共中央马克思恩格斯列宁斯大林著作编译局. 马克思恩格斯全集：第3卷［M］. 北京：人民出版社，2002：302.

想道德力、智慧力、意志力、反省力和人格行为选择①；另一方面，在生产生活空间，人们不断积累社会资本，从而获取和积累相应的亲缘关系、业缘关系、趣缘关系以及其他社会关系。在此基础之上，人们既要实现自身在人格特征、专业知识与能力上的完善与优化，又要推进政治关系、社会关系的进一步发展。由此，他们才能在丰富的感性实践中成为一个现实的人，而不仅仅是一部分发展起来。

人们如何构建一个共同体，马克思、恩格斯强调，"代替那存在着阶级和阶级对立的资产阶级旧社会的，将是这样一个联合体，在那里，每个人的自由发展是一切人的自由发展的条件"②。对此，我们可以做出以下两点理解：第一，个人的自由全面发展是一切人自由全面发展的前提条件。在新时代大背景下，人们既需要进一步增加自身所拥有的经济资源，以提升自身的物质生活水平，又需要在精神文化层面进行政治学习，接受学校教育和社会教育，从而实现自身全方位的、深入的发展。在此基础之上，民众个体的组织化水平得以有效提升，从而加快强社会的建设进程。第二，个人的自由全面发展需要在一个共同体内部实现。"只有在共同体中，个人才能获得全面发展其才能的手段，也就是说，只有在共同体中才可能有个人自由。"③ 一个完整、有效的共同体需要有较为系统化的制度体系，需要有多元化的行为主体。他们在一个具有较强政治合法性的政党的领导下共同推进经济增长、政治发展、社会和谐发展以及先进文化的传承与创新。其中，个人得以汲取资源，获取政治制度支持，形成身份认同与文化认同。可以说，要实现人的自由全面发展，上述三个功能条件缺一不可。三者相互作用、相互约束，共同满足人的生存与发展需求。

---

① 陈秉公. 论"人格结构与选择"图型理论及其知识系统建构 [J]. 江汉论坛，2011（3）：132-139.

② 中共中央马克思恩格斯列宁斯大林著作编译局. 马克思恩格斯选集：第1卷 [M]. 北京：人民出版社，1995：294.

③ 中共中央马克思恩格斯列宁斯大林著作编译局. 马克思恩格斯选集：第1卷 [M]. 北京：人民出版社，1995：119.

二、符号理论

第二个较为重要的理论是美国哲学家查尔斯·桑德斯·皮尔斯提出的符号理论。追根溯源，德国哲学家恩斯特·卡西尔（Ernst Cassirer）提出，人们"生活在一个符号宇宙之中。语言、神话、艺术和宗教则是这个符号宇宙的各部分，它们是织成符号之网的不同丝线，是人类经验的交织之网"①。此后，符号进入学者们的视野之中，他们从不同的研究视角出发，对其进行广泛、深入的研究。其中瑞士语言学家费尔迪南·德·索绪尔（Ferdinand de Saussure）立足于符号的内部结构，将符号解构为能指（signifiant）和所指（signified）两个基本组成部分。能指是"声音—形象"，所指是较为抽象的概念。② 虽然索绪尔对符号进行的相关阐释为符号内涵的解读提供了一个新的研究视角，但是相应的研究成果更多的是集中在语言符号的范围内，且相对忽视符号所处的外部环境。而皮尔斯则跃出了符号的内部结构，将符号解释者和符号接收者融入其中，在两者的相互作用下实现符号代表项（representament）、符号解释项（interpretant）和符号对象（object）三者之间的交互作用，进而发挥生成和传递特定价值观念的功能。以中国的一个重要政治符号即北京天安门广场为例，组成符号及其外部环境的三个重要组成部分呈现出特殊的政治象征内涵。其中，作为中华人民共和国政治象征中心的天安门广场即符号代表项（R），从中提取的党的集中统一领导以及以人民为中心的政治立场则是符号解释项（I），而天安门广场内部的象征物品及其颜色、功能、材质以及特定话语、仪式行动则成为符号对象（O）。在符号解释者和符号接收者以符号为介质进行相互作用的时候，符号代表项、符号解释项和符号对象产生交互作用，丰富符号所蕴含的文化内涵，并将它们输入符号接收者的内心世界，实现其认知框架的进一步巩固与丰富。

基于皮尔斯的符号代表项、符号解释项和符号对象三元符号理论，学

---

① 卡西尔. 人论 [M]. 甘阳，译. 上海：上海译文出版社，2004：41.
② 索绪尔. 普通语言学教程 [M]. 高名凯，译. 北京：商务印书馆，1980：101.

者们衍生出了一系列相关的研究成果，具体包括符号的子类别、符号的发展与运行以及符号及其象征意义在不同领域的使用三个层面。有学者针对图像符号展开了具有针对性的分析。他提出，图像符号在一个特定的空间内提供特定的信息，并独立于语言符号，从而使得来自不同国家的符号接收者都能够理解符号创造者、解释者和运用者融入其中的文化内涵。① 在这一过程中，图像符号有效减少了符号的模糊性，增加了其中的信息量。也有学者以符号所表达的文化内涵为划分标准，进而对符号进行分类。比如，劳拉·K. 泰勒（Laura K. Taylor）等人以群体边界为分类标准，将符号分为群体内符号（ingroup symbol）和群体外符号（outgroup symbol）两种类型。② 其中，随着年龄的增长，人们将会越来越强化与所属民族符号、政治符号之间的关联。这一变化加剧了当前不确定性社会的分散性和冲突性。就符号自身的发展与运行而言，符号既是人们进行交往互动的工具，又是他们与自我进行精神互动的有效载体，在此基础之上，克莱尔·D. 瓦洛顿（Claire D. Vallotton）收集了 108 个人的纵向数据，对他们的互动过程特别是他们使用的语言和手势符号进行深描，以预测人们参与社会生活的能力以及人们在互动交往过程中产生的情感元素。③ 不同于这一从情感层面切入的研究视角，日本京都大学河合俊雄（Toshio Kawai）教授则认为，在特定国家历史和文化的发展过程中，人们在符号及其象征性解析中实现了从现代意识向后现代意识的顺利转向。④ 最后，从符号及其象征意义在不同领域的使用来看，相关研究成果涉及政治、经济、社会和文化等不同

① SIMPSON N. Botanical Symbols：A New Symbol Set for New Images［J］. Botanical Journal of the Linnean Society，2010，162（2）：117-129.

② TAYLOR L K，DAUTEL J，RYLANDER R. Symbols and Labels：Children's Awareness of Social Categories in a Divided Society［J］. Journal of Community Psychology，2020，48（5）：1512-1526.

③ VALLOTTON C D，AYOUB C C. Symbols Build Communication and Thought：The Role of Gestures and Words in the Development of Engagement Skills and Social - emotional Concepts during Toddlerhood［J］. Social development，2010，19（3）：601-626.

④ KAWAI T. The Symbolic and Non-symbolic Aspect of Image：Clinical and Cultural Reflections［J］. Journal of Analytical Psychology，2022，67（2）：621-634.

领域。其中，有学者从人们的日常社会生活入手，对梦境这样一种特殊的
叙事形式及其内部结构进行了深入剖析，强调相关叙事符号蕴含着一些无
意识因素，对人们发展自身的思考功能发挥着重要的作用。① 而费德里
科·弗里希克莱特（Federico Frischknecht）则从人们的现实行动出发，认
为现实世界的人类行动是由特定时空结构中的符号系统构建的。② 日本一
桥大学町村高志（Takashi Machimura）教授则对政治符号进行了较为深入
的研究，他以"全球化"这一政治符号为例，指出中央和地方政府以及多
元化的利益团体领导者通过掩盖"全球化"的前现代特征并赋予其后现代
外观，促使其起到支持国家主流意识形态的作用，进而维持政治稳定。③
上述符号的创造者、解释者和使用者的核心目的在于促进不同领域的和谐
与发展。总而言之，本书要对政治仪式作用于大学生政治价值观的内在逻
辑进行科学分析，离不开对政治仪式基本组成部分即符号的全面、立体化
进行剖析。

三、互动仪式链理论

第三个重要理论是兰德尔·柯林斯的互动仪式链理论，这一理论所包
含的核心观点有助于本书详细剖析政治仪式本身所蕴含的互动结构及其发
展与运行过程。接下来我们将会就该理论的理论渊源、核心观点以及后续
发展进行详细阐释。

法国社会学家爱弥尔·涂尔干对宗教领域的相关仪式活动进行了科学
剖析，并从中提取出了"集体欢腾"这一概念。首先，他将世界分为神圣
世界和世俗世界两种类型。在世俗世界中，交往理性是人类行动需要遵循

---

① VULETIC G. Disrupted Narrative and Narrative Symbol ［J］. Journal of Analytical Psychol-
ogy，2018，63（1）：47-64.
② FRISCHKNECHT F. Dialogue on Informatic Philosophy of Behavioral Sciences：Positivist
Bias Misses the Symbol-system Point ［J］. Behavioral Science，1987，32（3）：234-
237.
③ MACHIMURA T. Symbolic Use of Globalization in Urban Politics in Tokyo ［J］. Interna-
tional Journal of Urban and Regional Research，1998，22（2）：183-194.

的基础原则，商谈、协商是具体的行动方式与手段。而人们在形成交往理性之外，也存在着神圣情结，在此基础之上，他们构建相应的特定时空结构，从而使得自身在实践交往理性的同时，也能进行与其他人群之间的情感沟通。参与人员在进行情感沟通的过程中，"由于集合而形成的一股如电的激流迅速使人达到极度亢奋的状态。所有人的内心都向外部的印象充分敞开，想表达的任何情感都可以不受阻拦"①。集体情感通过一系列集体行动得以表达，后者必须遵循相应的程序和规则，仪式便产生了。此后，法国社会学家阿诺尔德·范热内普提出了仪式的三段论。② 范热内普认为，仪式可以被分为三个子类别，分别是分离（separation）仪式、过渡（transition）仪式与融合（integration）仪式。其中，在分离仪式中最具有代表性意义的是葬礼，其主要功能在于使得社会生活中发生的突变能够得到缓冲，减缓这些变化对人们的冲击；融合仪式也同样如此，比如，一场完整的婚礼包含着复杂多样的程序和规范，以促使仪式操演人员能够有效融入一个新的群体；而订婚仪式、入会仪式等则成为过渡仪式的典型代表，其仪式过程的展开具有强烈的重复性特征，能够实现从离任者向新上任者的顺利转变，使得仪式观众对其产生并进一步强化身份认同。范热内普的这一理论主张对仪式研究而言，属于一种理论上的突破。受到范热内普仪式的三段论的有效启发，英国人类学家维克多·特纳对仪式的内部结构进行深入剖析，将一个完整的仪式过程划分为分离阶段、阈限阶段和聚合阶段。在这一过程中，仪式参与人员特别是仪式操演者作为"通过者"从原有的位置转向一种新的文化状态，完成了身份的有效转变。至于在这一过程中，人们为何能够实现相应的转变，美国社会学家欧文·戈夫曼（Erving Goffman）和兰德尔·柯林斯则为这一问题提供了较为有效的答案。戈夫曼提出"互动仪式"（interaction ritual）这一概念，认为它是一种表达意义性的程序化活动，在塑造个体特征和划分群体界限上发挥了较为重要

---

① 涂尔干. 宗教生活的基本形式［M］. 渠东，汲喆，译. 上海：上海人民出版社，1999：285-286.

② GENNEP A V, VIZEDON M B, CAFFEE G L. The rites of passage［M］. Chicago：The university of Chicago press，1961：11.

的作用。可以说，戈夫曼独辟蹊径，探寻仪式中群体团结的微观生产机制。在此基础之上，柯林斯做了进一步的挖掘，探索出了互动仪式链理论。柯林斯认为，人们通过在仪式中构建、发展和运行互动交往结构，完成与其他参与人员之间的情感沟通，从而获取后者的信任感。具体而言，柯林斯详细阐释了仪式互动结构的基本组成部分：一是人们进入特定的仪式时空结构，共享某种成员身份；二是参与人员与仪式外部人群之间存在着较为明显的身份界限；三是仪式参与人员中的不同人群都将注意力集中在特定的象征物品或仪式行动上，且不同人群之间彼此知晓共同关注的焦点；四是参与人员在这一过程中通过语言、手势等仪式行动，实现与其他人群之间的情感沟通，从而分享共同的情绪或情感体验。① 随着不同主题的仪式以及同一主题的仪式形成纵横交错的仪式链，这四个组成部分在参与人员与自我互动的过程中完成交互作用。基于此，短暂的情感体验将会逐渐转化为稳定的情感状态，进而使得人们逐渐增加对其他仪式参与人员的信任感。

四、政治社会化理论

政治社会化理论有助于个体确认自身的政治行为意向和政治参与行为模式。那么，该理论就能够在政治仪式作用于大学生政治价值观培育的过程中发挥坚实的支撑作用。政治社会化理论兴起于20世纪50年代末60年代初，受到西方文化背景的深刻影响。本书在使用相关理论主张的过程中需要立足于中华文化背景，对其进行创造性转化和创新性发展。

1958年，戴维·伊斯顿（David Easton）基于政治社会化这一研究主题发表了学术论文。1959年，赫伯特·海曼（Herbert Hyman）首次从政治心理的角度系统阐释了政治社会化理论。② 此后，学者们在政治学领域

---

① 柯林斯. 互动仪式链 [M]. 林聚任，王鹏，宋丽君，译. 北京：商务印书馆，2009：86.

② 范树成. 西方国家政治教育与政治社会化理论与实践 [J]. 比较教育研究，2003（2）：34-39.

围绕政治社会化展开具体研究。政治社会化理论分为个人和社会两种研究取向。一方面，有学者从个体政治心理的发展过程出发，研究个体如何成为一个"政治人"，把政治社会化看作"个人获得各种政治倾向所经历的那些发展过程"①；另一方面，也有学者从社会教化功能发挥入手，认为"政治社会化是正式负责教育的机构有目的地对政治意识、政治价值和政治习惯的灌输"②。

　　政治社会化可以在多个场域中展开，从而保证人们的政治意识、政治价值能够实现完整系统的发展。第一类是基于血缘关系、趣缘关系的组织形式，具体表现为家庭和同辈群体。家庭是人们进行政治社会化的第一场所。父母等直系亲属首次对儿童使用了外在环境的力量，在具身化的示范效应中向新一代展示了国家观念的形塑机制。聚焦到中国生态关系之中，父母则需要在其中融入关于国家与家庭的儒家道德秩序结构，从而强化其家国一体的价值观念，使得其初步形成中华民族共同体意识。此外，在同辈群体中，人们能够有效构建和发展政治社会化过程的扁平化结构。相较于具有较高权威的父母，受教育程度、人格发展特征相似的朋友之间在日常生活场域中能够更加容易地接受政治文化，其政治社会化的进程也会有所加快。二者综合作用，促进人们在政治价值观形塑过程中对进一步学习政治文化产生浓厚的兴趣。第二类是体制化的组织形式，包括政党、学校、具有政治性的社会组织以及大众传播机构。这一类组织对人们的政治社会化过程发挥着更加强大的引领作用。在学校校园内部，学生们通过参与学校课程体系，不断丰富政治认知，塑造良好的政治态度以及完善的政治人格。而在政党实施政治吸纳的过程中，人们则能够有效强化自身对政治制度体制机制的内化程度，并可持续提升政治技能。此外，大众传播机构通过构建和发展公共舆论平台，促使广大人民群众建构和传播对中国政治系统及其各组成部分的政治信任。上述不同场域之间的相互作用，使得

---

①　EASTON D，DENNIS J. Children in the Political System ［M］. New York：McGraw-Hill，1969：7.

②　GREENSTEIN F I. Personality and Politics Problems of Evidence，Inference，and Conceptualization ［M］. Princeton：Princeton University Press，1969：17.

人们能在结构功能主义框架中不断提升政治参与能力。

第三节　理论分析框架

政治仪式"记忆"功能、"情感"功能、"价值"功能的发挥以及三种功能的交互作用，能够进一步强化大学生树立正确的政治立场，提升他们的政治信任水平，强化其政治宽容度以及增强大学生政治参与意识和政治参与能力，进而实现对大学生政治价值观的科学培育。

一、政治仪式"记忆"功能固化大学生政治立场

政治仪式通过实现大学生记忆生产与再生产，进一步强化其以人民为中心的政治立场，具体包括历史记忆、集体记忆和社会记忆三个层面。从历史记忆的生产与再生产来看，记忆是"对现在之所谓先前在场的引证"[1]。历史记忆则是指共同体成员对共同的历史情感体验进行反思与想象所积淀的不在场回忆。[2] 在此基础之上，政治仪式通过运用特定的象征物品以及仪式话语，使得大学生的历史记忆得以被唤起、重构、固化和刻写，再加上政治仪式链进一步发挥作用力，从而实现大学生历史记忆的生产与再生产。由此，延续千年的人民政治信仰得以嵌入学生们的政治立场之中。历史记忆是基于中华民族上千年的历史事实逐渐形成的。在传统中国社会，国家政治系统逐渐孕育出了家国一体、崇德修身、以民为本的政治文化。[3] 无论是儒家思想，还是道家思想，抑或释家思想，都十分强调"天下之本在国，国之本在家，家之本在身"[4] 的家国情怀。先秦时期的儒

---

① 弗洛雷. 记忆 [M]. 姜志辉，译. 北京：商务印书馆，1995：122.
② 宣朝庆，葛珊. 历史记忆与自我认同：中华民族共同体意识的文化自觉 [J]. 人文杂志，2021（12）：16-25.
③ 新华社人民标尺课题组. 人民标尺：从百年奋斗看中国共产党政治立场 [M]. 北京：新华出版社，2021：16.
④ 孟轲. 孟子 [M]. 方勇，译注. 北京：中华书局，2010：132.

家系统阐述了"家国一体"思想。具体而言，儒家学派代表人物孔子及其门徒在西周家国治理模式的基础上，提出了系统化的"家国一体"思想。这一思想的核心内容即"内圣外王"之道，具体表现在"齐家、治国、平天下"。此后，西汉礼学家戴圣编著《礼记》。《礼记·礼运》曰："何谓人义？父慈，子孝，兄良，弟弟，夫议，妇听，长惠，幼顺，君仁，臣忠，十者谓之人义。"在这十个方面中，八个方面涉及家庭，两个方面涉及国家。有家才有国，有国才能言及天下，进而形成家与国之间的紧密联结。道家思想则蕴含着"以藏为用"的思想和因循"时"势的观念，对人们涵养家国情怀发挥着积极的作用。该思想强调臣民在表达忠君爱国诚心的同时，也需要注重个体性格的培养，以守势内敛为取向，从而在国家政令大背景下，借助"以藏为用"的处世之道，发挥自身的专业知识与能力，求取更大的进取。比如，明清鼎革之际著名学者钱澄之先生撰写了《屈诂》一文，既赞赏了屈原忠君爱国的诚心，将屈原的志节视为坚守遗民底线的典范，又对屈原人格特征中的"自矜诚亦有之"① 抱持着批判的态度，认为其性格特征导致他不容于时势。② 这既凸显了钱澄之爱国正统儒家精神，又表现出他"以藏为用"的处世艺术。其明显是受到道家思想的深刻影响。就释家思想而言，有学者以佛教徒重要代表唐玄奘为例，指出其将佛国世界放在内心世界的重要位置，同时也流露出国家情怀。③

　　而崇德修身作为一种强调德行不朽的生命观，在中国古代思想史中不断获得发展动力。早在《春秋·左传》中就有三不朽之说："太上有立德，其次有立功，其次有立言：虽久不废，此之谓不朽。"④ 其中，立德指的是人们需要养成忠信精诚的个人道德品格和人生修养，如同屈原、岳飞、文天祥一类的人。而在德行不朽的思想影响下，古代行政官员、普通百姓有了"生则乐生，死则乐死"的积极人生态度。同样在这一思想的深刻影响

① 钱澄之. 庄屈合诂：钱澄之全集之三 [M]. 合肥：黄山书社，1998：187.
② 施仲贞，周建忠. 论钱澄之《屈诂》中的儒道互补思想 [J]. 南通大学学报（社会科学版），2020，36（3）：49-56.
③ 田峰. 试析唐玄奘的国家情怀及其文化心态 [J]. 法音，2016（6）：33-37.
④ 左丘明. 左传 [M]. 舒胜利，陈霞村，译注. 太原：山西古籍出版社，2004：268.

下，中华民族产生了"杀身成仁""舍生取义"的英雄主义情怀。

以民为本这一传统政治智慧在传统中国既获得了理论上的发展，也在现实实践中得到了有力的体现。中华民族传统"以民为本"思想最早可追溯至原始社会，具体是指以群体成员生存与繁衍为核心活动目标的习惯法。当中国社会进入国家阶段以后，保障百姓最基本的生存权和发展权成为国家实现政清人和的基本原则，这一原则也由于不同学派代表人物的著书立说从而获得强有力的支持。《尚书》作为先秦时期最主要的政治历史文献，针对"以民为本"的思想理念，有相关的文字记述。比如，《虞书》之《皋陶谟》就有"安民则惠，黎民怀之"①的说法，《夏书》之《五子之歌》又将"以民为本"作为治理国家必须遵守的原则，《周书》之《泰誓》则将该思想具体化、明确化，即"惟天地万物父母，惟人万物之灵。亶聪明，作元后，元后作民父母。天矜于民，民之所欲，天必从之"②。此外，《国语》《春秋三传》等中华民族传统典籍和诸子百家学说中对"以民为本"的阐述俯拾即是。在汉武帝制定独尊儒术的政策以后，董仲舒将"天人感应"论和"灾异"之说嵌入原本的"以民为本"思想中，它们共同成为新儒学的重要思想内容，并指导着传统中国政治、经济、社会、文化等不同领域的发展。可以说，在中国传统社会，中华民族成员发展出了丰富多元的中华优秀传统文化。

在此基础之上，这些中华优秀传统文化成为政治仪式组织者创造、解释和运用特定象征物品、仪式话语和一系列仪式行动的重要文化资源。基于此，他们有效凝聚了大学生群体相应的历史记忆，从而将家国一体、崇德修身、以民为本等传统政治智慧嵌入他们的国家立场、人民立场和法治立场之中。首先，国家政权体系作为仪式组织者，实现特定象征物品的创造、解释和运用，凸显特定仪式空间以人民为中心的表征。以天安门广场为例，在传统中国社会特别是明清时期，天安门作为统治者在政治仪式中

---

① 孔颖达，王德韶，李子云. 尚书正义：卷四［M］//阮元. 十三经注疏. 北京：中华书局，1980：138.

② 孔颖达，王德韶，李子云. 尚书正义：卷十一［M］//阮元. 十三经注疏. 北京：中华书局，1980：181.

获取和积累政治合法性的重要象征，凝结着中国古代君主的传统智慧，即最高统治者受命于天，理应长久统治，并做到"国泰民安，长治久安"；新中国成立以后，党中央和中央人民政府在这一特定空间中举行诸如，国庆阅兵仪式、"七一"纪念活动等国家层面的重大政治仪式。他们借助上述传统政治智慧的积极作用，同时也对其加以改造，促使民众实现从臣民身份向公民政治身份的伟大转向。比如，1949 年 10 月 1 日，在开国大典上，从天安门城楼传出了"中华人民共和国成立了"的宣言，其延续与更新了天安门的象征意义，并为世界所注目和尊重。

其次，政治仪式组织者促进仪式话语的创造、解释和运用。以从古至今举行的黄帝祭仪为例，其仪式话语的建构与传播蕴含着中华优秀传统文化内涵及其传承与创新性发展。黄帝作为中华民族的始祖，其对于历朝历代的统治者以及中国共产党均具有重要象征意义。在此基础之上，在传统中国社会，在祭奠黄帝的仪式中，最高统治者作为"主祭"，通过"读祭文"这一传统祭仪，赋予"黄帝"以"汉族始祖"或"中华民族始祖"的象征意义，并强调皇室宗族系"黄帝"苗裔，从而进一步强化自身的传统政治合法性；近现代社会，在 1948 年以前，国民党和南京国民政府作为"主祭"，中国共产党以陕甘宁边区政府的名义参与黄帝祭仪，承担"陪祭"的义务与责任，其中国民党代表在祭祀典礼发表的讲话具有浓厚的"伦理化和等级化色彩"和"党国化"特征，1948 年 3 月 10 日至 1949 年10 月 1 日之前，中国共产党主导黄帝祭仪，并在仪式中使用具有大众性特征的祭文对民众进行政治动员，动员他们积极参与解放战争，维护中华民族的生存与发展，赋予黄帝以"劳动人民的先驱"这一全新的象征意义；新中国成立以后，中国共产党作为执政党，从 1949 年 10 月 1 日至 1964年，主导了历次黄帝陵祭典。其中，政治仪式组织者使用通俗易懂的白话文，发表重要讲话，并邀请劳动群众代表上台演讲，深刻体现了党和政府的人民性特征。

最后，从仪式行动的创造、解释和运用来看，针对孔子的定期祭祀具有典型代表意义。在传统中国政治体系中，一国之君或由君主指定的人选主导"国祀"活动；近现代社会，随着封建专制制度的崩塌，这一祭仪也随之消散；中华人民共和国成立以后，特别是20世纪80年代中期以来，孔子祭典重新焕发生机，既包括国家层面的纪念孔子诞辰活动，又包括地方政府开展的公祭典礼，比如，曲阜孔庙的"祭孔大典"。在政治仪式展演过程中，"上香""献爵""献花"等传统仪式行动以及"全体肃立""行三鞠躬礼"等现代化的仪式行动要素既让仪式观众在古今历史对比中吸收文化资源，又凸显了中国传统思想文化中的优秀成分"对中华文明形成并延续发展，九千年而从未中断，对形成和维护中国团结统一的政治局面，对形成和巩固中国多民族和合一体的大家庭，对形成和丰富中华民族精神，对激励中华儿女维护民族独立、反抗外来侵略，对推动中国社会发展进步、促进中国社会利益和社会关系平衡"①，发挥着较为重要的作用。这些政治仪式的基本组成部分使得大学生群体将传统中国、近现代社会以及当代社会的重要历史事实特别是与人民利益诉求综合、表达和实现密切相关的人物和事件串联起来，既厘清了个体、社会与国家之间的三元关系，又明确了当前中国社会不同于传统中国以及西方国家的根本特征。换言之，一方面，大学生个体作为未来推动全面建设社会主义现代化国家的中坚力量，既能够在历史记忆的唤起、重构、固化与刻写中汲取中华优秀传统文化，理解传统中国的超稳定结构，又可以成为推进社会结构转型的重要支撑，同时进一步强化基层社会的国家建构过程与结果；另一方面，他们也能够借此明确中国政党、政府及相关制度、政策与西方国家相关方面的不同之处，不再将西方国家的"普世价值"强加于中国的政治生态之中。

政治仪式构建了集体记忆生产和再生产的实施路径。与历史记忆相比，集体记忆的覆盖范围更大一些。历史记忆需要依托相应的政治符号产品，具体包括文献、雕塑、绘画、音乐等。而集体记忆则存在于当前人与人之间的互动交往框架之中，并通过口述的方式实现代际传递。正如莫里

① 习近平. 在纪念孔子诞辰2565周年国际学术研讨会暨国际儒学联合会第五届会员大会开幕会上的讲话［N］. 人民日报，2014-09-25（2）.

斯·哈布瓦赫（Maurice Halbwachs）所言，集体记忆是个体之间通过互动交往衍生出来的记忆类型，具体包括家庭的记忆、宗教的社会记忆和阶层的社会记忆。① 换言之，一个大学生个体依据其所归属的不同类型的子群体，形成多元化的集体记忆，且这些记忆内容在个体与自我的互动交往中实现交互作用，从而推动集体记忆的再生产过程。而政治仪式组织者通过设计和引导相应的仪式行动，为实践上述过程发挥着重要作用。比如，在政治仪式中，仪式组织者除了会邀请高校学生代表到场，还会实现党员干部、群团组织代表、社会团体代表以及其他社会力量的身体在场和功能在场。由此，当党政力量发表重要讲话的时候，不同人群实施鼓掌、欢呼等仪式行动，从而获取共同关注的焦点，并彼此知晓。就党员干部与大学生群体的互动交往而言，大学生群体在这一过程中形成了政党文化区域内的共同记忆。中国共产党自成立之初就始终坚持和巩固马克思主义的指导地位，动员工人阶级参与革命，同时也积极动员大学生群体在其中发挥重要作用。基于此，党政力量在政治仪式中发表重要讲话，使得大学生群体回忆起在革命战争年代，中国共产党以人民为中心，凭借自身强大的领导力量，获得政治优势，满足了青年学生群体的经济利益需求、政治权利需求以及文化权利需求。鉴于政治仪式的重复性、规范性特征，大学生群体得以周期性地进入上述政党文化记忆的活跃期，从而实现这些记忆内容的保存、传递与更新。

就群团组织代表与大学生群体的互动交往而言，大学生群体在仪式互动框架中形塑着中国共产党协商文化区域内的共同记忆。中国共产党成立以来，中国共产党的协商文化经历了形成、发展、充实与优化四个阶段。其中，从中国共产党成立到第一次国共合作是党的协商文化的形成期。在这一阶段，受到马克思主义指导思想的影响，中国共产党形成了进行多党合作、统一战线的思想共识。比如，在中国共产党的第三次全国代表大会上，全体党员代表确立了以"党内形式"与国民党进行合作的决策，此后

---

① 哈布瓦赫. 论集体记忆［M］. 毕然，郭金华，译. 上海：上海人民出版社，2002：40.

积极推动决策的实施。但因为国民党右派的阻挠以及中国共产党内部个别人的妥协退让，所以这一合作关系的平等和协商特征逐渐被削弱，国共第一次合作最终失败。而中国共产党协商文化的发展期则集中体现在社会主义革命和建设时期。在这一历史时期，党的协商文化在新的社会背景与新任务中不断得到拓展。

在社会主义革命和建设时期，中国面临着百废待兴的社会发展局面：一方面，在新中国成立以前，南京国民政府政治腐败现象严重，对中国近现代社会的政治、经济、社会和文化等多个领域的发展造成了较为明显的负面影响，比如，在农村社会遗留了土豪劣绅群体，对农民进行政治的和经济的双重压迫，在城市造成了较为明显的通货膨胀现象，阻碍民众满足自身的生存与发展需求等；另一方面，在新中国成立之初，中国共产党实现了从革命党到执政党和领导党的身份转变，需要在马克思主义的指导下，不断探寻适合中国社会现实情况的发展道路，其间还面临着一些来自国内外的挑战与威胁。在这一大背景之下，中国共产党领导全国各族人民完善组织机构、构建制度体系并落实相关的政治和行政活动。其中，中国构建了中国共产党领导的多党合作和政治协商制度，既强调中国共产党的集中统一领导地位和作用，又凸显了中国国民党革命委员会、中国民主同盟、中国民主建国会、中国民主促进会、中国农工民主党、中国致公党、九三学社、台湾民主自治同盟等中国民主党派的政治协商、民主监督和参政议政职能。中央和地方各级人民政协进行政治协商的领域覆盖政治、经济等不同方面。

在"文革"期间，中国各民主党派的政治协商功能在"四人帮"的破坏下，受到了负面影响。1978 年 12 月党的十一届三中全会以后，中国进入改革开放和社会主义现代化建设新时期。在这一历史阶段，中国共产党的协商文化重新焕发生机，并不断拓展协商领域、丰富协商内容。相较于社会主义革命和建设时期，在这一阶段，党政不分、政企不分的问题得到了良好的解决，同时党政力量将国家的核心任务转移到经济建设上来。在此基础之上，就协商领域而言，中国共产党和各民主党派由集中在政治领域的协商向社会领域扩展。比如，1982 年 12 月 11 日，中国人民政治协商会议第五届全国委员会第五次会议审议通过了《中国人民政治协商会议章程》（以下简称《章程》）。《章程》明确了中国共产党领导的多党合作和政治协商制度的总原则，为丰富党的协商文化奠定了坚实的原则基础。党的十三大则强调要"制定关于社会协商对话制度的若干规定"①。基于这一重大转向，中国民间社会各种具有鲜明地方特色的协商议事会、民主恳谈会开始发展起来，其中基层政权体系借助相应协商平台，组织多元社会力量参与到相关公共议题的民主协商过程中，从而提升社会团体、经济组织特别是普通民众个体的民主协商意识和民主协商能力。

进入中国特色社会主义新时代，在国内国际两个大局的背景下，中国共产党的协商文化朝着系统化、制度化的方向发展。一方面，国内社会的主要矛盾发生了转变，由人民日益增长的物质文化需要同落后的社会生产之间的矛盾转变为人民日益增长的美好生活需要和不平衡不充分的发展之间的矛盾；另一方面，国际社会的无政府状态日渐加剧，守成国和崛起国之间的矛盾、冲突时有发生，一些非国家行为体为维护自身利益需求会出现"越轨"现象。特别是在互联网空间，不同国际行为体之间为争夺权力资源，相互攻击，破坏不同国家和地区物理层、逻辑层和社会层的稳定和发展。在这一背景下，中国共产党为了促进国内政治发展、经济增长和社会的和谐稳定，需要进一步充实和优化协商文化。就党的协商文化的系统化发展而言，当前广大人民群众对协商民主有着制度化、体系化发展的需求。2019 年 10 月，中国共产党第十九届中央委员会第四次全体会议审议通过《中共中央关于坚持和完善中国特色社会主义制度、推进国家治理体系和治理能力现代化若干重大问题的决定》（以下简称《决定》），《决定》强调，"构建程序合理、环节完整的协商民主体系，完善协商于决策之前和决策实施之中的落实机制，丰富有事好商量、众人的事情由众人商

---

① 中共中央文献研究室. 改革开放三十年重要文献选编（上）[M]. 北京：中央文献出版社，2008：494.

量的制度化实践"①。为此，地方和基层政权体系在日渐具有不确定性的社会背景下，积极汲取和释放政治、经济、社会、文化和生态等多个领域的丰富资源，搭建更具针对性和功能性的民主协商平台，并引导多元社会力量以及普通民众个体实施积极的协商策略，而不是继续维持"一言堂""能省则省"的局面，从而使得更多的机构和个体愿意积极参与民主协商机制的完善与优化过程，最终为相关公共议题治理提供切实有效的方式或手段，实现社区居民公共利益的更大化。在"七一"纪念活动以及为人民政协举行的历次纪念活动中，上述关于政党文化形成和发展的历史事实被嵌入相应的象征物品、党和国家领导人发表的重要讲话以及囊括游行抬像、文艺表演等在内的一系列仪式行动当中。而大学生在仪式过程中则通过聆听讲话内容、欢呼、鼓掌等行动将这些政党象征文化内涵嵌入相应的集体记忆框架之中。

就社会团体代表与大学生群体的互动交往而言，大学生群体在这一过程中筑造着与公共领域文化相关的共同记忆。不同于传统中国和近代社会，中华人民共和国成立以来，党就通过各种方式和手段激发各类社会团体和大学生群体自身的自主性、自觉性特征。所谓社会团体，简称"社团"，与人们的结社自由权利紧密联结，长期以来，社会团体的存在被视为社会公共领域存在和发展的重要标志。② 在中国的法律制度框架中，社会团体是社会组织的一种重要形式，是指中国公民根据自愿（意志自由）组成，为实现会员共同意愿，按照其章程共同开展活动的非营利性社会组织，具体分为免于登记的群团组织以及需要按照 1998 年通过的《社会团体登记管理条例》予以登记的社会团体。中国共产党成立以来，社会团体得以孕育、形成、发展和充实。群团组织的成立与中华人民共和国的创立过程紧密相关。比如，中国共产主义青年团和中华全国总工会成立于 20 世

---

① 中共中央党史和文献研究院．十九大以来重要文献选编（中）[M]．北京：中央文献出版社，2021：276.

② 褚松燕．在国家和社会之间：中国政治社会团体功能研究[M]．北京：国家行政学院出版社，2014：7.

纪 20 年代，中国科学技术协会、中华全国青年联合会、中华全国妇女联合会、中华全国归国华侨联合会、中华全国工商业联合会都在中华人民共和国成立前后产生。而中国社会团体在改革开放之前，具有较为强烈的国家主义和全能主义特征，上述群团组织在相应的社团空间中占据主导地位。他们接受国家的财政拨款，工作人员有编制，组织领导者则有行政级别。1978 年党的十一届三中全会以来，中国社会团体的发展空间获得了进一步强化，具体包括专业性社团、行业协会、社会公益类组织、工商组织、学术性组织、公共事务组织以及体育娱乐性组织。但相对地，针对社会团体的制度化的监管体系尚未发展成熟，一些地方甚至出现了相对缺失的现象。党的十八大以来，与社会团体登记管理相关的各项改革措施得以深入推进，从而为社会团体登记管理工作提供了更加全面的立法遵循。基于此，在国家和地方举行的政治仪式中，各重要社会团体代表被邀请到现场，成为身体在场的仪式观众，向大学生群体彰显了中国社会团体正在获得越来越大的发展空间，其发展领域和发展程度都得到了较大的提升。可以说，在政治仪式场域的综合作用之下，大学生群体得以获得政党文化区域、公共领域文化相关的共同记忆，并通过参与政治仪式链，实现这一记忆类型的不断延续。

政治仪式实现社会记忆的营造。同历史记忆相比，社会记忆更加强调权力对于记忆本身的作用；同集体记忆相比，社会记忆把问题聚焦在群体的记忆如何传播和保持。基于此，就政治仪式而言，一方面，它能够借助党政力量为社会记忆的保存提供政治权力支持；另一方面，它通过政治仪式链发挥特定的情境串联功能，从而实现社会记忆的传播和保持。

政治仪式通过仪式主题和仪式中的身体实践，实现了政治权力对大学生社会记忆的有效作用。现阶段，中国政治仪式涉及多元化的主题内容，具体包括纪念仪式、通过性政治仪式、礼仪性政治仪式等不同类型。① 由此，在这些政治仪式中，大学生群体通过对升国旗程序行注目礼、唱国

---

① 高梦潇，刘志山. 政治仪式的思想政治教育功能研究［J］. 思想政治教育研究，2020，36（2）：47-50.

歌、聆听重要党员干部的讲话以及参与多元化的文艺表演活动，知晓新民主主义革命时期、社会主义革命和建设时期、改革开放和社会主义现代化建设新时期以及中国特色社会主义新时代的多领域发展经验。比如，中央和地方党政部门组织的重温入党誓词、庆祝党的生日、南京大屠杀死难者国家公祭日等政治仪式就充分运用了政治仪式的"根范式"以及中国的现实国情，促使大学生群体既能够清晰了解中国共产党领导全国各族人民实现民族解放、成立中华人民共和国的"建国创业"历史，又能够明确中国如何在改革开放和社会主义现代化建设新时期促进国家多领域又快又好发展，解决"人民日益增长的物质文化需要同落后的社会生产之间的矛盾"①，同时也彰显了新时代党和国家在政治、经济、社会、文化和生态等方面取得的发展成就。其中，政治仪式组织者有着较高水平的政治合法性，为这些社会记忆的有效存储发挥了积极作用。

而社会记忆的传播和保持则在政治仪式链及其情境串联功能的作用中得到实现与保障，具体包括纵向和横向两个层面。在纵向层面，历届党和国家领导人发挥引领作用，促使中国的政治仪式基本完成链式发展，比如，国庆阅兵仪式包含着"逢十纪念"的特征（"文革"时期，国庆阅兵仪式因"四人帮"的破坏和阻挠而一度中断；1984 年举行的国庆阅兵仪式则是为了呈现中国在改革开放初期在政治、经济、文化和军事等不同领域取得的建设成就），为庆祝党的生日而举行的"七一"纪念活动也大抵如此，其他诸如此类的政治仪式链不一而足，在此不多加赘述。在横向层面，正如前文所述，现阶段，纪念性政治仪式、通过性政治仪式等不同类型的政治仪式已经实现了象征意义系统的相互嵌套。其中既强调党的集中统一领导地位，又凸显以人民为中心的重要政治立场；既有着对党员干部形塑和维持初心使命的严格要求，又向人民群众保证维护最广大人民的根本利益；既向国内民众展示中国在不同领域取得的建设成就，又向海外民众彰显中国的国家形象以及致力于世界和平与发展的价值理念。由此，在纵横交错的政治仪式链的综合作用之下，党员干部、社会各界代表以及大

---

①　赵曜. 科学社会主义自觉手册［M］. 北京：中共中央党校出版社，1987：81.

学生代表所共同经历的互动交往情境以及所认识和了解的历史情境得以相互串联，从而实现社会记忆在不同人群之间的传递。再加上多元化的大众传播媒体发挥着双向互动功能，从而保障这些社会记忆实现代际传递。

在政治仪式场域之中，历史记忆、集体记忆、社会记忆实现相互嵌套，既汲取了丰富多样的中华优秀传统文化，又深刻总结了党和国家在多个领域获取的发展经验。就政治仪式中历史记忆和集体记忆的深度融合而言，在仪式展演过程中蕴含丰富象征意义的仪式器物、仪式话语以及升国旗、奏唱国歌、文艺表演等仪式行动既呈现出中华民族的形成、发展、充实和完善过程，又深刻展示了党的集中统一领导地位和作用。就政治仪式中集体记忆与社会记忆的相互作用而言，一方面，政治仪式能够唤起不同人群所拥有的集体记忆；另一方面，人们也能在集体记忆中发现社会记忆的部分，维护历史的真实意义。最后，这三种类型的记忆相互作用并形成一种政治记忆序列，使得大学生群体进一步丰富自身的政治认知框架，并强化对多元主义文化思潮的辨别能力和分析水平。

二、政治仪式"情感"功能强化大学生政治信任感

政治仪式在激发仪式参与人员的各种类型的政治情感上同样发挥着重要作用，它通过创造、解释和运用仪式互动结构，从而使得大学生对党和政府的政治信任水平得到有效提升。

正如柯林斯所言，人们在仪式中进行"即时即地发生的面对面互动"，并在这一过程中借助不同人群之间的相互关注，分享"共有的情感"。① 随着时间的延续，以群体团结为核心内容的情感能量在符号的重复性、规范性使用中，得以完成持续与储备的过程。首先，大学生群体需要进入特定的政治仪式时空结构，从而保证他们实现与其他仪式参与人员之间的互动交往。柯林斯强调，这种互动交往应当是小范围的、即时即地发生的、面对面的。但随着互联网技术的迅猛发展，人们得以通过覆盖范围日渐广泛

---

① 柯林斯. 互动仪式链 [M]. 林聚任，王鹏，宋丽君译. 北京：商务印书馆，2009：
　31，71.

的互联网基础设施、不断强化的互联网数据协议以及逐渐增多的互联网原住民，间接参与政治仪式。其中，他们能够以多元化的视角观看仪式过程的展开，并通过多种类型的社交媒体平台实现与其他仪式参与人员的沟通与交流。因此，大学生群体得以通过以下两种途径满足上述功能条件：一是他们作为受邀到场的仪式观众，直接进入特定的仪式时空结构，比如，国庆阅兵仪式中进入天安门广场的大学生代表；二是大学生个体成员运用互联网技术，进入虚拟空间，在多元化的直播平台间接参与相应的政治仪式。

其次，大学生群体与其他仪式参与人员彼此知晓共同的政治身份。参与中国政治仪式的人群主要是中华人民共和国公民，有着推进国家治理体系与治理能力现代化的责任与使命，同时坚定地维护中国共产党及其政治合法性。在这些身份的综合作用之下，他们支持中国的政治制度体制机制，对中国未来的发展抱持着较高水平的信心。在此基础之上，大学生群体与其他仪式参与人员得以认同彼此参与政治仪式的动机以及在仪式中产生的情感体验。

再次，大学生群体和其他仪式参与人员在仪式展开过程中对相关的仪式器物、仪式话语以及仪式行动形成了共同关注，并通过彼此沟通，知晓了相互之间的共同关注焦点。具体而言，当他们进入仪式时空结构以后，就会被国旗、国歌、党旗、党徽、民族团结柱以及党政领导干部发表的重要讲话、仪式操演人员展开的文艺表演所环绕。在此基础之上，他们将会为上述象征物品、仪式行动以及仪式话语所感染，并对它们形成广泛关注，即了解和认识这些器物、语言符号和行动符号的数量与类型，并认知它们所包含的丰富的象征文化内涵。其中存在着大学生群体和其他仪式参与人员分享的共有文化记忆。因此，他们产生共鸣，从而进行有效的沟通与交流，进一步强化彼此之间的共有回忆。

最后，在仪式展演过程中，大学生群体和其他仪式参与人员分享共同的情感体验内容。正如德国历史学家扬·阿斯曼（Jan Assmann）所强调的，文化记忆意味着人们"将自己的历史内化，从而使其成为发展的动力"①。因此，不同仪式参与人员之间在依据共同的文化记忆进行相互沟通的时候，将会激发相应的政治情感体验内容，比如，对社会主义新中国的爱国主义热情，对中国共产党的敬仰之情以及对政府制定和执行的相关政策及其执行绩效的自豪之情。而随着时间的延续，大学生群体将会在政治仪式的链式发展中不断积蓄情感能量，从而将上述不同类型的政治情感转化为对党和政府强烈的政治信任感。

三、政治仪式"价值"功能提升大学生政治宽容度

"价值"功能作为政治仪式的第三种重要功能，能够进一步提升大学生群体对社会主义核心价值观的信仰水平，进而强化他们对党和政府相关决策过程的政治宽容度，而不是由于部分党员干部的消极腐败行为从而对其他地方的治理行动产生怀疑。

政治仪式发挥"价值"功能需要借助政治仪式链的重要作用。依据柯林斯提出的互动仪式链理论，政治仪式链的形成需要实现不同政治仪式时空结构的有效串联，并保证充满了"情感性情境"的符号能够跨越上述不同时空结构，从而使得短期政治情感体验转变为稳定的政治情感状态。在这一过程中，大学生群体将会不断提升对国家、社会、个体等不同层面主流价值观的肯定、接纳与赞同。具体而言，第一，不同仪式时空结构之间的有效串联是指党政力量在四个历史时期均能够保证不同主题政治仪式的周期性举行，并不断充实与优化相关的仪式程序、仪式器物和仪式参与人员构成。完成了上述前提性功能条件，大学生群体作为重要的仪式参与人员，将会把不同历史阶段的政治仪式情境串联起来，清晰认知不同仪式符号的具体变化情况，主要包括造型、颜色、功能、数量、类型及其象征文化内涵的转变。第二，符号跨越不同政治仪式时空结构则意味着同一符号在不同政治仪式中均占据着较为关键的地位，对仪式主题的宣扬、仪式过

---

① 阿斯曼. 文化记忆：早期高级文化中的文字、回忆和政治身份［M］. 金寿福，黄晓晨，译. 北京：北京大学出版社，2015：64.

程的展开以及仪式传播过程的进一步优化，发挥着较为重要的作用。比如，国旗、国徽、党旗、党徽作为仪式器物，出现在"七一"纪念活动、国家公祭日、庆祝全国人民代表大会成立的政治仪式等不同类型的仪式中，且在仪式空间布置中都处于较为核心的位置。它们向广大仪式观众（包括直接参与的和间接参与的政治仪式观众）彰显党和政府取得的发展绩效，并显著提升后者的政治合法性。第三，短期政治情感体验转化为长期、稳定的政治情感状态则需要借助政治仪式链，为仪式参与人员特别是大学生提升政治宽容度积蓄能量。

正如前文所述，在国内国际两个大局背景下，大学生群体中的极少数个体对党和政府主导制定和执行的政策形成刻板印象，将极少数党员干部的消极腐败行为嵌入其中，从而对前者呈现出相对较低的政治宽容度。而政治仪式"价值"功能的发挥则能够有效强化大学生群体对上述公权力行使者的政治宽容度，对党员干部在改革开放期间进行的政治试验以及其中存在的发展空间予以更高水平的宽容度。

四、政治仪式三种功能交互作用增强大学生政治参与水平

随着时间的推移，在政治仪式实现纵横连接以及政治仪式传播机制互动性日渐增强的情况下，政治仪式的"记忆"功能、"情感"功能、"价值"功能产生交互作用，共同促进大学生政治参与意识和政治参与能力的进一步增强。就政治仪式"记忆"功能和"情感"功能的相互作用而言，政治记忆和政治情感之间始终是相互嵌套的关系，具体包括以下两种类型：一是历史记忆、集体记忆和社会记忆在否定性政治情感的作用下，得以成为"冷回忆"[①]。它呈现出社会在什么范围内、以什么样的方式、借助哪些社会机构和社会体制机制，维护现有的政治经济体制机制、社会结构和思想文化内容。二是三种记忆形态与积极政治情感之间实现有机融合，

---

① 阿斯曼．文化记忆：早期高级文化中的文字、回忆和政治身份［M］．金寿福，黄晓晨，译．北京：北京大学出版社，2015：64.

形成"热回忆"①，促使相关组织和个体将历史事实内化，为促进社会发展提供源源不断的动力。因此，无论是仪式器物、仪式话语、仪式行动，还是仪式过程中所包含的三种类型的互动结构，均能够唤起、重构、固化和刻写人们的三重记忆，同时也激发人们产生相应的政治情感类型。就政治仪式"情感"功能与"价值"功能相互作用而言，在一次政治仪式过程中运行的互动结构将会跨越不同的仪式时空结构，从而在纵横交错的政治仪式链中促使大学生群体将获取的政治知识、汲取的情感内容，逐渐转化为道德人格甚至是政治理想，从而有效提升他们对主流政治价值观的信仰水平。

总而言之，在政治仪式及其多元功能的常态化发展机制中，大学生群体以人民为中心的政治立场得到有效强化，对党和政府的政治信任水平得以不断提升，对党政力量的政治宽容度也进一步增强。它们共同促进了大学生政治参与水平的有效提升。一方面，越来越多的大学生个体成员改变了过去的政治冷漠态度；另一方面，他们对相关治理议题实现有效参与，从而促进人类政治文明新形态的可持续发展。

---

① 阿斯曼. 文化记忆：早期高级文化中的文字、回忆和政治身份［M］. 金寿福，黄晓晨，译. 北京：北京大学出版社，2015：64.

第二章

基于大学生政治价值观培育的政治仪式历史考察

新中国成立以来，政治仪式及其展演过程的外部环境发生了较为明显的变化，致使以政治仪式为载体培育大学生政治价值观的效率和效果也呈现出特定的表征。为此，本章对政治仪式环境、政治仪式展演过程以及政治仪式展演效果的历史发展脉络进行纵向考察。

第一节　政治仪式环境演变

政治仪式环境演变涉及文化环境、政治环境和事件环境三个层面，覆盖新民主主义革命时期、社会主义革命和建设时期、改革开放和社会主义现代化建设新时期以及中国特色社会主义新时代四个历史时期。其中，在党中央的集中统一领导下，中国的政治文化逐渐实现中华优秀传统文化、革命文化与社会主义先进文化的统一发展，相关政治制度体制机制日渐体现人民性，而国外具体的政治活动则呈现出日渐复杂的发展特征。

一、文化环境趋于多元一体发展格局

中华优秀传统政治文化有着上千年的发展历史，其与革命文化、社会主义先进文化实现了有机融合。随着时间的推移，政治仪式所处的文化环境不断强化多元一体发展特征。在此基础之上，政治仪式能够从中汲取有

效的文化资源，从而丰富符号象征系统的文化内涵。

传统中国社会涌现出儒家、道家、释家等多元化的传统政治思想文化学派，其中蕴含着丰富的传统政治智慧，能够被运用于当代社会中。其中，儒家思想长期在古代社会主流意识形态的构建与发展中发挥着关键作用，其核心观点是个体必须崇德修身，以保证国家长治久安、百姓安居乐业。具体而言，一方面，儒家学派思想家强调，天下臣民与邻里之间必须做到守望相助；另一方面，他们指出，百姓需要进一步强化家国情怀，从而愈加服从国家和地方的政治决策。比如，孟子曰："恻隐之心，人皆有之……或相倍蓰而无算者，不能尽其才者也。"① 人人都有恻隐之心，帮助弱势群体是人们的本性，且它将会在现实实践中不断得到强化。道家思想虽然十分关注个体内心世界，但是仍然强调个体与社群之间需要保持一种动态平衡。换言之，一方面，道家提出"道"是个体实现健康良好发展的总体规律和法则；另一方面，道家思想也主张，用高尚的道德与品格为周围的事物和个体做出自身的贡献。老子认为，"人法地，地法天，天法道，道法自然"②。在此基础之上，个体的政治理想就是"法道""从道"。相较于对个体发展的关注和重视，道家也强调实现个体与社群发展之间的动态平衡，其中道家就提出了"大爱无形"，认为人们需要做到默默付出、以德报怨。而释家思想虽然主要吸收借鉴了古印度佛教的相关思想观念，但是其在古代中国朝代兴衰与更替中逐渐与儒家、道家思想实现深度融合，从而更加适应中国的政治社会生态，可持续地获取发展动力。例如，佛教思想中的慈悲观、因果业报观就与儒家、道家及其所包含的对个体人格的修炼、道德品质的提升相互融合，从而激发人们对国家与社会的奉献精神。就慈悲观而言，有着怜悯之心的个体将会抱持着利他主义的态度，进行现实实践，展开造福众生的行动。就因果业报观而言，佛教教徒将其核心教义界定为"善恶有报"。在此基础之上，这一教义对信仰佛教的个体形成有效的道德约束。虽然上述文化思想的精髓之处对百姓的道德观念

---

① 孟轲. 孟子［M］. 方勇，译注. 北京：中华书局，2010：218-219.
② 老子道德经注［M］. 王弼，注，楼宇烈，校释. 北京：中华书局，2011：66.

形成发挥了较为明显的正向效应，但是鉴于古代中国较为落后的生产力发展水平以及在政治制度发展上存在的不足之处，这些思想文化观念需要被后人予以批判性的继承，并在其中融入革命文化、社会主义先进文化要素。到了近代社会，西方国家凭着坚船利炮、商贸往来、文化渗透等，打开中国的大门。马克思主义一道进入中国社会，成为活跃在中国思想文化舞台上的主要思潮。具体而言，一方面，不同于中华传统文化对个体发展维护封建统治秩序的强调，它提出实现人的自由全面的发展；另一方面，这一思想的一个重要理论观点是"现实的人"思想。其中，就实现人的自由全面发展而言，这一理论主张既能够与强调个体伦理道德发展的中华优秀传统文化相融合，又对满足个体的经济利益需求、政治权利需求、文化权利需求等工具理性予以肯定和赞同。而就"现实的人"思想而言，马克思、恩格斯以现实的人、自由的人、人的实践三个层面为切入点，对"现实的人"思想展开详细论述。在此基础之上，党的历届领导集体依据中国的现实国情，提出并不断深化"以人民为中心"的重要思想，实现了马克思主义指导思想与中国政治文化的有机融合。

新中国成立以后，中国国家主流意识形态得到进一步发展。其以书籍、报刊、视频等不同形式为载体，在普通民众中间得到广泛传播。在这一过程中，马克思主义指导思想不断强化与中华优秀传统文化的相互融合过程，从而努力构建多元一体发展格局，具体包括国家、社会、个体三个层面。从国家层面来看，在马克思主义思想的指导下，党和国家强调推进国家治理体系和治理能力现代化，同时中华优秀传统文化也强调培养人们的家国同构、忠孝文化，从而保证国家秩序和谐，因此，二者之间能够实现相互融合。中国社会则需要保证社会结构以及具体事件发展过程的有序转型，从而推进和谐社会的建构。而中华优秀传统文化中蕴含着对社会伦理道德的关注与重视，因此二者之间能够形成辩证统一的关系。最后，实现个体的全面自由发展要保证其外在行为与内在思想观念之间的协调统一，同时中华优秀传统文化也强调"修身齐家治国平天下"。二者之间交互作用，推动个体的进一步发展，从而为经济、政治、社会、文化等多个领域贡献力量。上述三个层面相互作用，共同促成了文化环境的进一步优化与充实。

二、政治环境体系化之路日渐成熟

基于政治环境主要形成以下两种解释路径：一是指政治系统或者政治体系，包含党政力量、政治制度体制机制及其执行过程；二是意味着"政治制度"，可以从国内和国际两个层面进行详细分析。结合本书的研究主题，这里的政治环境主要是指与政治仪式相关的法律制度规范体系及其具体发展和运行状况。中华人民共和国成立以来，随着时间的推移，中国的政治环境日渐系统化，从而有助于政治仪式发挥思想政治教育功能，促进大学生丰富政治认知、激发政治情感、端正政治态度以及培养政治技能。

在社会主义革命和建设时期，政治仪式所处的政治环境呈现出较为零散的发展状态。具体而言，新中国成立初期，"七一"纪念活动、国庆阅兵仪式等政治仪式主要沿用的仍然是新民主主义革命时期的具体程序与规范。以宣誓仪式为例，在这一历史阶段，党和国家领导人以评选和公布中央政治局成员的方式来进行就职宣誓，既符合当时中国的现实国情，又延续了新民主主义革命时期党的基本做法。这一过程虽然确立了政治仪式展演所需的具体程序、规范，但是尚未形成国家象征的法治化表达。

在改革开放和社会主义现代化建设新时期，中国在建设政治仪式相关法律制度体系上取得了较为明显的成效，包括具体的国家法和实施意见，法律制度规范的结构效应以及相关组织结构的充实与完善。就具体的国家法和实施意见的制定与执行而言，"八二宪法"规定，"中华人民共和国的国旗是五星红旗""中华人民共和国国徽，中间是五星照耀下的天安门，周围是谷穗和齿轮"。① 这是对"五四宪法"相关法律条例的延续与传递。在此基础之上，1990 年 6 月 28 日，中华人民共和国第七届全国人民代表大会常务委员会第十四次会议审议通过了《中华人民共和国国旗法》（以

---

① 中共中央文献研究室．十二大以来重要文献选编（上）［M］．北京：中央文献出版社，2011：214.

下简称国旗法），并于 1990 年 10 月 1 日起正式施行。国旗法规定，"国庆节、国际劳动节、元旦、春节和国家宪法日等重要节日、纪念日，各级国家机关、各人民团体以及大型广场、公园等公共活动场所应当升挂国旗；企业事业组织，村民委员会、居民委员会，居民院（楼、小区）有条件的应当升挂国旗"①。据此，地方各级党政部门进一步强化相关政治仪式中升国旗环节的程序正义，并增强到场社会行为主体的多元化发展特征。就政治仪式相关法律制度规范产生结构效应而言，全国各地政府机关印发关于规范升降国旗仪式的实施意见，以维护国旗的权威性，增强民众的国家观念，发扬他们的爱国主义情怀。就相关组织结构的充实与完善而言，地方政府机关和基层政权体系吸纳相关专业人员，进一步增强政治仪式规范运行的知识支撑，从而保证相关制度规范制定、执行的全面性与科学性。

现阶段，在中国特色社会主义新时代，政治仪式所面对的政治环境呈现出明显的系统化特征。首先，党和国家进一步完善相关法律制度规范，并实现不同法律法规之间的相互嵌套。比如，2014 年 12 月 12 日，中共中央办公厅、国务院办公厅印发了《关于规范国歌奏唱礼仪的实施意见》。2017 年 9 月 1 日，中华人民共和国第十二届全国人民代表大会常务委员会第二十九次会议表决通过《中华人民共和国国歌法》。其次，国家层面的重大政治仪式表现出系统完备、礼乐结合等特征，保障其有效发挥培育道德人格、政治理想等功能。以庆祝中华人民共和国成立 70 周年大会为例，针对仪式展演过程，其中使用的仪式器物、仪式操演人员接受党和国家领导人检阅等不同程序的先后顺序、具体规范都有着严格的规定。因此，它们共同强化政治仪式参与人员的爱国主义激情，使得人们在更大程度上认可自身的政治身份。

三、事件环境逐渐复杂化

事件环境是指各种政治活动或者规则的具体运作，其中"事件"具有

---

① 法律法规编辑中心．国旗法 国歌法 国徽法［M］．北京：中国民主法制出版社，2023：3.

空间意义（主要是指具体环境）、时间意义（活动的发生过程及其结果）以及实践意义（作为特殊策略的具体行动）。① 在不同历史阶段，政治仪式所面对的政治大环境、社会大环境和校园小环境发生了较为明显的变化，呈现出日渐复杂化的发展规律和具体特征。在社会主义革命和建设时期，党和国家设置维护国家主权这一战略总要求，因此在这一阶段，国内政治大环境占据主导地位。具体而言，党中央和中央人民政府积极推进相关政治制度的建构与发展，制定相应的战略总要求，以维护无产阶级利益为旨趣。基于此，地方党政力量制定和推行相应的政策，以落实国家政策方针。在基层，政府领导干部及相关职能部门积极落实上级政府政策要求，并积极维护广大人民群众的物质利益需求，比如，努力推进土地改革政策的落实。

改革开放和社会主义现代化建设新时期，党和国家的工作重心转移到以经济建设为中心上，因此国家政治大环境持续获得发展动力，同时社会大环境也在不断获取资源，实现迅猛发展，具体表现在社会团体、社会阶层的丰富与发展上。一方面，相较于社会主义革命和建设时期，当时经济发展绩效不断积累，从而促使中国的社会团体获得了更多的生存和发展空间；另一方面，改革开放以来，中国产生了私营企业主、经理人员、专业技术人员和规模较大的个体工商户等新兴的社会阶层，使得社会环境获得了更多的物质资本、人力资本、社会资本和文化资本。此外，在这一阶段，高校思想政治教育体系建设也取得了较为明显的成效，具体表现在思想政治教育理论课、校园文化活动以及多元化的社会实践教育基地等方面。在课堂教学方面，其在教育内容、教育主体、教育方法、教育目标等方面获得了较为明显的发展成效，有效缓解了课堂教学的枯燥乏味、空讲大道理问题。就校园文化活动而言，一方面，高校内部相关学生社团的质量和数量得到了较大的提升；另一方面，高校广泛开展时事辩论会、文娱体育活动等，使得学生对此产生了浓厚的兴趣。就多元化的社会实践教育

---

① 王海洲. 政治仪式：权力生产和再生产的政治文化分析 [M]. 南京：江苏人民出版社，2016：94.

基地而言，随着时间的推移，高校党委和职能部门越来越重视挖掘当地的教育资源，比如，南昌大学就借助当地丰富的红色文化资源，建设相应的校外实践教学基地。但也有一些社会实践教育基地存在资金投入不足、内部空间布置结构效应不足、相对缺乏历史文化内涵等问题。

党的十八大以来，中国政治仪式所面对的外部空间呈现出日渐复杂化的发展特征，即一方面，在迅猛发展的互联网技术的作用下，国内政治环境、社会环境和校园环境得以在互动交往中获得较大建设成效，广大党员干部和多元社会力量始终坚持党中央的集中统一领导；另一方面，国际社会呈现出越来越明显的不确定性特征，比如，一些西方国家的霸权主义思维和行为模式日渐凸显，出现干涉中国内政的行为倾向，从而对中国相关物理空间、活动空间和制度空间的发展形成挑战。

从时间意义来看，与政治仪式相关的研习活动逐渐增多，具体包括中央举行的大型研讨会，地方各级党政部门组织的学习活动以及基层政府举办的培训活动，等等。其取得的成效日渐显著。在社会主义革命和建设时期，上述活动集中体现在政治仪式前，具体包括相应的培训活动和演习。以"逢十"举行的国庆阅兵仪式为例，从新中国成立之初到 1978 年党的十一届三中全会召开以前，国家共举行了 11 次国庆阅兵仪式。党和国家领导人对仪式过程做了顶层设计，仪式设计者则对仪式内部空间布置、仪式活动以及仪式参与人员构成都做了详细安排。① 改革开放和社会主义现代化建设新时期，与政治仪式设计、宣传教育相关的政治活动不断增加，党政部门领导干部组织相应的学习活动，高校则围绕特定政治仪式主题召开学术研讨会，同时，报刊、广播、电视、互联网等多元化的大众传播媒介发布相应的文本、图片和视频以进一步发挥宣传教育功能。到了中国特色社会主义新时代，国家、地方和基层政权体系进一步强化相关政治活动安排，同时加强对海外人群的宣传教育工作，从而筑造一个良好的中国国家形象，有效强化党和政府的政治合法性。

此外，越来越多的党员干部开始关注和重视政治仪式在培育人们的政

---

① 许农合．1949—1999 国庆大阅兵［M］．北京：中国青年出版社，1999：1-2．

治价值观念上发挥的重要作用，因此积极制定和执行相应的行动策略，包括推进政治仪式的设计和运行过程、增强大众传播媒介的数字化发展趋势等不同举措。

第二节　政治仪式展演过程发展

在日渐复杂化的政治仪式环境中，政治仪式展演过程则不断丰富与发展，其质量水平得到稳步提升。在政治仪式"记忆"功能上，因为相关仪式器物、仪式话语和仪式行动及其共同象征意义日渐系统化，所以仪式参与人员的个体记忆、集体记忆和社会记忆逐渐被唤起、重构、固化和刻写。在政治仪式"情感"功能上，不同仪式参与人员之间的互动交往逐渐凸显出结构效应，因此他们的短期情感体验被周期性地激发，同时长期的、稳定的政治情感状态也在纵横交错的政治仪式链中逐渐形成与深化。在政治仪式"价值"功能上，政治仪式的链式发展获得了系统化的法律制度规范的支持，在更加常态化的意义上完成政治符号体系及其象征意义的创设、解释、扩散和再生产，从而有效作用于仪式观众的政治价值观念。在上述三种功能产生的交互作用影响上，随着国内政治仪式具体安排逐渐完善与优化，人们的政治参与效率与效能有所强化。

一、政治仪式"记忆"功能日渐结构化

记忆是人们保存和传递历史事实的一种重要方式或手段。相应地，"记忆之场"呈现出多元化的发展特征，具体包括档案馆、历史遗迹以及纪念碑、雕塑等不同形式。而"记忆"的具体类型也是丰富多样的，包括个体记忆、集体记忆和社会记忆。个体记忆建立在个体过去经历的基础之上，其在现实中被重建，从而构建过去与现实之间的联系。① 集体记忆不

---

① 弗洛伊德. 梦的解析［M］. 殷世钞，译. 南昌：江西人民出版社，2014：6.

同于个体记忆，没有脱离社会表征系统，而是更加强调在社会互动交往框架下，立足于当下，实现某一群体共同经历的保存与传递。① 社会记忆则是在集体记忆的基础上被构建起来的，其核心意蕴在于实现不同群体记忆的广泛传播与保持，既包括在不同空间结构之间的横向传播，又包括纵向的代际传播。如果想要达成上述传播目标，那么我们需要以纪念仪式和身体实践为重要载体。②

政治仪式作为包含象征物品、语言符号、行动符号等不同记忆代码的重要载体，其在不同历史阶段所发挥的"记忆"功能更加呈现出结构化的发展特征，共同导向三种记忆序列的有机融合，进而在历史事实的再现中强化仪式观众的政治立场。在社会主义革命和建设时期，参与政治仪式的人们通过国旗、国歌、党旗、党徽以及"世界人民领袖"组像和"中国人民领袖"之肖像等重要政治符号，回忆起新民主主义革命时期在中国共产党的全面领导下实施反侵略、反帝国主义活动的亲身经历；通过党和国家领导人发表的重要讲话，了解到新中国成立以前，怀有爱国主义情怀的大学生群体始终坚持马克思主义的指导地位，为取得民族解放与独立贡献力量；借助横向的政治仪式互动结构相互作用、纵向的政治仪式连接关系以及报刊、广播等传统大众传播媒介及其宣传教育功能，实现工人、农民、知识分子等不同阶层"建国创业"记忆的有效传播与保持。

改革开放和社会主义现代化建设新时期，中国国内多个领域取得显著的建设成效，同时国际环境也发生了较为明显的变化，在这一背景下举行的政治仪式使得大学生个体成员的记忆内容不断增加。其中，随着社会结构转型的进一步深化，政治仪式参与人员构成不断丰富，他们在仪式中积淀所属群体的发展过程和发展绩效；政治仪式逐渐实现链式发展，再加上电视、互联网等大众传播媒介的运用和普及，国家、地方和基层的相关政治记忆得以通过多种渠道扩散至全国甚至是全世界范围内。

---

① 哈布瓦赫.论集体记忆 [M].毕然，郭金华，译.上海：上海人民出版社，2002：83.
② 康纳顿.社会如何记忆 [M].纳日碧力戈，译.上海：上海人民出版社，2000：40.

中国特色社会主义新时代，随着自媒体行业取得明显的建设成效，人们得以强化自身的自主性、自觉性，在仪式过程中实现个体记忆的生产与再生产。不同群体内部逐渐形成相应的思想价值观念，支撑群体成员吸收仪式符号及其文化内涵，实现思想观念和集体记忆之间的紧密联结。而数字空间的充实与完善则促使仪式语言符号、仪式器物和仪式行动借助物理层、逻辑层、社会层等互联网空间的基本组成部分，实现在不同时空范围内的有效传播与保持，在这一过程中，不同人群共同获取和积累一种包含不同领域发展过程和成果的社会记忆内容。

总而言之，随着时间的推移，政治仪式及其不同组成部分所包含的象征意义系统被逐渐完善与优化，并唤起、重构、固化和刻写仪式参与人员的个体记忆、集体记忆和社会记忆，实现三种类型记忆内容之间的相互作用。在这一过程中，大学生群体的政治认知框架得以不断丰富与发展。

二、政治仪式"情感"功能实现理性化转向

政治仪式的第二种重要功能即"情感"功能则在历史发展的过程中不断强化理性化的发展特征。换言之，随着政治仪式中互动结构的发展与运行，仪式参与人员首先是经由仪式中的互动交往，获取强烈的政治情感体验。而随着政治仪式的周期性发展，这种在历次仪式中出现的短暂的情感体验逐渐转化为长期的、稳定的基调情感状态。而后者则更多的是政治仪式参与人员基于对中国现实国情的立体化的把握产生的一种具有理性取向的情感表征。

在社会主义革命和建设时期，政治仪式"情感"功能的发展与运行，处于初级发展阶段，仪式参与人员之间形成的互动交往结构，更多的是吸收借鉴古代中国政治仪式中所包含的中华优秀传统文化内涵，新民主主义革命时期的相关经验以及其他国家政治仪式活动中的优秀成分，还需要汲取大量的资金、技术、人员资源。在政治仪式中，一个完整的互动交往结构需要满足以下四个条件：第一，有多个人聚集在同一场所，所以他们无论是否能够实现彼此关注，都能够通过身体到场，产生交互作用影响。第

二，参与仪式的人员之间有着共同的政治身份，在中国生态中具体指向中华人民共和国公民这一政治身份。第三，不同类型的仪式参与人员将注意力集中在某一种象征物品、领导干部发表的重要讲话以及囊括文艺表演、阅兵式、欢呼、鼓掌等在内的仪式行动上，并通过相互传达这一关注焦点，从而彼此知晓其关注的焦点。第四，仪式参与人员围绕这一共同关注焦点展开相互沟通，从而产生相应的情感体验。① 在新中国成立之初，中国党政力量积极运用空间结构所包含的中华优秀传统文化内涵，比如，在天安门广场举行国庆阅兵仪式，在黄帝陵举行适时性的祭奠。② 其中，政治仪式组织者借用了黄帝陵所包含的象征文化内涵即黄帝是"劳动人民的先驱"③，动员广大人民群众积极参与到革命生产的各项工作中去。同时，新民主主义革命时期，党组织获取的政治仪式展演经验也对当时政治仪式的设计与运行形成积极影响，既包括符号象征意义的发展，又涉及政治仪式过程的有序进行。以新民主主义革命时期中国共产党举行的抗日纪念仪式为例，党通过确立和执行特定的行为方式与习惯，从而对开展和参与政党行为进行价值动员、形势动员和榜样动员。④ 在这一过程中，党如何从外部环境中汲取积极生态因子，如何在仪式过程中根据仪式观众的反应对仪式本身进行调适与变革等，这些都成了新中国成立之初政治仪式设计、运行和传播的经验来源。但在这一历史阶段，党政部门尚未完整满足上述前提性功能条件。一方面，仪式内部的空间布置尚未实现符号代表项（R）、符号对象（O）、符号解释项（I）之间的辩证统一关系，从而无法使得更多的人获取关注焦点并彼此知晓；另一方面，仪式程序安排还需要进一步增强制度化、规范化的发展特征，从而保证仪式参与人员在参与不

---

① 柯林斯. 互动仪式链［M］. 林聚任，王鹏，宋丽君，译. 北京：商务印书馆，2009：86.

② 章舜粤. 一九四八至一九六三年中共祭黄帝陵活动研究［J］. 党史研究与教学，2021（2）：64-73.

③ 山河，张德森. 中国现代应用文选讲［M］. 成都：四川民族出版社，1992：569.

④ 朱庆跃. 政治仪式在中共政党文化构建中的功能价值分析：以民主革命时期抗日纪念仪式为例［J］. 现代哲学，2021（4）：58-65.

同政治仪式的时候，能够实现政治情感体验的有效传递。正如前文所述，符号代表项（R）、符号对象（O）和符号解释项（I）是皮尔斯对符号构成的一种科学分析。其中，符号代表项（R）是指某种精神的载体，符号对象（O）则指向符号形体所代表的那个物体，而符号解释项（I）则意味着符号形体所传达的关于符号对象（O）的信息。相应地，在社会主义革命和建设时期，虽然中国共产党有效汲取了新民主主义革命时期入党宣誓仪式、抗日纪念仪式等积累的丰富经验，但是新中国成立之初，党和政府在经济建设、政治发展和社会结构调整等方面还需要进一步强化相关制度体制机制的执行力，因此政治仪式组织者创造、解释和运用相关仪式符号所需的资源就相对不足，需要在多领域的发展进程中持续不断地获取和运用资金、技术和人员资源，从而进一步强化符号本身及其文化内涵的有机融合。此外，在这一历史时期，一部分政治仪式相对缺乏周期性举行的发展特征，从而使得仪式参与人员难以有效集聚政治情感能量，在一定程度上削弱了政治仪式的吸引力。

在改革开放和社会主义现代化建设新时期，随着中国政治仪式逐渐实现链条式的运行模式，其中不同人群之间的互动交往呈现出结构性的发展特征，因此人们在仪式中的政治情感体验愈加丰富。在改革开放的大背景下，随着国家在经济领域的建设成果日渐积累，各级党政力量在这一过程中不断聚集资金、技术和人才资源，并将其运用于政治仪式的设计、展演和传播机制构建之中。在此基础之上，通过性政治仪式、纪念性政治仪式等不同种类的政治仪式均可以获得持续不断的发展动力，从而既细化了仪式程序，仪式器物的种类、造型、颜色、功能和数量以及仪式参与人员的构成、仪式行动的类型，又实现了政治仪式链的可持续发展。由此，在政治仪式中，党员干部、社会各界代表之间进行情感沟通的过程呈现出明显的结构效应。具体而言，一是仪式参与人员与特定的仪式时空结构之间形成有效互动，从而进一步激发爱国主义激情。当时，仪式时空结构的发展已经逐渐趋于成熟，无论是仪式空间所处的地理位置，还是仪式空间的内部布置，抑或为不同类型仪式参与人员设置的位置，都有着越来越明显的程序性、规范性特征，且象征文化内涵不断丰富。在此基础之上，仪式参与人员被这些仪式符号所构成的仪式环境及其营造的象征文化氛围所感染，感受到源远流长的中华优秀传统文化，感受到新民主主义革命时期党带领全国各族人民浴血奋战、争取民族独立与自由的具体经历，感受到社会主义革命和建设时期党和政府的艰苦奋斗历程，同时也感受到当时党、国家和社会取得的丰硕建设成果。为此，他们迸发出强烈的家国情怀，倾向于努力推进改革开放和社会主义现代化建设。二是仪式组织者、仪式操演者以及仪式观众之间形成了互动交往结构，从而强化仪式参与人员对党和政府的政治信任感。就仪式组织者而言，他们一般担任发表重要讲话的领导者。相较于社会主义革命和建设时期，其讲话内容、节奏更加精细化、客观化、立体化，从而使得仪式操演者和仪式观众在聆听讲话的过程中产生积极的政治情感体验，比如，感受到党政领导干部的初心和使命，认可他们在仪式中做出的政治承诺，等等。就仪式操演者而言，他们在仪式中展开的阅兵式、文艺表演让仪式观众直观地感受到党在政治、经济、社会、文化等多个领域取得的丰硕的建设成果，遂使得仪式观众产生相应的情感支持，具体表现在鸣放礼炮、抬像活动、庆祝游行活动等方面。就仪式观众而言，他们鼓掌、欢呼、挥舞着手中的国旗以及激情澎湃地奏唱国歌，促使其他仪式参与人员感受到前者强烈的政治热情，并被他们所感染，从而产生愈加显著的归属意识与国家认同。三是仪式参与人员个体内心世界的各组成部分形成有效互动，从而将上述政治情感体验内化于心、外化于行。当仪式参与人员全身心地投入政治仪式中去的时候，他们在历次政治仪式展演过程中产生的短期政治情感体验就会深入他们的内心世界，并外化为相应的行为模式，从而逐渐转化为稳定的基调情感状态。由此，他们就会将对党和政府产生的政治信任感从"台前"延伸到"幕后"。虽然改革开放和社会主义现代化建设新时期中国政治仪式的"情感"功能实现了健康良好的发展，但是一些地方和基层仍然面临着政治仪式展演困境，即少数仪式组织者仍然坚持着"唯 GDP"的思维模式和政治行为模式，从而在推进政治仪式互动结构发展的问题上呈现出相对较少的关注与重视；仪式操演者的相关仪式行动缺乏制度和专业知识支撑，需要专家学者以及其他专业人员给予有效的培训；部分仪式观众在仪式过程中仍然表现出漠不关心的态度，这些问题都亟待解决。

在中国特色社会主义新时代，政治仪式的传播机制呈现出明显的互动性特征，在这一背景下，政治仪式链形塑的基调情感状态即稳定的政治信任感得以扩散至更大的时空范围内，从而保证各级党政力量与仪式观众之间的良好关系。不同于改革开放和社会主义现代化建设新时期，现阶段，中国政治仪式的传播机制更多的是借助电视和互联网空间得以发展与运行。相较于传统大众传播媒介，一些互联网空间社交媒体平台呈现出更高水平的互动程度。换言之，通过微博、微信、抖音、B站等社交媒体平台，中国广大人民群众得以随时随地从多元化的视角观看政治仪式，并通过撰写与发表评论的方式与其他仪式参与人员实现间接性的相互情感沟通。在此基础之上，再加上同一主题政治仪式的周期性举行，仪式观众在其中积淀对党政力量的政治信任感，跨越历史、超越地域，使得他们以一种更加理性的态度去看待中国特色社会主义的政治系统及其各组成部分。

三、政治仪式"价值"功能趋于法治化

随着时间的推移，中国政治仪式的"价值"功能则逐渐趋于法治化。政治仪式发挥"价值"功能，其目的在于不断提升仪式参与人员对国家主流政治价值观念的信仰水平。为此，一方面，仪式组织者需要强化不同类型政治仪式的制度支撑；另一方面，仪式组织者需要为政治仪式链的平稳发展构建完善的法律制度规范体系。纵观整个发展过程，政治仪式及其"价值"功能的发挥愈加现代化。

社会主义革命和建设时期，虽然政治仪式所使用的一些重要符号已经有了相应的法律支撑，但是针对整个政治仪式过程仍然欠缺相关法律制度规范。比如，"八二宪法"规定，"中华人民共和国国旗是五星红旗""中

华人民共和国国徽，中间是五星照耀下的天安门，周围是谷穗和齿轮"。①
因此，对于国旗、国徽这两个具有重要象征意义的仪式符号，其造型、颜
色、构成均得到了国家根本法的有效支撑。但针对国家重大政治仪式的基
本构成，政治仪式展演过程都包含着哪些具体程序，仪式器物、仪式话语
和仪式行动需要遵守哪些具体规范，国家法和地方法律条例均没有做出相
应的规定。而政治仪式链构建及其法律支持也有待进一步强化。以国庆阅
兵仪式为例，从 1949 至 1959 年，中国共举行了 11 次国庆阅兵仪式，此后
直至 1984 年以前，该政治仪式失去了周期性运行的发展条件。

改革开放和社会主义现代化建设新时期，政治仪式相关法律制度和基
本规则得到进一步的充实与完善，但仍然相对缺乏系统化的发展特征。党
的十一届三中全会以来，一些国家层面重大政治仪式得以恢复运行。在这
一过程中，党和政府相继制定和执行了一些与政治仪式及其象征符号系统
相关的法律制度规范。比如，1990 年 6 月 28 日，中华人民共和国第七届
全国人民代表大会常务委员会第十四次会议审议通过了《中华人民共和国
国旗法》，其中第四条规定，"中华人民共和国国旗是中华人民共和国的象
征和标志"；第七条规定，"国庆节、国际劳动节、元旦、春节和国家宪法
日等重要节日、纪念日，各级国家机关、各人民团体以及大型广场、公园
等公共活动场所应当升挂国旗；企业事业组织、村民委员会、居民委员
会，居民院（楼、小区）有条件的应当升挂国旗"；第十四条规定，"举行
升旗仪式时，应当奏唱国歌。在国旗升起的过程中，在场人员应当面向国
旗肃立，行注目礼或者按照规定要求敬礼，不得有损害国旗尊严的行
为"②。在此基础之上，国家、地方和基层举行升旗仪式的时候，均需要严
格遵守相关的法律规定，从而使得仪式过程得以规范化，保障仪式"价
值"功能的有效发挥。但在当时，高层、中层和基层尚未形成相互衔接
的、体系化的法律规范制度和基本规则。

---

① 中共中央文献研究室．建国以来重要文献选编：第五册［M］．北京：中央文献出版
社，1993：467.

② 法律法规编辑中心．国旗法 国歌法 国徽法［M］．北京：中国民主法制出版社，
2023：2-4.

中国特色社会主义新时代，随着党中央和中央人民政府越来越重视政治仪式在形塑人们思想价值观念上发挥的重要作用，无论是历次政治仪式的具体空间布置、象征物品安排、仪式活动设计，还是政治仪式链的构建，都受到相关法律制度规范的严格约束。2014 年 12 月 12 日，中共中央办公厅、国务院办公厅联合印发了《关于规范国歌奏唱礼仪的实施意见》（以下简称《意见》），《意见》强调，在国歌奏唱场合方面，"重要的庆典活动或者政治性公众集会开始时，正式的外交场合或者重大的国际性集会开始时，举行升旗仪式时，重大运动赛会开始或者我国运动员在国际体育赛事中获得冠军时，遇有维护祖国尊严的斗争场合，重大公益性文艺演出活动开始时，其他重要的正式场合"，可以奏唱国歌；在国歌奏唱礼仪方面，要求"应当着装得体，精神饱满，肃立致敬，有仪式感和庄重感；自始至终跟唱，吐字清晰，节奏适当，不得改变曲调、配乐、歌词，不得中途停唱或者中途跟唱；不得交语、击节、走动或者鼓掌，不得接打电话或者从事其他无关行为。国歌不得与其他歌曲紧接奏唱"；在开展宣传教育方面，要"普及国歌内容""普及国歌奏唱礼仪知识"以及"开展对违反国歌奏唱礼仪行为的监督"。① 2017 年 9 月 1 日，中华人民共和国第十二届全国人民代表大会常务委员会第二十九次会议表决通过《中华人民共和国国歌法》，第四条规定，需要在以下场合奏唱国歌："全国人民代表大会会议和地方各级人民代表大会会议的开幕、闭幕""中国人民政治协商会议全国委员会会议和地方各级委员会会议的开幕、闭幕""各政党、各人民团体的各级代表大会等""宪法宣誓仪式""升国旗仪式""各级机关举行或者组织的重大庆典、表彰、纪念仪式等""国家公祭仪式""重大外交活动""重大体育赛事"以及其他需要奏唱国歌的场合；第十五条则对违反国歌奏唱礼仪的惩罚措施做出了规定，即"在公共场合，故意篡改国歌歌词、曲谱，以歪曲、贬损方式奏唱国歌，或者以其他方式侮辱国歌的，

---

① 中办、国办印发《关于规范国歌奏唱礼仪的实施意见》［EB/OL］. 中国政府网，2014-12-12.

由公安机关处以警告或者十五日以下拘留；构成犯罪的，依法追究刑事责任"①。据此，县级以上地方政府均对政治仪式及其国歌奏唱礼仪制定了相关的法律法规。那么，整个仪式展演过程就受到了更为严格的约束。此外，"逢十纪念"的政治仪式逐渐被纳入法治化的轨道。可以说，政治仪式"价值"功能的发挥得到了强有力的法律支撑，从而在纵横连接的政治仪式链中不断强化参与人员对国家主流意识形态的信仰水平。

四、政治仪式三种功能不断增强交互作用力

历经四个历史时期，政治仪式的"记忆"功能、"情感"功能和"价值"功能之间不断强化交互作用力，从而实现从"台前"到"幕后"的转换，对仪式参与人员的政治行为形成日渐明显的现实影响力。

社会主义革命和建设时期，各级党政力量更多的是通过单向灌输与内化，来强化大学生对国家主流政治价值观念的认可、接纳与赞同，从而促使其在政治活动中呈现出更加积极的行动策略，因此在这一阶段，政治仪式的发展与运行呈现出以政治动员为核心特征的具体模式，导致政治仪式三种功能之间的相互作用呈现出低度耦合的状态。其中，因为当时的普通民众仍然残留着一些传统社会背景下的思维模式和行为模式，所以他们相对缺乏主体性，需要在党政力量的强力引领下培养政治参与能力。在此基础之上，政治仪式组织者就必须在仪式过程中运用象征符号系统实现对大学生群体的精神动员。他们更多的是注重政治仪式"情感"功能的发挥，从而激发大学生群体的爱国主义激情，对中国共产党的感恩之情以及对帝国主义阵营的声讨与抗击，相对地，就会轻视"价值"功能的充实与优化。由此，三种功能的发展程度不一，从而阻碍了三者之间的相互作用效能。

改革开放和社会主义现代化建设新时期，党和政府更加注重政治仪式本身运行的规范性和重复性，因此在当时，政治仪式三种功能之间的交互

---

① 法律法规编辑中心. 国旗法 国歌法 国徽法 [M]. 北京：中国民主法制出版社，2023：11-12，14.

作用力有所强化。在改革开放的大背景下，党和政府以经济建设为中心，致力于解决人民日益增长的物质文化需要同落后的社会生产之间的矛盾这一主要矛盾，从而积累了丰富的经济建设成果。再加上随着改革开放进程的不断深入，越来越多的西方政治、社会、文化思潮进入中国大学生的视野中，对他们的思想价值观念形成了冲击。党和政府为政治仪式的发展和运行投入资金，并积极推进政治仪式过程的改进与完善。在这一过程中，政治仪式的"记忆"功能、"情感"功能和"价值"功能均得到了进一步发展，从而强化了三者之间相互作用的效率。政治仪式组织者在象征符号中嵌入相应的个体记忆、集体记忆和社会记忆，其中蕴含着较为丰富的政治情感类型。此外，国内多种类型的政治仪式实现了周期性举行，从而保证大学生作为仪式观众能够在多次参与相关政治仪式以后，将不稳定的、强烈的短期情感体验转化为长期的政治情感状态。不同类型的政治仪式之间也实现了相互支持，且仪式传播机制的发展取得了较大的建设成效，因此越来越多的仪式参与人员得以被政治仪式过程所吸引，并周期性地参与其中，从而消解了政治冷漠状态，并倾向于执行积极的政治参与行为策略。

中国特色社会主义新时代，政治仪式组织者进一步强化仪式三种功能之间的相互嵌套状态，从而有效应对多元主义文化思潮的冲击，同时提升大学生的政治参与水平。相较于改革开放和社会主义现代化建设新时期，当前中国面对着全新的社会主要矛盾以及国际环境不确定性的进一步增强等情况。其中，中国社会的主要矛盾由人民日益增长的物质文化需要同落后的社会生产之间的矛盾转化为人民日益增长的美好生活需要和不平衡不充分的发展之间的矛盾。而在国际社会，以美国为首的一些西方国家则陷入修昔底德陷阱（Thucydides's Trap），将中国视为"假想敌"，进而在经济、政治、社会和文化等不同领域对中国实施打压策略。为了维护中国的国家安全，并提升中国在国际社会的影响力，党政力量除不断提升自身的硬实力与软实力以外，还应广泛关注和重视政治仪式发挥的重要作用。具体而言，他们为政治仪式三种功能的相互作用提供了更加完备的资金、法律制度、社会结构和文化支撑，使得越来越多的仪式观众积极参与到国家、地方和基层政治生活中去，并对国际局势予以关切，而不是被消费主义、泛娱乐主义和历史虚无主义等不良价值观所阻滞。

第三节　政治仪式实效演进

历次政治仪式展演过程的有效发展推进了政治仪式实效的强化，促进了大学生政治价值观的可持续发展。社会主义革命和建设时期，中国大学生在政治仪式场域中逐渐形成了一种"注入—循环"型的政治价值观。改革开放和社会主义现代化建设新时期，随着政治仪式展演过程的细化与科学化以及政治仪式链的初步形成，大学生构建和发展了以人民为中心的政治立场、政治信任感、政治价值信仰以及积极的政治行为导向。中国特色社会主义新时代，政治仪式的法治化特征逐渐显著，大学生在具有重复性、规范性特征的政治仪式链中，形成"释放"型政治价值观。具体言之，其政治立场的"人民性"特征日渐强烈，不断提升对各级党政力量的政治信任感和政治宽容度，并积极参与到国家、地方和基层的政治生活中，进而为全面建成社会主义现代化强国贡献自身所掌握的政治技能。

一、社会主义革命和建设时期："注入—循环"型政治价值观

从 1949 年 10 月 1 日新中国成立，到 1978 年党的十一届三中全会以前，大学生群体在政治仪式场域中逐渐形成了一种"注入—循环"型政治价值观。"注入—循环"型政治价值观是指人们所获取和积累的政治立场、政治情感、政治价值观念和政治行为动机及其外化更多的是依靠单向输入的政治价值观教育模式，在内部循环过程中实现对政治体系的有效支持。

政治仪式组织者从马克思主义物质决定论的立场出发，积极发挥政治仪式的"记忆"功能，唤起、重构、固化与刻写大学生群体在中国共产党的领导下，与其他人群共同维护国家主权的个体记忆、集体记忆和社会记

忆，进而促使其形成人民立场。马克思、恩格斯所共同构建和发展的思想体系是属于无产阶级的，详细阐释了无产阶级斗争的性质、目的和解放条件。① 换言之，他们以普通民众世界为问题域，既在现实生活中关注和重视贫苦民众的生存状况和物质利益需求，又深度批判拜物教对社会的腐蚀与对个体的侵蚀。同时，他们高度评价巴黎公社的性质、目的和现实举措，强调其以人民为中心的本质。而中国党政力量作为政治仪式组织者，始终坚持马克思主义的指导思想地位。因此，相关党员干部始终坚持辩证唯物主义和历史唯物主义，确立政治仪式时空结构、政治仪式话语以及一系列政治仪式行动，从而凝聚大学生群体多元一体的记忆内容。具体而言，从仪式时空结构来看，特定的仪式时间、仪式地点和仪式内部空间布置促使大学生群体回忆起相应的历史事实：新民主主义革命时期，中国共产党带领全国各族人民抵抗帝国主义侵略势力、浴血奋战；社会主义革命和建设时期，党和政府积极推动土改运动的进行，维护农民阶级的物质利益需求。仪式时间既包括国家重大纪念日等与制度时间相互融合的统一体以及与国际社会互联互通的仪式时间等宏观层面的时间，又包括仪式展演过程中涉及的微观层面的时间。前者指向中国共产党的诞生日，国家重大政治会议举办的时间以及"五一"纪念活动等重要日期；后者则表现在升国旗仪式中仪仗队的行进时间，国庆阅兵仪式中鸣放礼炮的时间等方面。仪式话语主要是指党员干部在仪式展开过程中发表的重要讲话，其中涉及的讲话内容、叙述方式、节奏等层面均会使得大学生群体重构碎片化的记忆，形成一幅幅完整的历史图景。社会主义革命和建设时期，仪式行动主要指向仪式操演者在仪式展开过程中实施的庆祝游行活动、文艺表演活动以及仪式观众在仪式现场的欢呼、鼓掌和其他仪式手势、动作，他们共同触发了大学生群体的抗日战争记忆、解放战争记忆以及在新中国成立之初不同人群为促进国家经济增长、政治发展所做出的贡献。因此，大学生群体在政治仪式展演过程中深刻感受到了中国共产党和人民政府全心全意为

---

① 张雷声. 马克思主义是社会主义意识形态的旗帜和灵魂 [J]. 思想理论教育，2008（21）：4-9.

人民服务的根本宗旨，进而被仪式氛围及其象征文化内涵所感染，致力于维护广大无产阶级群众的根本利益需求。

政治仪式组织者通过促成不同仪式参与人员的共同身体在场，实现仪式组织者、仪式操演者、仪式观众之间的相互影响，尤其是达成大学生对党中央和中央人民政府政治信任感的迁移扩散，进而有效提升他们对地方政权体系的政治信任水平。正如柯林斯所言，仪式参与人员在仪式展开过程中筑造仪式互动结构并有效发挥其"情感"功能的一个重要前提条件是，不同人群需要进入相应的仪式时空结构，实现身体上的共同在场。①而社会主义革命和建设时期，中央和地方各级党政部门举行的政治仪式在仪式参与人员构成上呈现出显著的人民性特征，除有党员干部代表、各民主党派代表、其他国家代表到场以外，还邀请了工人、农民、知识分子等不同阶级的代表。大学生群体与其他仪式参与人员之间因共同在场而受到仪式氛围的深刻影响，进而产生爱国主义情感、对党的感恩之情等不同类型的政治情感。在此基础之上，大学生群体进一步强化对党中央和中央人民政府的政治信任感，并将这种积极正向的情感投射到地方各级政权体系中。

此外，政治仪式组织者通过一次又一次的政治仪式展演过程，实现大学生群体相关记忆内容与情感话语、手势、动作的相互作用，从而不断强化他们对党政力量及其制度体制机制建构、发展过程的政治宽容度，即实现理想与现实的平衡。以国庆阅兵仪式为例，从 1949 年至 1959 年，国家共举行了 11 次国庆阅兵仪式，在这一过程中，大学生群体作为重要的仪式参与人员，既不断增强对新民主主义革命时期与社会主义革命和建设时期党领导全国各族人民艰苦奋斗这一历程的感知能力，又逐渐强化对中国共产党的感恩之情，同时也深刻感受到了在这十年间党和国家在经济建设、国防建设上取得的伟大建设成就。在此基础之上，他们不断提升对地方各级党政力量的政治宽容度，意识到坚持党的领导，将会对促进广大无产阶

---

① 柯林斯. 互动仪式链 [M]. 林聚任，王鹏，宋丽君，译. 北京：商务印书馆，2009：86.

级自由全面的发展形成积极影响。

　　总而言之，政治仪式发挥了良好的政治动员功能，使得参与政治仪式的大学生群体由"台前"转到"幕后"，积极参与政治生活，而不似南京国民政府统治时期一般，实施以麻痹与调侃为外在形式的"政治谈笑"。在政治仪式展演过程中，大学生群体完成红色文化精神的凝聚和爱国情感的动员，并将这种精神动员迁移到现实学习与生活空间中。此后，他们进一步强化对中华人民共和国公民这一政治身份的归属感和理性赞同，进而沿着体制化的渠道不断规范自身的政治行为。

二、改革开放和社会主义现代化建设新时期："吸收"型政治价值观

　　改革开放和社会主义现代化建设新时期，随着政治仪式所处的外在环境的发展变化，特别是党的中心任务转移到以经济建设为中心上来，政治仪式所发挥的功能也产生了相应的变化，即三种功能及其交互作用的效率有所强化，从而使得大学生群体不再是一味地接受自上而下的灌输内容，而是形成了一种"吸收"型的政治价值观，在一定程度上彰显了自身的自主性和自觉性。

　　一是政治仪式组织者通过有效发展政治仪式及其共同符号体系，进一步强化"记忆"功能，从而有效固化大学生群体的人民立场。政治仪式展演过程需要不断嵌入新的象征符号，并实现其象征文化内涵在不同仪式参与人员之间的有效传递。在改革开放和社会主义现代化建设新时期，因为随着改革开放的深入，国家在经济增长上实现巨大建设成果，同时在政治发展上实现民主协商的有效发展，社会结构方面也涌现出一批新兴的社会阶层，中华优秀传统文化的创造性转化和创新性发展得到有效推进，所以政治仪式组织者在设计仪式的过程中，就将28种中国自行设计、自行研制的受阅武器装备（1984年国庆阅兵），民族团结柱（2009年国庆庆典），"使全体人民学有所教、劳有所得、病有所医、老有所养、住有所居，确

保人民安居乐业、社会和谐稳定"① 等象征物品、仪式话语、仪式行动嵌套进相应的象征符号体系之中。其中蕴含着中国在多个领域取得的建设成就，被仪式操演人员以及到场的党员干部代表、社会各界代表等仪式观众所感知。由此，大学生群体的社会记忆内容得以进一步集聚与强化，他们在仪式过程中全方位地、深入地认知中国共产党取得的执政绩效以及人民政府获得和积累的经济发展绩效。基于此，他们更加紧密地团结在党中央的周围，进一步践行全心全意为人民服务的根本宗旨。

二是政治仪式组织者通过实现仪式关系的生产与再生产，强化大学生群体与其他仪式参与人员之间互动交往的结构性特征，从而将政治激情转化为道德人格，进一步提升自身对相关党员干部和职能部门的政治信任水平。正如前文所述，随着改革开放的深入，中国社会进入结构转型期，出现了专业技术人员阶层、办事人员阶层、个体工商户阶层等新兴社会阶层。② 这些新兴社会阶层在经济、政治、社会、文化等多个领域的发展中发挥着日益重要的作用，因此他们成为国家、地方和基层政治仪式中的仪式参与人员的组成部分之一。在这一过程中，仪式中大学生群体与其他仪式参与人员之间的情感沟通关系不断更新。一方面，大学生群体持续强化爱国主义激情和对党的感恩之情；另一方面，他们则不断深化与其他仪式参与人员之间的情感共鸣，致力于为坚持和完善中国特色社会主义制度贡献力量。其中，他们与党员干部代表之间的情感沟通由于仪式内部空间布置的充实与优化，仪式话语及其内容、节奏、声调以及仪式行动的进一步发展，从而进一步强化平等性、民主性特征。因此，越来越多的大学生不再对一些地方政府存在偏见或刻板印象，而是致力于与后者在现实生产生活空间中实现积极有效的对话。

三是政治仪式组织者通过增强政治仪式链的纵向发展和横向聚集，缩小大学生群体对中央和地方各级党政部门政治宽容度的差距。改革开放和

---

① 中共中央文献研究室. 十七大以来重要文献选编（下）[M]. 北京：中央文献出版社，2013：449.

② 王丽荣，李若衡. 社会分层视野下的政治认同：基于三种群体利益实现的视角 [J]. 北京行政学院学报，2017（3）：48-55.

社会主义现代化建设新时期，党政力量和群团组织举行的政治仪式维持着"逢十纪念"的发展与运行周期；此外，在这一阶段，主题性政治仪式、礼仪性政治仪式、纪念性政治仪式、通过性政治仪式均实现了不同政治仪式主题内容和象征文化内涵之间的相互嵌套。中央、地方和基层政权体系之间便形成了一个较为完整的政治仪式群落。其中，它们建构记忆和精神谱系、展示和提升形象文化，由此，在现实政治生活中，大学生群体与各级党政部门在相互尊重的基础上达成共识。

四是仪式组织者通过强化政治仪式的法治化特征，并不断发展大众传播机构，从而促使大学生群体更加积极主动地参与民主选举、民主决策、民主管理和民主监督。相较于社会主义革命和建设时期，在改革开放和社会主义现代化建设新时期，党中央与中央人民政府针对一些重要的仪式符号，制定了相应的法律规范，从而有效提升了政治仪式运行过程的法治化水平。此外，随着科学技术的进一步发展，围绕政治仪式展演过程的大众传播机制也取得了相应的建设成果。其中，互联网直播实现了身体在场仪式观众与间接参与政治仪式的人民群众之间的互动交往，达成了政治精神、政治文化的广泛传播与共享。由此，更多的大学生个体成员倾向于在地方和基层政治生活中，共享政治权利，强化"主人翁"意识。他们吸收国家主流政治价值观的核心内容，即始终坚持马克思主义的指导地位，努力实现中国特色社会主义共同理想，并践行以爱国主义为核心的民族精神和以改革创新为核心的时代精神。

三、中国特色社会主义新时代："释放"型政治价值观

中国特色社会主义新时代，随着国内外生态关系的发展变化，政治仪式的设计、展演与延伸也有所调整。在这一过程中，大学生群体的政治价值观从"吸收"型政治价值观转变为"释放"型政治价值观，具体表现在政治仪式的"记忆"功能、"情感"功能、"价值"功能和三种功能之间交互作用上。

政治仪式组织者通过发挥象征符号系统的结构化作用，实现三种记忆

序列的有序发展，从而使得大学生群体及其坚守人民立场的现实实践向纵深发展。政治仪式内部的多元符号得到专业能力的支撑，相互之间实现有机融合，从而保证仪式参与人员不同记忆内容的有效凝聚和相互作用。以庆祝中华人民共和国成立70周年大会为例，在大会所包含的一系列仪式器物中，在"民族团结"方阵簇拥的石榴瓶上，瓶身绘制的图案、瓶口的独特设计都向参与仪式的大学生群体展示着各民族像石榴籽一样紧紧抱在一起的象征意义。这一仪式器物与其他方阵共同构成了一幅完整的历史图景，即中华人民共和国成立以来，党和国家在多元领域获得了卓越的发展成绩。其中，学生自身实现历史记忆、集体记忆和社会记忆的聚合。由此，他们对于以习近平新时代中国特色社会主义思想为核心的政治知识有了更加深入的了解与认识。

政治仪式发挥"情感"功能则依托仪式组织者不断完善仪式互动结构的科学性与民主特征，促使大学生群体不断强化全面建成社会主义现代化强国的政治理想。大学生群体与政治仪式环境以特定的仪式时空结构以及象征物品为介质，实现有机融合。相较于改革开放和社会主义现代化建设新时期，当前的政治仪式有着更加强大的知识支撑。党政力量邀请相关领域的专家学者，设计仪式空间以及仪式操演人员的一系列仪式行动，从而保证大学生群体进入特定的仪式时空结构以后，能够嵌入相关仪式活动之中，而不是出现心离神游的现象。由此，二者在仪式展演过程中实现有效互动，使得大学生群体进一步被仪式环境所吸引。另外，在政治仪式展开过程中，大学生群体与其他仪式参与人员不只是因为身体共同在场，更重要的是实现了有效的情感沟通，共同分享全面建设社会主义现代化国家的伟大理想。在政治仪式中，不同仪式参与人员实现了仪式身份与现实身份的有效融合。当大学生群体基于手势、欢呼等形式与他们进行互动交往的时候，就能够实现积极政治情感的螺旋式增长。这种以相互尊重、平等为核心特征的情感沟通关系有助于强化广大人民群众之间的凝聚力，从而促进全面建设社会主义现代化国家。从大学生个体成员与自身的内在互动来看，学生们在仪式展演过程中让"坚持党中央集中统一领导"① 入脑、入心。学生实现三种互动结构的融合式发展，从而丰富自身的政治情感态度：大学生群体始终围绕在党的周围，有助于他们实现人生价值、乡土情怀、爱国情怀的统一发展。

在政治仪式的"价值"功能维度，仪式组织者进一步强化政治仪式链法律支撑的系统化特征，使得大学生群体对相关党员干部保持初心和使命有着较大的信心与决心。党的十八大以来，党和国家在原有政治仪式相关法律制度规范的基础上，推进相关法律规范体系的发展。以设立南京大屠杀死难者国家公祭日为例，2014 年，党和国家将 12 月 13 日设立为南京大屠杀死难者国家公祭日，随后，县级以上的地方政府和基层政府相继设立相应的法律规范和条例，进而构建和发展出一个较为完整的法律规范体系。在上述政治仪式之中，大学生群体代表深刻感受到中国政治权力结构始终以人民为中心。

政治仪式三种功能交互作用，其中仪式组织者借助政治仪式链实现"台前"与"幕后"的紧密连接，使得大学生逐渐形成积极的政治参与行为倾向。中国特色社会主义新时代，仪式组织者为特定政治仪式主题设置了丰富多样的宣传教育活动，包括高校学者提供参与支持的研讨会，以人民群众为主体的学习会，等等。那么，越来越多的政治仪式实现与现实生产生活空间的有效联结，由此，大学生群体将会把政治仪式链中获取和积累的积极正向的价值观念投射到现实政治生活中，从而释放出更加强烈的政治效能感，致力于推进中国政治系统及其各组成部分的进一步发展。

总而言之，新中国成立以来，中国政治仪式在发展过程中取得了巨大的建设成果。此外，不同于一些西方国家政治仪式的虚伪性、操纵性特征，中国的政治仪式不断强化自身的民主性特征。再加上大学生群体在学校党委、职能部门以及一线教师的组织下，直接或间接地参与各种各样的政治仪式活动。由此，政治仪式本身深刻作用于大学生群体的内心世界，

---

① 本报评论部. 以坚持党中央集中统一领导为根本保证：牢牢把握"九个以"的实践要求深入推进党的自我革命 [EB/OL]. 人民网，2024-01-15.

使得人民立场植根于他们的认知框架之中。他们在政治情感上则实现了从自然情感状态、道德人格，到政治理想的有序转变；在政治价值观念上强化对国家政治文化的认可，并借此抵抗来自消费主义、泛娱乐主义、历史虚无主义等不良价值观的冲击，进而增强对党和政府的政治信任感、政治宽容度，不断提升政治参与能力。

第三章

政治仪式培育大学生政治价值观的功能分析

新中国成立以来，政治仪式的思想政治教育功能得到有效发展，现阶段，研究者需要全面、深入厘清政治仪式培育大学生政治价值观的现实情况，包括动力来源、具体作用过程和主要生态关系三个层面。其中既体现了政治仪式的特有功能和制度优势，又表现出一定的张力。

第一节　政治仪式培育大学生政治价值观的动力来源分析

从政治仪式培育大学生政治价值观的动力来源来看，正是因为党和国家领导广大人民群众在政治、经济、社会和文化等不同领域取得了巨大的建设成就，所以政治仪式能够持续地发挥"记忆"功能、"情感"功能、"价值"功能以及实现三种功能的交互作用，从而巩固大学生群体的人民立场，提升他们对各级党政力量的政治信任感和政治宽容度，产生更高水平的政治参与行为意向，并显著增强他们的政治参与能力。

一、全过程人民民主推进政治发展

在中国特色社会主义政治系统之中，中央和地方各级党政部门全面推行全过程人民民主，不断强化以人民为中心的发展特征，进而保障政治仪式组织者和相关党员干部的初心与使命。其中，党的领导是关键，维护广大人民群众的公共利益是目标导引，实现多元治理主体的共同参与是内生动力。

"在中国这样一个大国，真正把 14 亿多人民的意愿表达好、实现好并不容易，必须有坚强有力的统一领导。"① 为此，中国共产党发展全过程人民民主的实质是党组织引领民主治理的全过程，具体包括民主选举、民主协商、民主决策、民主管理和民主监督五个层面。在民主选举层面，中央和地方各级党政部门坚持党中央的集中统一领导。全国人民代表大会、国务院、中国人民政治协商会议等始终以坚持党的领导为首要原则，并在此基础之上围绕广大人民群众的权力主体地位展开民主选举，一以贯之地强调程序正义和实质正义；地方各级党委委员、常委、书记选举引入了竞争择优机制，实现了党的领导层权力交接的制度化发展，同时地方各级党委也在政府职能部门选举中发挥着重要的领导作用；基层党组织引领基层民主选举，为契合民意，创造出"两票"制、"两推一选""一肩挑"等选举制度的创新性发展成果。在民主协商层面，党同样发挥着引领作用。近年来，浙江、四川、安徽等地的基层政权体系积极推动民主协商，其中基层党组织具有较强的引领力、凝聚力与号召力，从而使得多元治理主体针对相关公共议题的讨论、沟通过程得以有序进行，最终在求同存异中达成共识，实现基层民众的公共利益需求。在民主决策层面，党中央和地方各级党委起到充分调动人民群众实现参与支持的作用。具体而言，党能够引领广大人民群众积极参与政治决策过程，实现对基层治理议题的有效参与。在民主管理层面，党为推动民主组织化、程序化、法治化，提供了一套较为完整的法律制度规范体系，从而既明确了民主管理的基本目标，又规范了民主管理的具体过程。在民主监督层面，为了有效抑制极少数党员干部的消极腐败现象，党积极推动民主监督的高质量发展。《中华人民共和国宪法》规定，"中华人民共和国公民对于任何国家机关和国家工作人员，有提出批评和建议的权利；对于任何国家机关和国家工作人员的违法

---

① 中华人民共和国国务院新闻办公室. 中国的民主［M］. 北京：人民出版社，2021：8.

失职行为，有向有关国家机关提出申诉、控告或者检举的权利"①。党的二十大报告指出，"增强党组织政治功能和组织功能，坚持以严的基调强化正风肃纪，坚决打赢反腐败斗争攻坚战持久战"②。再加上各地积极推动的行政权力监督、基层制度性监督、社会性监督，党和国家构建的民主监督体系有效作用于选举、治理等环节，以维护广大人民群众的根本利益为旨趣。

全过程人民民主致力于满足民众的经济利益需求、政治权利需求、社会保障需求以及文化权利需求。第一，各级党政力量通过发挥全过程人民民主优势，为经济社会健康发展提供政治制度体制机制保障，致力于解决人民日益增长的美好生活需要和不平衡不充分的发展之间的矛盾。第二，中央和地方各级党政力量动员更多的人积极参与民主选举、民主协商、民主决策、民主管理和民主监督等环节，从而使得他们有效行使政治权利，为中国式现代化道路的进一步拓展贡献力量。第三，各级党政力量通过聚合多元治理主体实现对治理议题的有效参与，努力建设教育体系、社会保障体系、医疗卫生体系，从而显著提升人民社会生活的空间性、公共性。第四，党政力量领导广大人民群众实现中华优秀传统文化、革命文化和社会主义先进文化的统一发展，从而实现文化参与、文化分享与文化创新成果利益保护。可以说，中央与地方各级党政部门通过践行全过程人民民主，实现广大人民群众公共利益的更大化。

全过程人民民主需要党员干部、企业领导者、社会团体以及普通民众积极融入其中，发挥他们的专业知识和专业能力，从而为全过程人民民主发展提供源源不断的动力。党员干部作为中国政治系统的基本构成，对促进政治系统要素匹配和结构功能优化发挥着重要作用。就促进要素匹配而言，他们是加快解决条块矛盾、实现不同级别政府机关和职能部门之间紧密联结的中坚力量。就实现结构功能优化而言，他们能够有效推进中央与地方双向互动以及不同地区之间的平衡、充分发展。针对在金融、化工、

---

① 中华人民共和国宪法［M］. 北京：人民出版社，2018：23.
② 中国共产党第二十次全国代表大会在京开幕［N］. 人民日报，2022-10-17（1）.

芯片等不同领域生存和发展的企业集群，他们在承接政府购买服务项目上承担着重要的社会责任，能够为健全与完善开放型经济治理体系贡献力量。在改革开放的大背景下，不同行业、不同规模的企业不断推动国家经济增长，为民众提供越来越多的就业机会。其中，他们以合同契约的形式与政府之间形成一种"委托—代理"关系，从而既提升了自身的专业知识与核心能力，又推动了经济的高质量发展。社会团体历经周期性发展与运行过程，在推进国家治理体系与治理能力现代化过程中发挥着不可替代的作用。不同于社会主义革命和建设时期全能主义政府深度嵌入其中，当前中国社会组织在不同地区、不同领域均发挥着重要作用，自觉、自主地促进人类政治文明新形态的可持续发展。而普通民众作为创造历史的关键行为主体，在推进民主选举、民主协商、民主决策、民主管理和民主监督中起到重要作用。人民群众是历史的创造者，因此，推进国家治理体系和治理能力现代化必须发挥人民群众的力量。他们以自身的团结性、组织性、纪律性、坚定性，创造新的生产方式，建构新的生产关系，在多元治理主体中占据着主体地位，并彰显公共性、主体性。

二、社会主义市场经济高质量发展强化经济基础

除政治系统提供强有力的制度支撑以外，经济领域的高质量发展则为政治仪式培育大学生政治价值观提供了现代性的基础设施、人才和技术支持，具体表现在组织、结构与微观运行机制等方面。

在组织方面，不同类型的企业集群不断实现思想解放、经济发展、智力支持和社会补充，从而为政治仪式的进一步充实与优化提供资金支持。具体言之，在党的号召与引领下，不同企业领导者及其员工积极参与仪式后的主题教育，他们在这一过程中逐渐减少对制衡和规避等传统思维模式和行为方式的依赖，同时进一步强化对互利共赢思想观念的肯定、接纳与赞同。此外，他们始终坚持以公有制为主体、多种所有制经济共同发展的基本经济制度，并坚持和完善按劳分配为主体、多种分配方式并存的收入分配制度，执行积极的社会治理策略，承担政府购买服务项目，从而推进

自身经济收益的持续增加。在智力支持上，一方面，企业领导者积极吸纳掌握较高水平专业知识和专业能力的个体和团队；另一方面，他们积极借助以政府为主导、政产学研深度融合发展的组织平台，从而提升自身在互联网领域以及其他新兴科学技术领域的发展优势。他们还与一些社会组织构建相应的"委托—代理"关系。挂靠企业和企业加入的各类学会组织是企业进行学术交流与生产经营管理活动的有益补充和沟通桥梁。上述企业发展建设成果为国家增加财政收入提供了有效支持。在此基础之上，中央和地方各级党政部门组织的政治仪式，将会获得更多的资金支持，从而促进仪式象征物品的设计、解释和运用，仪式展演的拓展和延伸。

在结构方面，相关企业积极响应党和国家确立的供给侧结构性改革战略总要求，推动更多新兴社会阶层的产生与发展，从而进一步丰富政治仪式参与人员构成。不同经济组织之间相互嵌套，构成相应的产业发展结构。2015 年 11 月 10 日，习近平总书记在中央财经领导小组第十一次会议上围绕"供给侧结构性改革"发表重要论述，明确提出"在适度扩大总需求的同时，着力加强供给侧结构性改革，着力提高供给体系质量和效率，增强经济持续增长动力，推动我国社会生产力水平实现整体跃升"[1]。2015 年 11 月 18 日，习近平总书记在亚太经济合作组织（Asia-Pacific Economic Cooperation，APEC）会议上再提"供给侧结构性改革"，指出"要解决世界经济深层次问题，单纯靠货币刺激政策是不够的，必须下决心在推进经济结构性改革方面做更大努力，使供给体系更适应需求结构的变化"[2]。2015 年中央经济工作会议则再次强调了供给侧结构性改革的重要作用。此后，地方和基层政权体系积极践行这一政策方针，相应地，企业不断提升自身的科技创新能力与财务绩效，从而驱动供给侧结构性改革，实现经济发展方式的有效转型。在这一过程中，全国各地涌现出了一个又一个新兴的社会阶层，他们集中出现在自媒体行业、大数据、物联网等高新技术领域。由此，政治仪式参与人员结构得到进一步丰富与发展，扩大了政治仪

---

① 习近平主持召开中央财经领导小组第十一次会议 [EB/OL]. 新华网，2015-11-10.

② 习近平. 发挥亚太引领作用 应对世界经济挑战 [N]. 人民日报，2015-11-19（2）.

式思想政治教育功能的辐射范围。在仪式时空结构与现实政治生活的连接中，他们提供政治参与支持的可能性不断强化。

在微观运行机制方面，社会主义市场经济主体在运行目标、发展动力机制和经济调节机制三个层面均具有双重性，从而有效强化政治仪式及其大学生政治价值观培育功能所需的公共文化氛围。就运行目标而言，一方面，企业领导者关注和重视财务绩效的获取和积累；另一方面，他们也更加注重维护社会公共利益，比如，推进政产学研深度融合，为民众提供高质量的公共产品。就动力机制而言，不同的企业集群及其内部成员在资源分配、关系博弈中既倾向于维护自身的竞争优势，又不排斥与其他企业、社会团体共同构建一种伙伴型的合作关系，进而推进体系建设规划一体化、管理标准一体化、检查落实一体化、考核过程一体化与信息平台建设一体化。就经济调节机制而言，企业领导者需要确立相应的经济调节手段。一方面，企业负责人要积极维护自身的私权利；另一方面，他们也要努力促进经济自治团体的健康良好发展。由此，从宏观意义上来看，经济环境发展符合人们对公共利益的追求，有助于他们在生产和生活空间中积蓄公共性，而不是任由工具理性支配。由此，越来越多的人被政治仪式所吸引，并进一步强化与共同象征体系及其积极政治情感态度之间的融合。

三、党建引领社会力量壮大增强社会基础

基层党建有效引领社会结构转型。在这一过程中，强社会建设逐渐与强政府建设相适应，因此政治仪式的社会基础得到进一步强化。基层党组织通过向多元社会力量宣传教育国家主流意识形态，发挥"头雁"效应，并接受强有力的制度约束，从而进一步为当地的经济组织、社会团体、民众个体提供丰富的精神润养。"党的政治建设是党的根本性建设，决定党的建设方向和效果。"① 为此，基层党组织始终坚持党中央的集中统一领导，接受民主监督体系的强有力约束，在此基础之上，他们能够进一步强

---

① 中共中央党史和文献研究院. 十九大以来重要文献选编（上）[M]. 北京：中央文献出版社，2019：794.

化自身的引领力与号召力，提升多元社会力量的政治信仰水平。

基层党组织通过进一步"筑牢信仰之基"，从而用马克思主义教育人民，使其真正做到"学深悟透、融会贯通、真信笃行"。列宁指出，"只有以先进理论为指南的党，才能实现先进战士的作用"①。习近平总书记则强调，"坚定理想信念，坚守共产党人精神追求，始终是共产党人安身立命的根本。对马克思主义的信仰，对社会主义和共产主义的信念，是共产党人的政治灵魂，是共产党人经受住任何考验的精神支柱"②。为此，基层党组织通过举行主题教育、日常学习会等多元化的活动，深化人民群众对习近平新时代中国特色社会主义思想的学习，进一步强化相关党员干部对共产主义远大理想和中国特色社会主义共同理想的信仰水平，为党组织铸造思想之魂。

基层党组织通过提升党员队伍质量，增强组织体系的严密性，从而充分发挥基层党组织的战斗堡垒作用与党员的先锋模范作用。当前，中国正在努力实现第二个百年奋斗目标，需要建设一支强大的党员干部队伍。而基层党组织不断强化对所有党员同志的过程管理，实现上下贯通和横向聚合。在这一过程中，基层党组织的号召力不断强化，因此广大人民群众坚定团结在党的周围，积极学习政党文化，并外化于行。

基层党组织通过进一步强化为人民服务的宗旨意识，努力践行群众路线，以优良的作风团结广大人民群众，进而强化自身的引领力和号召力。2016年1月12日，习近平总书记作了题名为《坚定不移推进党风廉政建设和反腐败斗争》的重要讲话，习近平总书记强调，"作风问题本质上是党性问题。对我们共产党人来讲，能不能解决好作风问题，是衡量对马克思主义信仰、对社会主义和共产主义信念、对党和人民忠诚的一把十分重要的尺子"③。为此，越来越多的乡镇党委和社区党支部进一步抑制消极腐

---

① 中共中央马克思恩格斯列宁斯大林著作编译局. 列宁选集：第一卷［M］. 北京：人民出版社，1975：311.

② 中共中央文献研究室. 十八大以来重要文献选编（上）［M］. 北京：中央文献出版社，2014：80.

③ 习近平. 习近平谈治国理政：第二卷［M］. 北京：外文出版社，2017：165.

败现象。在这一过程中，普通民众深刻感受到了相关党员干部坚持初心与使命，从而不断强化凝聚力，增强社会主义和共产主义的信念。

基层党组织通过制定和执行严明的组织纪律，从而使得相关党员干部能够进一步发挥自身的带头作用。马克思、恩格斯强调，"必须绝对保持党的纪律，否则将一事无成"①。2022 年 10 月 16 日，党的二十大报告指出，"我们开展了史无前例的反腐败斗争，以'得罪千百人、不负十四亿'的使命担当祛疴治乱，不敢腐、不能腐、不想腐一体推进，'打虎''拍蝇''猎狐'多管齐下，反腐败斗争取得压倒性胜利并全面巩固，消除了党、国家、军队内部存在的严重隐患，确保党和人民赋予的权力始终用来为人民谋幸福"②。为此，基层党组织努力将"四种形态"（具体包括经常开展批评和自我批评、约谈函询，让"红红脸、出出汗"成为常态；党纪轻处分、组织调整成为违纪处理的大多数；党纪重处分、重大职务调整的成为少数；严重违纪涉嫌违法立案审查的成为极少数）要求嵌入主体责任中，时刻规范基层党员干部。在此基础之上，基层党员干部才能进一步强化自身的凝聚力和号召力，使得更多的民众坚定团结在党组织的周围。

基层党组织通过强化制度执行力，构建党员干部遵守制度、敬畏制度的长效机制，从而增强普通民众对党组织的政治信任。具体而言，在社会结构转型时期，基层党组织积极吸收多元主体在参与社会治理过程中积累的创新性价值观念、行为准则等，努力充实和完善相关法律制度规范体系，包括引导机制、协调机制、服务机制、保障机制等方面。比如，一些基层党组织在发展与运行过程中就逐步建立了"党员联系户"制度，坚持群众路线，进一步强化了党员干部与普通民众之间的连接关系。由此，越来越多的人对基层党组织予以更高水平的政治信任，具体表现为他们积极参与由基层党组织领导、协调的民主协商议事会，经过平等、理性的沟通与协调，在求同存异中求得最大公约数。

---

① 中共中央马克思恩格斯列宁斯大林著作编译局. 马克思恩格斯全集：第 29 卷［M］. 北京：人民出版社，1972：413.

② 习近平. 高举中国特色社会主义伟大旗帜 为全面建设社会主义现代化国家而团结奋斗［M］. 北京：人民出版社，2022：13-14.

基于上述建设成果，多元社会力量的组织化程度得到进一步提升，并不断巩固人民立场。由此，无论是仪式前的准备工作，还是仪式过程的展开，抑或仪式后党政力量组织的一系列研讨会，企业领导者、社会团体代表以及民众个体将会积极参与其中。

四、社会主义先进文化构成文化资源

社会主义先进文化的形成、发展、充实与优化为政治仪式场域中大学生政治价值观培育过程提供了多元一体的文化资源。党的十九大报告强调："必须坚持马克思主义，牢固树立共产主义远大理想和中国特色社会主义共同理想，培育和践行社会主义核心价值观，不断增强意识形态领域主导权和话语权，推动中华优秀传统文化创造性转化、创新性发展，继承革命文化，发展社会主义先进文化，不忘本来、吸收外来、面向未来，更好构筑中国精神、中国价值、中国力量，为人民提供精神指引。"① 党的二十大报告则进一步指出，"以社会主义核心价值观为引领，发展社会主义先进文化，弘扬革命文化，传承中华优秀传统文化，满足人民日益增长的精神文化需求，巩固全党全国各族人民团结奋斗的共同思想基础，不断提升国家文化软实力和中华文化影响力"②。在现阶段，发展社会主义先进文化意味着建设以马克思主义为指导，坚守中华文化立场，立足当代中国现实，发展面向现代化、面向世界、面向未来，民族的、科学的、大众的社会主义文化。③

第一，发展社会主义先进文化，必须始终坚持以马克思主义为指导思想。为完成上述目标，一方面，地方各级党委领导人民群众从马克思主义的立场、观点和方法出发，为发展社会主义先进文化提供精神指引；另一

---

① 习近平. 决胜全面建成小康社会 夺取新时代中国特色社会主义伟大胜利［M］. 北京：人民出版社，2017：29.

② 习近平. 高举中国特色社会主义伟大旗帜 为全面建设社会主义现代化国家而团结奋斗［M］. 北京：人民出版社，2022：43

③ 蒋艳. 社会主义先进文化与社会主义核心价值观的共同属性论［J］. 思想教育研究，2019（1）：58-61.

方面，相关领导干部引领人民群众确立具体的实践要求。坚持马克思主义的立场、观点和方法主要就是坚持唯物史观的社会形态理论、整体联系观和辩证发展观。就社会形态理论而言，马克思强调人类历史发展经历了五种社会形态，即"原始公社制的、奴隶占有制的、封建制的、资本主义的、社会主义的"①。联系当代中国的现实情况，中国特色社会主义是世界历史总体上的资本主义社会形态体系中局部存在正在兴起的新兴社会形态。② 据此，我们探索出中国式现代化道路，即坚持传统与现代的纵向贯通，实现中华优秀传统文化的时代化；坚持独立自主与兼收并蓄紧密结合，从而既彰显中国特色，又实现外来经验中优秀成分的本土化；坚持党中央集中统一领导与人民主体相结合，实现最广大人民群众根本利益的最大化。就整体联系观而言，马克思、恩格斯提出，世界是普遍联系的，是永恒发展的。联系当代中国，上述理论观点昭示着，中国既要吸收借鉴西方文化成果中的优秀成分，又要始终坚持弘扬中华优秀传统文化，并立足于国内外的现实情况，确立具有中国特色的现代化发展道路。就辩证发展观而言，在当代中国，共享发展是马克思主义辩证发展观在中国的创造式发展和创新性转化，集中体现在国内与国际两个层面。从国内社会来看，一方面，国内各地区的经济增长、政治发展、社会转型和文化挖掘、宣传教育都要以推进国家治理体系和治理能力现代化为核心目标，全面建成社会主义现代化强国；另一方面，国家也要向地方放权，采取"分层—分权"的具体方式和手段，保证地方既细化落实党中央和中央人民政府制定的战略总要求，又能够因地制宜，有效提升地方政权体系的回应性水平。从国际社会来看，一方面，中国政府要在多元化的国际组织平台坚决维护国家主权和国家利益；另一方面，他们也要在竞争中构建和谐、稳定的合

---

① 联共（布）中央特设委员会编. 联共（布）党史简明教程 [M]. 中共中央马克思恩格斯列宁斯大林著作编译局，译. 北京：人民出版社，1975：137.

② 尉迟光斌. 马克思社会形态思想的三重维度及时代价值 [J]. 理论导刊，2022（6）：80-87.

作关系，实现"各美其美，美人之美，美美与共"①。在上述理论观点支撑下，人们对为什么发展社会主义先进文化、如何发展社会主义先进文化形成了较为清晰的认识与理解。

第二，坚持中国特色社会主义，是发展社会主义先进文化的重要理想目标。不同于近代社会的西学东渐发展取向，当代中国发展社会主义先进文化，始终坚持中国特色社会主义，具体表现在历史传承、价值体系和传播路径三个层面。在历史传承层面，党和国家始终坚持弘扬中国古代社会的政治智慧，比如，儒家"仁爱"思想、道家"上善若水"思想、墨家"兼爱非攻"思想，并借助马克思主义指导思想，不断推进其创造性转化与创新性发展。在价值体系上，当前中国坚持社会主义核心价值观，从而使得人们在国家、社会、个体层面均形成正确的价值导向和精神指引，而不是继续受到历史虚无主义、泛娱乐主义、消费主义等不良价值观的侵蚀。在传播路径上，国家、地方和基层综合运用传统媒体、自媒体和互联网等多元化的大众传播媒介，弘扬中国特色社会主义共同理想，从而使得人们在不同时空范围内均能嵌入其中，而不是受限于相关信息的获取和积累困境。

第三，弘扬中华优秀传统文化是发展社会主义先进文化需要始终坚持的重要立场。坚持中华文化立场需要人们广泛接触和深入学习中华优秀传统文化，并将其运用于政治、经济、社会、文化和生态等多元领域中。而纵观中国的历史发展过程和现实实践，中国党政力量和多元社会力量在努力践行这一基本要求。在政治系统中，国家政权体系较好地实现了以民为本思想与人民主体地位这一政治立场之间的相互融合。在经济领域，一方面，同一企业集群内部以及不同企业集群之间能够做到守望相助，实现互利共赢；另一方面，越来越多的企业彰显出强烈的爱国情怀，为全面建设社会主义现代化国家贡献力量，比如，在新冠疫情联防联控机制中，一些企业能够积极承担相应的社会责任，为保护人民群众的生命健康以及国家

---

① 费孝通. 缺席的对话——人的研究在中国：个人的经历 [J]. 读书，1990（10）：3-11.

的长治久安提供资金、技术和人员支持。在社会领域，越来越多的高新技术人才在积累了一定的技术资本、社会资本、文化资本以后，践行反哺文化，选择返回自己的故乡，为实现乡村振兴战略总要求发挥自身的作用。比如，广西百色市百坭村党组织第一书记黄文秀就放弃了大城市的高薪工作机会，为党和国家解决绝对贫困问题贡献力量。在文化领域，全国各地积极推进当地优秀传统文化资源的创造性转化和创新性发展。比如，山东曲阜通过举行孔子诞辰纪念仪式，既执行传统祭仪，又融入面向现代化、面向世界、面向未来，民族的、科学的、大众的社会主义文化，以传承和弘扬中华优秀传统文化中的仁爱思想、家国情怀等。

由此，全国各地在发展社会主义先进文化的过程中不断生产、发展和保持相应的文化资源。这些文化资源有助于当地政治仪式更新仪式象征符号系统及其文化内涵，进而有效强化政治仪式的思想政治教育功能，促进大学生群体增强文化自信。

第二节 政治仪式培育大学生政治价值观的作用过程分析

现阶段，就政治仪式如何形塑大学生政治价值观而言，一方面，在总体意义上，政治仪式能够有效发挥思想政治教育功能，从而巩固大学生群体的人民立场，激发其对党政力量的政治信任感，提升大学生群体对各级政权体系的政治宽容度以及呈现出较高水平的政治参与意识与政治参与能力；另一方面，在政治仪式展演过程中，极少数大学生存在着心离神游状态，对待政治仪式及其共同符号系统的发展与运行，积极融入与漠视态度并存，从而在一定程度上削弱了政治仪式的大学生政治价值观培育效率与效果。

一、"记忆"功能维度大学生政治立场有待强化

政治仪式"记忆"功能维度程序正义与消极应对并存。一方面，仪式

99

时空结构、仪式过程以及相应的仪式传播机制能够唤起、重构、固化、刻写绝大部分学生的个体记忆、集体记忆和社会记忆,进而促使其不断巩固自身的政治立场;另一方面,因为部分地方在举行政治仪式的时候,出现"走过场""能省就省"现象,一些学生怀着消极的政治心态被动参与到仪式过程中,这些学生难以在其中拉近与相关领导干部的情感距离,进一步扩大了政治理想与现实政治实践之间的张力。

在国家重大政治仪式、地方政权体系主导的仪式活动以及学校党委引领高校教育队伍、大学生群体举行的政治仪式活动中,仪式的主题、现场摆放的特定象征物品等均能够有效唤起大学生群体关于先辈艰苦奋斗、实现中华民族独立与发展的历史记忆。而党政领导干部发表的重要讲话则重构了大学生个体零碎的个体记忆,使得他们按照党史、新中国史、改革开放史、社会主义发展史,凝聚中国共产党成立以来的一系列历史事实,进一步强化"建国创业"记忆、"改革开放"记忆。围绕这些政治仪式,国家、地方和基层举行了相应的研讨活动和主题教育,在这一过程中,大学生群体从仪式中汲取的多元记忆内容得以刻写在日常生活行动与价值指导规范层面。由此,不同于西方国家大学生群体呈现出日渐强烈的个人主义的、功利化的发展特征,国内大学生群体在仪式后更加倾向于主动承担起对广大人民群众的责任和义务。

当然,在极少数领导干部组织的政治仪式中,因为主客观方面的多元因素,少数大学生个体对当地政治系统的认识出现偏见,亟待解决。一些大学生受到消费主义、泛娱乐主义、精致的利己主义和历史虚无主义等不良价值观的负面影响,① 在面对蕴含着国家主流意识形态内涵的政治仪式的时候,其参与态度有着较为明显的提升空间。此外,部分地方更加关注和重视当地经济增长的速度和质量水平,相对地,他们在举行通过性政治仪式、礼仪性政治仪式等不同类型政治仪式的过程中就出现了省略一些仪

---

① 林辰. 智媒时代主流意识形态认同的现实挑战与因应策略 [J]. 理论探索,2024
(1):73-80.

式程序、相对轻视仪式象征符号及其文化内涵的进一步发展等现象。① 在上述因素的共同作用下，这些学生就逐渐降低了对政治仪式活动的兴趣，在参与仪式的过程中出现形式化的行动状态。在此基础之上，相关记忆内容无法被有效凝聚，因此他们难以深刻感受到相应的中华优秀传统文化、革命文化、社会主义先进文化及其蕴含的人民主体内涵。相对地，他们将会强化对个人利益需求的追求，使得私人工具理性与公共价值需求观照之间面临不平衡、不充分发展的矛盾。

二、"情感"功能维度存在央地差异

从政治仪式"情感"功能的发挥来看，国家层面的重大政治仪式与部分地方举办的政治仪式活动在激发大学生群体政治情感体验类型以及后续的政治情感能量积淀上存在着较为明显的差异。在国家层面的重大政治仪式中，仪式参与人员互动结构的发展与运行均呈现出较高的质量水平，从而既有效激发了短期政治情感体验，又在周期性举行的政治仪式中实现了从自然状态情感、道德人格，到政治理想的转变。历经四个历史时期，当前国庆阅兵仪式、"七一"纪念活动等国家重大政治仪式组织者能够为政治仪式的设计与运行提供较高水平的资金、人才和技术支持，在此基础之上，无论是大学生群体与其他仪式参与人员共在的仪式时空结构，还是两者之间情感沟通关系的构建与发展，都得到了有效保障。那么，大学生群体在其中就能够有效获取对党和国家的正向情感体验，并在政治仪式链中不断积蓄情感能量，进而将爱国主义激情、对党的敬仰之情上升为"旨在规范人们行为、塑造特定品格、指引人们达成目标的行动指南"②，甚至转化为实现民主、平等和普遍正义的理想宏图。可以说，国家层面重大政治仪式的"情感"功能日渐发展成熟，使得大学生群体得以在仪式过程中深刻感受到一种基于尊重和平等的相互作用关系。

而一些地方举办的政治仪式活动则在"情感"功能的发挥上与国家层

---

① 傅薇. 政治仪式在高校意识形态教育中的作用［J］. 高教探索，2016（6）：39-44.

② 黄璇. 情感与现代政治：卢梭政治哲学研究［M］. 北京：商务印书馆，2016：76.

面的重大政治仪式有着较为明显的差距，其中，部分地方的政治仪式互动结构不完善，在运行过程中情感沟通强度不足，在仪式展演频率上也远未达到理想状态。① 就仪式互动结构不完善而言，一方面，一些地方所营造的仪式氛围难以实现特定仪式时空结构与日常政治生活之间的区分，从而难以对大学生群体形成较强的感染力；另一方面，一些政治仪式内部的空间布置相对缺乏科学性、民主性特征，从而无法促使大学生群体与党员干部、一线教师群体等其他仪式参与人员之间形成共同的关注焦点，进而削弱了后续的情感协调体制机制。另外，在极少数地方举办的政治仪式活动中，政治仪式组织者仅仅是单向地向大学生群体传递仪式话语，甚至在话语内容上存在着形式化的现象，② 缺乏对相关政治知识的深层次挖掘，从而削弱了大学生群体与其进行情感沟通的倾向。由此，这部分大学生就会在仪式互动过程中仅是身体在场，而不是积极参与其中，寻求自身政治情感内容的进一步充实与完善。

三、"价值"功能维度大学生政治宽容度参差不齐

政治仪式的"价值"功能维度出现大学生政治宽容度参差不齐的现象。一方面，大学生群体受到政治仪式链的深刻影响，在与相关党员干部的情感沟通中对党和国家制定的战略总要求以及省级政府制定的政策，予以全面、客观的理解与支持；另一方面，因为不同区域构建政治仪式链的完整程度不一以及大学生群体参与政治仪式链的频率和深度不同，再加上西方多元主义文化思潮的冲击和大学生性格发展特征的限制，所以一些学生在"台前"到"幕后"的转化中对当地的经济发展绩效创造能力、全过程人民民主发展能力、社会保障体系完善能力呈现出较低的政治宽容度。

在国家"逢十"举办的一系列政治仪式以及党的全国代表大会等互动

---

① 李慧玲，陈洪连. 以情感认同铸牢当代青年中华民族共同体意识［J］. 新视野，2022（6）：75-82.

② 滕朋，高天遥. 作为政治沟通的"官员直播带货"的内涵与启示［J］. 当代传播，2023（2）：66-68，81.

性政治仪式中，相关象征符号呈现出越来越强烈的人民性特征，这符合大学生群体的经济利益需求、政治权利需求、社会发展需求和文化权利需求，从而促使他们对党和国家及其政治决策过程予以更高水平的政治信任感，而不是扩大政治理想与现实实践之间的张力。无论是民族团结柱、石榴瓶，还是党和国家对统筹中华民族伟大复兴战略全局、全面建成社会主义现代化强国的强调，均呈现出党和国家全心全意为人民服务，对解决人民日益增长的美好生活需要和不平衡不充分的发展之间的矛盾的信心与决心。在此基础上，大学生群体意识到自身的主观愿望将会逐渐得到满足：能够在创业活动中持续获得发展动力并获得创业绩效，或者找到一份令自己满意的工作；能够在参与日常政治生活中，深刻影响政策过程，不断强化政治效能；能够在社会结构转型时期，不断获取和积累民生福利并获得良好的社会保障；能够发展社会主义先进文化的有效支撑，以应对来自多元主义文化思潮的冲击，发展和保持一个健康良好的精神状态。在此基础之上，当他们从政治仪式链进入日常生产生活中时，会在更大程度上相信党和国家将不断强化高位推动水平，省一级的政权体系则会积极制定相应的政策并贯彻落实，以维护广大人民群众的根本利益。为此，他们不会将极少数党员干部的消极腐败现象上升到国家层面和省一级政府层面，而是对其保持着积极正向的政治态度。

相对地，在一些地方的政治仪式中，其政治仪式链的发展动力机制和协调机制相对不完善，且大学生群体嵌入其中的程度存在明显的差异，再加上互联网空间舆论引导效能较低[1]，从而共同导致学生对这些地方的政治和行政过程的宽容度日渐降低。政治仪式链的发展与保持需要地方和基层政权体系予以必要的资金、技术、人员支撑。但东中西部不同地区在经济增长速度和质量水平上显示出差异性[2]，因此其对政治仪式链及其大学生政治价值观培育功能的发展能力呈现出高低不同的状态。此外，部分基

---

① 李慧玲，陈洪连. 以情感认同铸牢当代青年中华民族共同体意识 [J]. 新视野，2022（6）：75-82.

② 尹希果，魏苗苗. 数字经济发展与区域经济收敛：基于动态空间面板模型的实证研究 [J]. 经济与管理评论，2024，40（2）：29-42.

层党组织出现过密治理的问题，过于依赖项目资源下乡，而不是深入农村基层进行社会调查，了解并满足基层民众的实际需求。因此，大学生群体对他们的政治信任感、政治宽容度有所下降，进而导致他们的号召力与凝聚力也随之降低。当这些地方的大学生降低持续参与相关政治仪式的主观愿望水平时，他们将会更加容易受到多元主义文化思潮的负面影响，从而弱化自身的政治参与能力。

四、三种功能交互作用维度理性与非理性政治行为交织

在政治仪式三种功能交互作用之中，一方面，大学生群体作为重要的政治仪式观众，与相关政治记忆、政治情感和政治价值观念实现深度融合，进而在日常政治生活中呈现出较高水平的政治效能感，积极发挥自身的专业知识与能力；另一方面，极少数大学生对高校政治仪式活动中的行动符号、语言符号的嵌入持冷漠态度，难以实现从"台前"到"幕后"的有效转化，削弱了借此有效提升政治参与能力的可能性。

随着时间的推移，国家重大政治仪式链与大学生群体之间的相互融合程度日益强化，同时在新媒体环境下，仪式传播机制得以进一步强化。在此基础之上，大学生在政治仪式中获取更多的记忆资源、积蓄更多的情感能量并不断提升对国家政权体系的认可与支持，从而积极参与推进国家治理体系与治理能力现代化进程。现阶段，大学生群体作为重要的仪式参与人员，参加纪念性政治仪式、礼仪性政治仪式、通过性政治仪式等不同类型的国家层面重大政治仪式，并随着认知与情感的相互交织以及政治信仰水平的不断提升，实现对政治仪式的功能嵌入，为增强政治系统的政治合法性贡献力量。同时，在迅猛发展的互联网技术的作用下，政治仪式传播机制不断得到充实与优化。2024 年 3 月 22 日，中国互联网络信息中心（China Internet Network Information Center，CNNIC）发布第 53 次《中国互联网络发展状况统计报告》（以下简称《报告》），《报告》显示，当前中国移动通信网络实现高质量发展，5G 网络和千兆光网组成"双千兆"网

络，覆盖人们的生活领域。① 在此基础之上，政治仪式组织者通过多元化的大众媒介传播方式特别是依托互联网平台，使得不同区域的大学生群体能够在不同时空范围内、从不同视角观看仪式过程，进而受到政治仪式多种功能的深刻影响。大学生群体既在特定仪式时空结构中不断积蓄认知、情感和价值内容，又在新媒体传播机制的作用下，实现上述内容的保存与传递，从而从象征符号系统构成的场域转向日常政治生活，并在相关政治活动中体现出较高水平的政治效能感，进而自觉、主动地实现治理技术的进一步发展与完善。

同时，在一些地方举办的政治仪式活动中，少数大学生难以嵌入政治仪式链中，政治仪式传播机制也呈现出泛化和碎片化的发展倾向，② 从而导致这些大学生难以借此有效拉近与相关党员干部的情感价值距离，对他们的治理行动表现出政治冷漠状态，难以做到在求同存异的大框架下，积极求取公共利益需求的最大值。比如，在部分社区举办的一系列政治仪式活动中，一些大学生个体成员或者是避免参与其中，或者是被动地参与仪式展演过程。同时，极少数党员干部为了彰显自身大力发展社会主义先进文化、加强理想信念教育的发展绩效，会迎合上级领导干部的喜好展开政治仪式过程，并邀请当地主流媒体到场，对仪式内部空间布置和仪式过程进行现场报道③，而不是科学创造、使用和解释政治仪式象征符号系统。在这一过程中，一些大学生无法被这些形式化的仪式过程所吸引，呈现出形式化的行动状态。当他们由仪式时空结构进入日常政治生活中时，因为他们没有在仪式过程中与相关党员干部进行有效的情感沟通，再加上通过电视、互联网传播机制了解到少数人的消极腐败现象，④ 所以他们对当地

---

① 第53次《中国互联网络发展状况统计报告》［EB/OL］. 中国互联网络信息中心，2024-03-22.

② 马玉宁. 社交媒体政治仪式的直播叙事与呈现策略研究［J］. 宁夏社会科学，2022（2）：209-216.

③ 张家军，陈玲. 学校仪式教育的价值迷失与回归［J］. 中国教育学刊，2016（2）：90-95.

④ 韩庆祥，张艳涛. 论时刻保持解决大党独有难题的清醒和坚定［J］. 海南大学学报（人文社会科学版），2023，41（2）：74-79.

领导干部及其引领的政策输入、转换和输出过程难以表现出更高的政治信任水平，容易将局部出现的问题转换为对相关职能部门及其政治决策过程的整体质疑。由此，他们的政治参与水平难以通过参与这些仪式过程得到进一步提升。

第三节　政治仪式培育大学生政治价值观的生态关系分析

为了体现当前政治仪式的中华文化特征以及新时代发展特征，我们需要对政治仪式培育大学生政治价值观的生态关系进行详细分析，具体表现在国际社会维度、国内多元力量连接机制和特定政治仪式内部不同参与人员互动沟通结构的构建和发展过程等方面。

一、确立国内国际双循环发展格局

国庆阅兵仪式、"七一"纪念活动等国家重大政治仪式在发挥大学生政治价值观培育功能的时候，实现了国内国际双循环发展格局，进而为其后续的发展与运行提供了持续不断的动力。现阶段，国家政治仪式已经构建了一套较为完整的运行制度体制机制，进而使得培育大学生政治立场、政治信任感、政治宽容度和政治参与水平能够顺利完成注入、循环、吸收和释放等过程，具体包括仪式前的设计环节、仪式的展演环节以及仪式后的实践经验总结升华环节。在仪式前的设计环节，仪式内部的空间布置、象征物品的设计以及一系列庆祝游行、文艺表演的排演均得到了来自不同领域专业人员的有效支持。以庆祝中华人民共和国成立70周年大会为例，仪式中所用的演奏曲目得到解放军联合军乐团的强有力支撑，其中很多曲目都是为这次庆典量身定制；"民族团结"方阵中的石榴瓶则是由中央美院设计学院院长担纲设计，融入了北京京城机电控股有限责任公司的专业人员及其知识与能力支持；等等。仪式中展演机制的确立与运行环节，无论是党员干部发表的重要讲话，还是仪式操演人员进行的庆祝游行活动和文艺表演活动，都有严格的法律规范制度支撑，同时在仪式举行前经过了成百上千次的培训与排演，以确保党的执政绩效、国家的根本性质以及相关政策方针和改革举措的人民性特征等象征文化内涵能够得到完整呈现，并在一个又一个的展演环节中实现相互嵌套。仪式后的实践经验总结升华环节，在国家层面的纪念性政治仪式、礼仪性政治仪式等不同类型的政治仪式结束以后，国家政权体系中的相关职能部门会举办相应的学术研讨会。他们邀请相关专家学者对仪式主题和仪式过程进行学理层面的分析与探讨，从而进一步明确与强化大学生群体对特定仪式时空结构和演示展演过程的理解方向和理解强度，而不是受到一些网络大 V 和公共知识分子的煽动，对相关记忆内容及其蕴含的情感内容产生片面认识。在上述三个层面的综合作用之下，大学生群体能够和国家层面的重大政治仪式实现有效融合，不断强化人民立场、对党和国家的政治信任感和政治宽容度，并积极参与日常政治生活。

从国内国际双循环来看，国家政治仪式的仪式前、仪式中和仪式后等一系列环节，均与国际社会形成了有效联结，讲好中国故事、传递好中国声音，进而面向海外人员塑造了一个良好的中国国家形象，实现国家主流政治价值观在国内国外的辩证统一发展。在此基础之上，海外留学生群体得以在面对国外学习、生活适应压力的时候，不断获得来自国内稳固的精神文化支持。新中国成立以来，海外留学生群体的数量日渐增多。据 2012 年中国社会科学文献出版社发布的《国际人才蓝皮书：中国留学发展报告》显示，中国海外留学生的总人数已经占全球总数的 14%，居于世界第一位。[1] 2018 年，中国出国留学的学生总人数高达 66.21 万人，其中国家公派 3.02 万人，单位公派 3.56 万人，自费留学 59.63 万人。在这种情况下，国家重大政治仪式通过互联网渠道，实现与广大海外留学生群体的互联互通。后者通过观看仪式庆典互联网直播的方式，从地面视角、天空视

---

[1] 郭殊，朱绍明，万杨. 海外留学青年爱国意识状况的实证研究：基于欧美日韩等国留学生的问卷调查分析 [J]. 中国青年研究，2014（9）：49-54，66.

角、仪式观众所在位置等不同视角①，了解仪式现场的内部空间布置以及一系列仪式行动的展演过程。同时，他们还能够在《人民日报（海外版）》官方网站、B站、微博等多元化的互联网社交平台，通过点赞和发表评论的方式，与在仪式中实现身体在场的仪式观众共享爱国主义情怀以及对党的敬仰和崇敬之情。由此，他们在日常学习与生活中，将会进一步强化对党和国家的政治信任感，增强对社会主义核心价值观的信仰水平。那么，当他们面对来自西方国家不同领域的文化适应压力的时候，既能够做到尊重当地的政治文化背景，又能够始终坚持对建设社会主义现代化强国的信心与决心，进而在学成之后回到祖国，为推动中国式现代化道路的进一步拓展贡献力量。

二、实现网络化的政治价值观生产与再生产

当政治仪式参与人员将视野转向国家与社会关系维度的时候，政治仪式实现了历时性演变和共时性发展相联结，即保障了网络化的政治价值观生产与再生产过程。在《现代汉语词典》中，"网络"是指"由若干元器件或设备等连接成的网状的系统"②；在政治仪式的场域情境中，网络化则是指不同政治仪式之间实现了纵向发展与横向聚合，并依托新媒体的重要作用，将处于不同区域内大学生群体都吸纳进来。由此，现阶段，政治仪式实现了网络化的政治价值观生产与再生产，进而使得大学生群体得以将国家、社会和个人层面的主流价值观念内化于心、外化于行。

第一，新中国成立以来，在周期性举行的政治仪式中，中国不同历史时期的重要人物和重要历史事件得以在大学生群体面前实现常态化再现。在这一过程中，这些历史事实与党和国家领导人的重要讲话、仪式过程中出现的器物以及多元化的仪式行动相互融合，进而实现中华优秀传统文化

---

① 叶小力. 盛典何以成为提升国家认同的媒介事件：对新中国成立70周年国庆庆典直播的个案分析 [J]. 传媒观察，2019（12）：24-31.
② 中国社会科学院语言研究所词典编辑室. 现代汉语词典：第7版 [M]. 北京：商务印书馆，2016：1353.

价值观的创造性转化、创新性发展。现阶段，大学生群体正处于政治价值观成长期和探索期，同时，在互联网技术的作用下，他们还面临着一个日渐复杂化的政治价值观发展和运行环境，即一方面，中央和地方各级党政部门努力推进社会主义核心价值观对大学生群体的正确引导；另一方面，一些西方国家妄图实现意识形态渗透作用，破坏大学生的政治记忆构建过程，从而对他们的思想价值观念造成了负面影响。为此，国家政治仪式发挥其纵向的记忆凝聚功能、情感激发功能，连接新民主主义革命时期、社会主义革命和建设时期、改革开放和社会主义现代化建设新时期以及中国特色社会主义新时代，使得大学生群体认可国家取得的发展绩效、社会价值规范并实现自身在社会生活中的价值定位。

第二，新时代，大学生群体作为重要的仪式参与人员，在政治仪式的纵横连接中进一步强化对社会主义核心价值观价值取向的诠释与认知。重温入党誓词、开展主题党日活动等主题性政治仪式通过仪式现场的景观和仪式过程中的多种活动，向大学生群体展示了中国共产党始终不忘初心、牢记使命，全心全意为人民服务，以实现广大人民群众的根本利益为核心目标。庆祝中华人民共和国成立70周年阅兵式、庆祝中国共产党成立100周年大会等礼仪性政治仪式则借助仪式展开过程中仪式操演人员严格遵守相关程序与规范，提升大学生群体对政治法律程序的认知水平，进而使得他们认可法治政治的合法性：一是法治政治可以对公权力行使者发挥良好的约束作用，能够有效防范公权私用、滥用；二是法治政治属于一种规则政治，能够做到"科学立法、严格执法、公正司法、全民守法"[①]；三是法治政治是公正的政治，以实现公平正义为最高价值追求；四是法治政治是回应政治，能够公平公正地解决一系列社会矛盾与问题。抗战纪念日、南京大屠杀死难者国家公祭日等纪念性政治仪式既激发了大学生群体关于中国曾经遭受帝国主义势力侵略的屈辱感，又唤起了他们对于中国共产党领导全国各族人民经新民主主义革命实现中华民族独立、经社会主义革命实

---

① 刘炤．坚持全面推进科学立法、严格执法、公正司法、全民守法［EB/OL］．人民网，2021-03-18.

现民富国强的自豪感，继而逐渐形成对政治系统、社会力量和英雄模范的认可内化。入党入团仪式、宪法宣誓仪式等通过性政治仪式承担着政党文化、法治文化的生成、再造、反复确认、强化的责任，在这一过程中，大学生群体得以增强对党的意识形态、行为方式、心理取向和外在形象的信仰与忠诚、确证与充实；同时不断增强法治意识和法治行为方式。

三、凸显主体间性的仪式参与人员关系

特定的政治仪式展演过程则凸显出一种具有较强主体间性的政治仪式参与人员基本关系，而不是现阶段一些西方国家内部呈现出的虚伪性、操纵性的仪式关系。

现阶段，中国政治仪式参与人员包含不同领域的代表。比如，在庆祝中华人民共和国成立70周年大会上，参与仪式的人员就有1949名青年组成的国旗方阵，2019名青年组成的国庆年号和国徽方阵，老一辈党和国家、军队领导人亲属代表，老一辈建设者和亲属代表，新中国成立前参加革命工作的老战士，老一辈军队退役英模、民兵英模和支前模范代表等构成的致敬方阵，以及"建国创业""改革开放""伟大复兴"三个篇章、三十六个方阵。不同于一些西方国家在政治仪式中将弱势群体代表边缘化的操作，中国政治仪式的全过程始终凸显不同仪式参与人员之间相互尊重、平等的基本关系，具体包括政治系统和多元社会力量代表之间的关系、不同社会力量代表之间的关系两个层面。

在政治系统和多元社会力量代表之间，相关党员干部始终坚持人民主体地位，一方面，他们在政治仪式过程中积极彰显自身的人民性政治立场，致力于在仪式中与其他仪式参与人员构建一种平等的情感沟通关系。比如，在庆祝中国共产党成立100周年大会上，习近平总书记发表重要讲话，讲话内容中提及"人民"80多次，体现了党全心全意为人民服务的根本宗旨。另一方面，金融机构、企业、高校、科研机构等单位主要负责同志、港澳台同胞、海外侨胞代表、工商联和无党派人士代表、全国先进模范人物代表等多元社会力量代表均始终坚持党中央的集中统一领导。他们

挥舞着手中的国旗和党旗，对党和国家领导人及其发表的重要讲话内容予以热烈的掌声和欢呼声，彰显出他们始终团结围绕在党的周围，坚决抵抗一些西方国家的意识形态渗透作用。

社会各界代表在政治仪式过程中始终展示着中华民族大团结之根。中华民族诞生以来，各民族成员就不断推进交往、交流、交融进程，实现费孝通先生所说的由"自在"存在到"自觉"存在的转变。① 在古代中国社会，各民族之间逐渐强化贸易往来、文化交流。在近代社会，中华民族面临生死存亡、内忧外困之际，在中国共产党的领导下，全体中华民族成员团结起来，共同抵抗帝国主义、官僚资本主义和封建主义三座大山的压迫，为实现中华民族的自由独立贡献力量。新中国成立之初，中国面临百废待兴的发展局面，同时还要面对来自以蒋介石为代表的国民党残余势力的不断侵扰，为此，党中央和中央人民政府制定了符合中国现实国情的政治政策方针和民族关系政策导向，而中华民族全体成员则紧紧围绕在中国共产党周围，为维护国家主权贡献力量，并努力实现国富民强。改革开放和社会主义现代化建设新时期，党和国家的核心任务转移到以经济建设为中心上来，以满足人民日益增长的物质和文化需要，在此基础之上，党领导中华民族全体成员，开辟了中国特色社会主义道路，形成了中国特色社会主义理论体系，确立了中国特色社会主义制度，实现了中国人民从站起来到富起来、强起来的伟大飞跃。中国特色社会主义新时代，中华民族所面对的国内国际环境日趋错综复杂，一方面，国内不断强化各民族之间的交往、交流、交融，从而努力践行"以铸牢中华民族共同体意识为主线，不断巩固各民族大团结"② 这一党和国家顶层设计；另一方面，在国际社会，中国在国家间组织搭建的全球治理平台，不断强化自身的硬实力和软实力，进而获得更多的话语权，同时中国也面对着一个不确定性日渐增强

---

① 费孝通.百年中国社会变迁与全球化过程中的"文化自觉"：在"21世纪人类生存与发展国际人类学学术研讨会"上的讲话［J］.厦门大学学报（哲学社会科学版），2000（4）：5-11，140.

② 井波.铸牢中华民族共同体意识 不断巩固各民族大团结［N］.新疆日报，2020-09-30（2）.

的国际社会环境，这主要是因为以美国为首的一些西方国家陷入修昔底德陷阱，执行以制衡和规避为核心内容的国际行动策略，对中国的发展以及人类命运共同体理念的践行形成挑战与威胁。立足于国内国际两个大局，中华民族全体成员始终坚持党中央的集中统一领导，共同致力于推动经济社会共建、充分发挥制度优势、强化文化情感归属并积极参与全球治理，以推进全面建成社会主义现代化强国进程。在这一时代背景下，政治仪式展演过程中，党政军群各部门负责同志，金融机构、企业、高校、科研机构代表以及港澳台同胞、海外侨胞代表等在仪式展演过程中的不同环节均呈现出以相互尊重和平等为核心特征的情感沟通关系，并在这一过程中实现相关记忆内容、情感内容的增加与相互作用，进而展现出各族人民"百籽合一""百籽共生""千籽如一""千房同膜"的基本关系。

　　总而言之，本章的主要目的在于详细阐释当前政治仪式培育大学生政治价值观的具体情况，既详细阐释了以政治仪式培育大学生政治价值观所需的动力来源，又阐述了政治仪式培育大学生政治价值观的具体作用过程，还对整个作用过程所反映的生态关系进行了概括和详细分析。当然，整个培育过程还呈现出多重张力，笔者需要对此进行详细分析，并挖掘其背后的深层次因素，从而为未来提升政治仪式培育大学生政治价值观的具体效能提供优化方案设想。

第四章

基于大学生政治价值观培育的政治仪式
运行困境分析

政治仪式发挥大学生政治价值观培育功能的具体过程也出现了一些不可忽视的阻滞，具体表现在政治仪式环境发展状况不理想，"记忆"功能维度三种记忆之间界限不清晰以及"情感"功能维度仪式互动结构失衡等方面，从而造成一些大学生出现政治认知混淆现象，政治情感想象层面陷入无意识陷阱，对地方党政力量的政治信任感、政治宽容度也有待强化。相应地，他们的政治参与能力也受到了负面影响。

第一节　政治仪式环境不理想

正如前文所述，政治仪式所处的外在环境具有多元化的发展结构，包括经济环境、政治环境、社会环境和文化环境等方面。当前，政治仪式发展的广度和深度是整体向好的，从而促进政治仪式思想政治教育功能的强化。但其中也存在一些不确定因素，需要加以科学分析与思考，从而对症下药，提出更加完善的政治仪式环境优化设想。

一、经济环境存在不平衡不充分发展难题

当前中国社会的主要矛盾已经发生了变化，即从人民日益增长的物质文化需要同落后的社会生产之间的矛盾转化为人民日益增长的美好生活需

要和不平衡不充分的发展之间的矛盾。同时，国家和地方有着各种类型的政治仪式，它们的有效发展与运行需要投入足够的资金、人员和技术资源。在实践中，政治仪式所面对的经济环境存在着不平衡不充分的发展难题，对政治仪式各项功能的发挥形成相应的负面影响，具体表现在东中西部不同区域以及城乡地区之间。

东中西部发展整体向好，但不同区域之间的经济发展水平仍然具有一定的差距。随着《中华人民共和国国民经济和社会发展第十四个五年规划和 2035 年远景目标纲要》的持续推进与实现，中国不同区域之间的经济增长速度和经济发展质量水平的差距正在逐渐缩小。但我们也需要认识到，当前不同区域在创新能力、现代产业体系的发展动力机制、数字化发展水平、农业部门生产和经营情况等方面存在着一定的差异性。从创新能力来看，在一些东南沿海城市，大中小型科技企业不断吸纳高技术水平的专业人员，并投入大量的资金，从而不断提升自身的创新能力，增加财务绩效；相对地，一些西部地区的城市因为生产力水平相对较低，[①] 所以在培养创新理念、提升创新能力上还有着一定的发展空间。在数字化发展水平方面，现阶段，以浙江省为代表的一些地区已经实现了数字经济的健康良好发展，在城市地区将物联网技术、大数据技术运用于各个领域经济发展绩效的增加，促进了当地经济的高质量发展进程，在农村地区积极发展智慧农业，并使用新兴技术推进其他特色产业的发展；而中西部地区则处于中低数字化水平，数字金融发展、市场信息利用等方面需要进一步实现韧性发展。[②] 可以说，东中西部地区还需要努力推进相互协作水平，以缩小彼此之间的发展差距，解决不平衡不充分发展的问题。

在城市地区和农村地区之间，相较于改革开放和社会主义现代化建设新时期，在中国特色社会主义新时代，城乡之间的"剪刀差"问题部分已经得到了解决，2021 年 2 月 25 日，习近平总书记在全国脱贫攻坚总结表

---

① 卢江，郭子昂，王煜萍. 新质生产力发展水平、区域差异与提升路径 [J]. 重庆大学学报（社会科学版），2024，30（3）：1-16.

② 张晖，陆滨强，权天舒. 乡村数字化对农业发展韧性的影响及作用机制研究 [J]. 农业现代化研究，2024，45（1）：124-136.

彰大会上庄严宣告："我国脱贫攻坚战取得了全面胜利。"① 在全国脱贫攻坚任务已经完成的情况下，中国的乡村振兴战略总要求得以有效推进，城市与乡村之间的发展差距得以进一步缩小。但一些农村地区仍然存在着相对贫困问题②，需要基层党员干部及相关职能部门引领治理和监督过程，从而予以有效解决。所谓相对贫困，是指"生存所需之上的发展机会和可行能力之上的相对贫困问题"③，具有发展性、多元性和主观性等特征。党的二十大强调，"巩固拓展脱贫攻坚成果，增强脱贫地区和脱贫群众内生发展动力"④。因此，部分农村地区民众在发展空间上的相对匮乏问题是现实存在的，需要国家、地方和基层政权体系予以关注和重视。

正是因为当前中国经济环境存在着不平衡不充分发展的问题，所以处于其中的政治仪式及其大学生政治价值观培育功能的发挥也受到了影响，具体表现为纵向和横向两个方面。在纵向上，国家层面的重大政治仪式、地方政治仪式以及基层组织的政治仪式活动之间出现经济资源差异，从而削弱了一些地方的共同符号体系构建和发展能力，进而使得当地的学生难以在其中完成符号代表项、符号解释项和符号对象之间的交互作用，悬浮于政治仪式互动结构之上。在横向层面，东中西部不同区域政治仪式的思想政治教育功能存在差距：拥有丰富政治符号资源的城市难以将其搬至"台前"，转化为现实发展优势；经济发展水平较高的城市难以将物质资本投入政治符号的创新与再现之中。

二、政治环境面临国际社会不确定性

除经济环境以外，当前中国面对的政治环境也存在着一定的张力。一

---

① 习近平. 在全国脱贫攻坚总结表彰大会上的讲话 [N]. 人民日报, 2021 - 02 - 26 (2).

② 张应良，郑景露，徐亚东. 中国农村减贫经验与成就的理论解释：基于"有效市场—有能集体—有为政府"框架的分析 [J]. 学术界, 2024（1）：57 - 72.

③ 张海霞，杨浩，庄天慧. 共同富裕进程中的农村相对贫困治理 [J]. 改革, 2022 (10)：78 - 90.

④ 习近平. 高举中国特色社会主义伟大旗帜 为全面建设社会主义现代化国家而团结奋斗 [M]. 北京：人民出版社, 2022：31.

方面，党领导全国各族人民开辟了中国特色社会主义道路，形成了中国特色社会主义理论体系，确立了中国特色社会主义制度，实现了马克思主义中国化的第三次飞跃。在这一过程中，广大人民群众得以共享更多的政治权利，行使相应的政治权利，愈加彰显人民主体地位。比如，现阶段，在国家和地方各级政权体系中，全过程人民民主得到了较为有效的践行，具体包括民主选举、民主协商、民主决策、民主管理和民主监督不同环节。在国际社会，越来越多的国内高新技术人才参与到全球治理进程中，彰显人类命运共同体理念，并发挥自身的专业知识和专业能力。

另一方面，中国也面临着相对不稳定的国际社会环境。以美国为首的一些西方国家陷入了修昔底德陷阱，对中国保持着一种狭隘的冷战思维，执行"科技遏制"国际行动策略。修昔底德陷阱是由美国哈佛大学教授格雷厄姆·艾利森（Graham Allison）最早提出，这一理论观点来源于古希腊时期著名历史学家修昔底德（Thucydides）对伯罗奔尼撒战争做出的结论，即雅典的崛起为斯巴达带来了恐惧，使战争变得不可避免。这一观点被运用于当代社会中，其核心意蕴是崛起国必然会挑战守成大国的地位，而守成大国也一定会采取措施进行遏制与打压。而一些西方国家学者特别是美国学者利用这一主张来叙述中美关系的发展与变化过程和结果。在此基础之上，美国政府官员及相关职能部门开始对中国执行"科技遏制"国际行动策略，美国国会则以人权等问题为切入点发起对华意识形态攻势。[①] 比如，中国在 5G 等关键互联网技术上取得重大突破，为全球通信事业的发展做出重要贡献，但美国将之歪曲为另一个"人造地球卫星的时刻"的到来。2019 年，美国前参谋长联席会议主席约瑟夫·F. 邓福德（Joseph F. Dunford）强调，"在我看来，说我们又处于一个新人造地球卫星的时刻，这并不是夸大其词。你可以说，这次的赌注比 20 世纪 50 年代末和 60 年代初要高得多"[②]。2020 年 9 月 8 日，美国麻省理工学院在其学校官网上发布

---

① 刘昌明，山秀蕾. 拜登执政以来美国国会的涉共提案及其政治图谋 [J]. 现代国际关系，2023（8）：70-88，154-155.

② GENERAL A P. US Faces 'Sputnik Moment' in Space Race Competition [EB/OL]. AP News，2019-09-09.

了题名为《为应对中国的挑战，我们需要"无疆前沿法案"》，认为"美国正在遭遇一场技术竞争，这是它成为世界领导者以来从未遇到过的"①。美国这一系列缺乏政治合法性的国际行动策略既增加了中美关系的不确定性，又不利于国际秩序的稳定与发展。

在此基础之上，政治仪式的仪式前、仪式中和仪式后等不同环节也需要进行相应的调整，从而在国内国际两个大局背景下，进一步强化自身的"记忆"功能、"情感"功能、"价值"功能以及三种功能之间的交互作用，对中国大学生政治价值观的培育过程和培育效果发挥积极作用。具体言之，一方面，中国政治仪式要有效应对西方国家的意识形态渗透，规避西方国家"污名化"中国正向的政治仪式实践；另一方面，中国政治仪式组织者要强化国际传播机制，从而既增强中国大学生的政治文化自信，又能够减轻海外留学生群体的跨文化适应压力。

三、社会环境产生分散化趋势

在社会环境方面，中国已经进入了社会结构转型时期：一方面，随着时代的发展，中国社会不断涌现出新兴的社会阶层，为丰富仪式参与人员的构成发挥着积极作用；另一方面，中国东中西部不同区域以及城市地区和农村地区也存在着一些分散化的发展趋势，对政治仪式的进一步发展与完善形成了挑战。

虽然国家政权体系在经济发展、科技创新、生态可持续与社会民生福利等不同维度不断推进东中西部地区发展差距的缩小，但是三大城市群之间在高质量发展指数上仍然具有一定的差异性。② 在此基础之上，一些中西部地区的人群特别是青年群体延续着单向流出的发展路径，不断向东南沿海地区迁移，探寻更多的发展机会，由此造成中西部地区少数地方青年

---

① To Compete with China, America Needs the Endless Frontier Act [EB/OL]. MIT Office of the President, 2020-09-08.

② 王元亮. 中国东中西部城市群高质量发展评价及比较研究 [J]. 区域经济评论, 2021 (6): 148-156.

群体的流失，进而导致后者相对缺乏推动当地高质量发展所需的社会结构基础。在城市地区和农村地区之间，当前农村地区仍然存在着空心化和原子化的发展趋势。①"空心化"现象在农村地区主要表现为一部分青壮年劳动力退出土地耕种，留守农村的老人、妇女等弱势群体承担起农业部门生产和经营任务，相对降低了农业生产和经营活动的效率。相应地，这些青壮年劳动力大多流向了周边县市以及一二三线大城市，寻找求学、打工、自雇机会。"原子化"则是指在农村社区内部，不同于过去邻里守望相助的熟人社会，随着一些传统宗族制度的衰落和村级自治组织号召力、凝聚力的弱化，不同人群的公共性有所削弱，具体表现在以下两方面：一方面，不同人群之间的互助意识较为淡薄。一些农户倾向于以核心家庭为单位，展开日常社会文化生活。② 这造成乡村社会的凝聚力、互动沟通能力有所弱化，同时乡村社会的公共文化空间也有着较大的发展空间。另一方面，不同人群面对农村社区内部甚至是跨社区的公共议题，主体性参与支持水平较弱。由此，这些公共议题的探讨过程难以得到进一步的推动，进而影响到人们在求同存异的大框架下形成共识。在上述两种情况的综合作用之下，政治仪式所处的社会环境中存在着一种分散化的发展趋势，从而对政治仪式与大学生群体之间的相互融合形成负面影响。在一些"空心化""原子化"现象较为显著的地区，象征文化资源难以得到有效挖掘，导致当地政治仪式的思想政治教育功能虚化。在这种情况下，当外出求学的青年群体在"候鸟式"移动中返回家乡时，就欠缺有效的政治仪式场域，从而不利于其政党观、政府观、民主观、法治观等方面的进一步发展与完善。

四、文化虚无主义侵蚀文化环境

在文化环境方面，一种文化虚无主义现象逐渐产生与发展，并对文化

---

① 谷国政，施琳娜，文琦，等. 乡村空心化治理视角下区域耕地多功能与价值耦合协调研究［J］. 地理科学进展，2024，43（3）：587-602.

② 程新艳，王坤鹏，欧名豪. 家庭生命周期视角下农村居民点整理的农户意愿影响因素研究［J］. 中国农业资源与区划，2021，42（9）：81-89.

环境及其充实与优化过程形成一定的侵蚀。所谓文化虚无主义，是指"一种否认中华文明史、否认中华文化、否认中华民族精神的错误社会思潮，是历史虚无主义在文化领域的具体呈现，表现为鼓吹'以洋为美'的文明观、宣扬'告别革命'的历史观、推崇'娱乐至上'的消费观、推销'消极庸俗'的价值观，对弘扬社会主义核心价值观、坚定文化自信构成严重挑战"①。一些西方国家通过互联网泛娱乐主义传播文化虚无主义。②而当前政治仪式传播机制以互联网为主阵地，同时大学生群体也是互联网空间的原住民。在此基础之上，这些文化虚无主义现象容易对大学生群体政治价值观的培育过程构成冲击。

面对西方文化，大学生的文化自信心、文化素养还需要进一步强化，以实现对中华优秀传统文化、红色文化和社会主义先进文化的情感归属和理性赞同。旧民主主义革命背景下，中国面临强烈的文化冲击。帝国主义势力用坚船利炮强行打开了中国的大门，相对应地，西方的"器物""制度"与"文化"不断涌入中国，同时国内出现了"师夷长技以制夷""中学为体，西学为用""全盘西化论"等言论、主张。因此，在这一历史时期，文化焦虑长期存在在中国知识分子中间。当前，互联网空间出现"以洋为美"的文明观传播现象③，试图削弱大学生群体作为中华民族成员的文化自信，阻滞中华优秀传统文化的创造性转化、创新性发展。此外，现阶段，以美国为首的西方国家在全球范围内推行文化霸权主义，对其他国家大力倾销西方中心主义的价值理念、文化观念与政治制度,④ 中国作为一个重要的东方国家，承担着抵御这些西方国家的文化霸权主义思维模式和现实实践的重要责任。

---

① 仰义方，向娇. 文化虚无主义的样态透视、成因反思与治理进路 [J]. 理论导刊，2022（2）：117-122.

② 贾淑品. 全球化背景下中国式文化现代化的挑战与破围 [J]. 理论学刊，2022（6）：28-36.

③ 吴玉英，刘文斌. 煞费苦心的胡吹乱捧：再评刘再复关于诺贝尔文学奖的言论 [J]. 文艺理论与批评，2016（3）：96-103.

④ 王浩宇，罗卓. 和合共生：中华文明统一性和包容性的价值表征 [J]. 中南民族大学学报（人文社会科学版），2023，43（11）：19-27，181.

宣扬"告别革命"的历史观是一种对中国新民主主义革命时期与社会主义革命和建设时期相关历史事实和思想文化观念的歪曲。[①] 新民主主义革命时期，中国共产党领导全国各族人民抵抗帝国主义、封建主义、官僚资本主义三座大山的压迫，并最终实现了中华民族的解放，成立了中华人民共和国。社会主义革命和建设时期是党和人民事业在曲折中发展的历史时期。在这一历史时期，中国共产党领导全国各族人民完成了从新民主主义革命向社会主义的过渡，既提出了一些正确的思想与决策，又通过纠正党内的官僚主义、宗派主义和主观主义，进一步加强党的建设。而一些西方国家却企图构建和传播所谓"告别革命"的历史观，以弱化党和国家在这些方面取得的丰硕的建设成果。

"娱乐至上"的消费观加剧了大学生的泛娱乐化现象。长期以来，中国高校教育体系积极培育大学生群体艰苦奋斗、勤俭节约的优秀品质。但娱乐至上的消费观通过互联网空间实现传播与渗透。[②] 西方部分政治党派企图将这一文化虚无主义观念渗透至大学生生活的方方面面：在综艺节目制作和宣传上，盲目模仿国外相关节目的运行模式，刻意进行跟风炒作、资本营销、误导观众，对大学生个体成员的文化价值观念形成负面影响；少数电视剧作品的制作与发布以娱乐为核心目标，以搞笑为核心手段，电视剧作品在各大视频播放平台层出不穷，一味地追求收视率，而不顾教化功能的发挥以及与国家主流价值观念的契合。[③] 由此，大学生群体精神世界的健康良好发展秩序受到冲击。

在上述现象的综合作用之下，国内文化环境在一定程度上受到负面影响。同时，文化环境也是保障政治仪式发展与运行的一种重要的宏观层面的环境。一旦大学生受到历史虚无主义等不良价值观的冲击，他们就会混

---

① 张瑜. 以习近平文化思想破除文化虚无主义：文化逻辑、理路遵循、践行方式 [J]. 西南大学学报（社会科学版），2024，50（2）：17-34.

② 彭继裕，郭丰荣. 对中国文化消费主义的审视与超越 [J]. 西南民族大学学报（人文社会科学版），2022，43（2）：71-77.

③ 张蕊. 当代中国泛娱乐主义：实质、特征及应对 [J]. 思想教育研究，2021（10）：106-112.

涵四个历史时期的相关记忆内容,抑制正向政治情感状态的积聚,从而加剧他们的政治冷漠态度。因此,一个健康良好的文化环境的发展动力机制、运行机制还需要进一步强化,从而促使政治仪式在更高质量水平上发挥自身的基本功能,进而支持大学生群体为政治系统的可持续发展积极参与相关政治活动,并发挥自身的专业知识和专业能力。

第二节　政治仪式"记忆"功能存在三重记忆混淆现象

政治仪式发挥"记忆"功能,存在着一些大学生个体成员历史记忆、集体记忆和社会记忆界限不清晰的现象,表现在部分大学在政治仪式展演过程中,以集体记忆取代社会记忆、以历史记忆概括集体记忆以及将社会记忆等同于历史记忆等方面,从而不利于其政治认知框架的构建与良好发展。

一、大学生在仪式中以集体记忆取代社会记忆

大学生的集体记忆集中体现在他们在物理空间、活动空间和制度空间积累的现实实践经验,包括他们对基层政治生活的深刻体验以及对国家和地方政治生活的体悟,其中不乏一些局部性的记忆内容。而大学生的社会记忆则更多的是在与当地党员干部以及社会多元力量的互动交往中形成的,同时也指向一些雕塑、档案馆、建筑物等政治符号所承载的记忆内容,其中部分大学生个体成员与这些记忆内容的相互融合程度有待增强。在此基础之上,当一些地方和基层主导的政治仪式活动出现了省略仪式程序、仪式内部空间布置相对缺乏人民性特征等问题的时候,这些学生就出现了以集体记忆取代社会记忆的现象,即以局部替代整体,从而不利于他们构建、更新与完善对于国家政治系统及其各组成部分的记忆内容。

在一些基层举办的政治仪式活动中,政治仪式组织者出现了略去一些基本仪式程序的现象。以少数高校举办的升国旗仪式为例,高校相关党员

干部在进行国旗下讲话这一仪式程序的时候，不是纳入一些记录历史事实的讲话内容，而是讲空话、空摆大道理①；同时高校一线教师队伍需要在仪式展演过程中发挥重要作用，与大学生群体进行有效的情感沟通，但在实践过程中，一些高校的思想政治理论课教师仅是身体在场，与大学生群体共享一个特定的仪式时空结构，而不是进一步实现功能在场②，即优化和完善仪式前的设计环节，构建一个科学性、人民性较强的内部空间布置系统；积极参与仪式展演过程，推进三种互动结构的发展与运行；仪式结束后参加相应的学术研讨会，进一步深化仪式参与人员特别是大学生群体对相关思想价值观念的认识与体悟。

此外，政治仪式空间布置相对缺乏公共性。在一些基层举办的政治仪式活动中，仪式组织者对仪式中需要用到的象征物品、仪式话语和仪式行动不予以关注和重视，特别是相对轻视彰显其对公共利益需求的观照，从而导致大学生个体成员进入其中以后，难以深刻感受到相关党员干部全心全意为人民服务的初心与使命以及现实治理实践及其发展绩效。上述因素综合作用，再加上线上线下相结合的传播渠道，使得大学生了解到一些关于政治系统的片面信息。由此，他们就会将错误的记忆内容与改革开放以来的社会互动交往相联结，扩大普遍主义与特殊主义之间的张力，从而造成集体记忆与社会记忆界限不清晰。

二、大学生在仪式中以历史记忆概括集体记忆

大学生所拥有的历史记忆是其与其他人群共享往事的过程与结果，既能够增强中华民族全体成员一致性，又能够强化大学生群体与其他人群之间的团结性。但正如前文所述，在大学生的活动空间尤其是互联网空间，部分大学生的中华民族历史观念受到了历史虚无主义思潮的冲击，导致其

---

① 徐水婵，袁仲敏，刘成伦. 学校升旗仪式的价值回归［J］. 教学与管理，2016（8）：7-9.

② 郑汉良. 提升国旗下讲话教育效果应对策略［J］. 中国教育学刊，2014（7）：106-107.

历史记忆内容出现了偏差。而一些政治仪式的"记忆"功能相对缺乏，从而造成参与仪式展演过程的这些大学生难以在其中实现历史记忆框架和相关内容的有效修正，进而导致他们在仪式中以历史记忆概括集体记忆。

当前历史虚无主义以互联网空间为主阵地，对大学生群体呈现出一定的渗透性、欺骗性特征。历史虚无主义可以以各种隐匿于日常生活媒介的形式出现，对大学生的历史文化价值观念形成负面影响，甚至企图对他们的精神世界予以控制；同时，在这一过程中，部分大学生个体成员很难察觉到西方国家相关组织和个体的真实意图，甚至成为他们所主张内容的拥趸。就欺骗性而言，相关组织和个体对某些人物、事件进行裁剪和拼接，企图虚无中国共产党领导中国人民投身新民主主义革命、社会主义革命和建设以及改革开放和社会主义现代化建设的历史事实，妄图达到其否定中国共产党历史地位和作用、弱化党的政治合法性的目的。

在这种情况下，这些大学生的历史文化观念及其发展过程在一定程度上受到了负面影响。再加上一些地方的政治仪式活动"记忆"功能的相对匮乏，即仪式组织者难以构建起一个较为完整的政治符号系统，彰显中国在不同阶段的历史事实，特别是中国共产党领导全国各族人民迎来了从站起来、富起来到强起来的伟大飞跃。在此基础之上，这些学生的历史记忆内容所存在的偏差将难以在相应的政治仪式活动中得到有效纠正。那么，历史记忆的偏差就会和大学生群体实际经历的过往不匹配，甚至是产生矛盾。

三、大学生在仪式中将社会记忆等同于历史记忆

正如保罗·康纳顿（Paul Connerton）所言，社会记忆需要依托相应的纪念空间和身体仪式从而实现创设、保存与传递过程。① 其中，纪念空间被人们用来表达对过去事件、人物的崇敬、敬仰与怀念行动②，因此，它发挥着调动情感体验内容并唤起、凝聚记忆的重要功能。而身体仪式则通

---

① 康纳顿. 社会如何记忆［M］. 纳日碧力戈，译. 上海：上海人民出版社，2000：91.
② 陈蕴茜. 纪念空间与社会记忆［J］. 学术月刊，2012，44（7）：134-137.

过仪式参与人员周期性地实施一些仪式行动，实现记忆内容的有效连接，从而巩固当前的社会结构，保证其进一步发展与保持。而中国大学生所拥有的历史记忆则包含着中华民族从"自在"到"自觉"的整个历史发展脉络，从而在历史事实中获取较为完整的历史情绪体验，比如，对中华民族全体成员之勇敢、祖国河山之壮美、资源之丰饶和历史之悠久呈现出强烈的自豪感。由此可知，历史记忆和社会记忆内容的覆盖范围既存在着交叉重叠之处，又有着相对独立的地方，因此两者之间并不能够建立相互等同的关系。但因为历史虚无主义对少数大学生形成了负面影响①，所以后者无法有效完成对两种记忆的科学分类，也不利于其社会记忆的产生、存储和传递。

而政治仪式作为承载和传递社会记忆和历史记忆的重要载体，其中一些仪式活动却并不能够较为完好地达成上述发展目标内容。换言之，在一些政治仪式活动中，不同类型的仪式象征符号之间难以实现相互嵌套并发生交互作用，在此基础之上，政治仪式符号系统呈现出低度耦合的状态，②难以实现相关记忆内容的唤起、重构、固化与刻写过程。那么，少数大学生将社会记忆与历史记忆混同的问题就难以通过政治仪式"记忆"功能的良好发挥得到有效解决。

第三节　政治仪式"情感"功能陷入集体无意识陷阱

政治仪式发挥"情感"功能面临着仪式互动结构的建构与发展障碍，从而导致参与其中的部分大学生陷入集体无意识陷阱，具体表现在政治情感动机、政治情感体验和政治情感秩序三方面。其中，集体无意识（collective unconscious）是瑞士心理学家卡尔·古斯塔夫·荣格（Carl Gustav

---

① 邵艳梅．新时代大学生革命文化教育：价值意蕴、现实审视、推进理路［J］．河北大学学报（哲学社会科学版），2023，48（2）：131-139.

② 和谐．政治仪式构建现代国家认同的合法性及其限度［J］．宁夏社会科学，2022（5）：54-62.

Jung）最早提出的。他在吸收借鉴西格蒙德·弗洛伊德（Sigmund Freud）的无意识理论（the theory of the unconscious）的基础上，综合人类学、心理学、考古学等多个领域的相关理论知识与观点，创设并阐释了集体无意识理论（the theory of the collective unconscious）。荣格认为，意识、个人无意识和集体无意识共同构成了一个人的心理结构。他强调，"如果不包括无意识过程，对人类心灵的探讨将是不完全的"①。其中，集体无意识是指一种不依赖个人经验而存在的，具有潜在性、不确定性和集体性的心理倾向，会在不知不觉中对人们的行为形成深刻影响。而在政治仪式展开过程中，如果其中所包含的三种互动结构无法实现有效运行，那么大学生群体作为仪式参与人员就难以被相应的仪式氛围所感染，甚至是产生抵触心态。

一、政治仪式中大学生政治情感动机调动面临工具化困境

就政治仪式展演过程中大学生的政治情感动机而言，正是因为一些仪式中的三种互动结构难以实现有效运转，所以其中所包含的政治情感动机基于维护广大人民群众的公共利益，面临着一种工具化的发展困境。

具体而言，第一，大学生个体成员难以与仪式环境形成有效互动，从而造成他们对特定的仪式时空结构产生冷漠态度，无法有效融入其中。大学生作为政治仪式参与者，与特定的仪式时空结构形成有效互动，需要仪式组织者结合多元仪式参与人员的共同经历，设计仪式内部空间布置，强化仪式时空结构的感染力。但在实践中，少数地方党政力量和基层举办的政治仪式难以达到上述要求，甚至是出现随意化、形式化的操作过程和结果。由此，仪式展开过程中的第一种互动结构的产生与运行就遭遇障碍，一些大学生个体成员面对这些仪式时空结构，呈现出低度的兴趣水平，被

---

① 荣格. 分析心理学的理论与实践 [M]. 成穷，王作虹，译. 北京：生活·读书·新知三联书店，1991：36.

动参与其中，从而呈现出一种相对悬浮的心理状态，① 即仅是身体在场，而不是真正意义上的功能在场。

　　第二，不同大学生个体之间在仪式过程中难以形成有效的情感沟通关系，从而导致他们无法有效构建以共同体为核心内容的政治情感动机。正是因为一些大学生个体难以与政治仪式环境产生有效的互动关系，所以他们不会关注相应的仪式内部空间布置、仪式话语以及一系列仪式行动。在此基础之上，不同学生之间就难以形成共同关注的焦点，进而阻碍了他们进一步产生情感沟通关系。现阶段，大学生群体需要不断铸牢思想政治教育共同体意识，从而共同为全面建成社会主义现代化强国贡献力量，其中最为关键的是促使他们凸显鲜明的人民立场、契合新时代特点的相互协同性。而政治仪式作为一种培育大学生思想政治教育共同体意识的重要载体，需要在仪式展演过程中积极构建大学生个体成员之间以相互尊重、和平等为核心内容的互动交往关系。但正如上文所述，一些政治仪式活动难以有效实现这一理想状态，因此这些大学生之间共同构建思想政治教育共同体的过程就受到了阻碍。同时，大学生面对其与其他人群之间互动交往关系的时候，部分学生呈现出一种较为微妙的状态：一方面，他们在与其他同学交往互动的时候，呈现出一种"圈层"文化，② 即基于共同的地缘关系、趣缘关系形成一个个小圈子，不同的圈子之间存在着相对独立的活动空间，产生了"回音壁"效应；另一方面，他们在与学校其他群体进行互动交往的时候，则有选择性地产生一些迎合性的行为表征，③ 从而符合上述人群对自身的主观期待。在这样一种情况下，一些大学生个体成员容易转化为钱理群教授所说的"精致的利己主义者"④，相对缺乏责任意识和

　　① 宋岛馨，毕红梅. 圈层文化视域下大学生精神生活的危机检视及其应对［J］. 学校党建与思想教育，2022（9）：45-48.
　　② 宋岛馨，毕红梅. 圈层文化视域下大学生精神生活的危机检视及其应对［J］. 学校党建与思想教育，2022（9）：45-48.
　　③ 姚书志，彭天祥. 大学生网络行为对思想政治教育效果的影响：基于西安市27所高校的实证分析［J］. 中学政治教学参考，2023（12）：32-36.
　　④ 宗晓华，余秀兰，谢鑫. 追求有温度的指标：新时代本科教育质量评价的德育之维［J］. 江苏高教，2021（10）：5-11.

奉献意识。两种情况综合作用之下，这些大学生所产生的对政治系统的信任感就不是源于相关党员干部及其领导的职能部门能够积极维护广大人民群众的公共利益，而是基于自身的利益需求的满足程度，并嵌入相应的情感内容中。

第三，大学生的自我互动受到阻碍，从而致使其政治情感动机自我协调机制被削弱。政治仪式展演过程中的第三种互动结构是仪式参与者个体与自我的内在交往互动，在这一过程中，仪式参与者个体能够将仪式展演过程所激发的集体情感内容内化于心并外化于行。但部分大学生个体在仪式中呈现出心离神游的状态①，无法实现自身认知能力、情感凝聚能力的有效发挥，导致其与自我的内在互动难以得到进一步的发展与运行。在这种情况下，面对自身存在的政治冷漠态度，甚至是对一些地方政权体系的质疑心理，他们难以启动相应的自我协调机制，进而造成其政治情感动机的工具化特征日渐显著。

由此，这些大学生对所在城市的政治系统就呈现出以工具理性为基础的政治信任感。如果当地党政力量在执行积极治理策略的过程中出现了回应效率、监管能力不足等问题，那么他们仅仅是基于这些问题与其经济利益需求、政治权利需求、社会秩序需求、文化权利需求不一致，从而呈现出相对较低的政治信任水平。

二、政治仪式中大学生政治情感体验共享缺乏多元联动机制

在政治仪式展演过程中，大学生群体在面对相应的政治符号系统的时候，会产生积极正向的政治情感体验，具体包括强烈的爱国主义激情、对党的敬仰之情以及体悟到相关党员干部的初心与使命，并与其他仪式参与人员实现上述情感体验的共享。但在一些高校举办的政治仪式活动中，一些学生无法有效形成相应的情感体验多元联动机制，具体表现在大学生群体内部、大学生群体与一线教师之间、大学生群体与高校管理人员之间等

---

① 范叶超，覃睿洲. 国庆庆典的呈现情景与大学生的国家认同建构［J］. 湖南社会科学，2021（2）：21-26.

方面。

在大学生群体内部，大学生党员与普通大学生作为两个子群体，前者需要深度参与政治仪式展演过程，获取相应的政治情感资源，进而发挥榜样角色的带头作用，促使更多的普通大学生能够在政治仪式过程中执行积极参与策略，积累正向的情感体验内容。但部分大学生党员不能实现功能在场。比如，在一些学校举行的新党员入党宣誓仪式中，老党员不能向新党员传递这一政治仪式所蕴含的神圣意义，甚至是集中于一次活动的突击性参与。① 在这种情况下，其他大学生无法与大学生党员形成有效的情感沟通，从而难以进一步提升自身的政治思想素质水平。

在大学生群体与一线教师之间，思想政治教育理论课教师、专业课教师以及辅导员群体等高校教育队伍成员需要在仪式前、仪式中和仪式后均执行积极参与策略，从而发挥自身的专业知识和专业能力，促使大学生群体能够在一次又一次的政治仪式中积蓄情感能量。但在一些高校举办的政治仪式活动中，部分教师或者是被动参与其中，或者是拒斥进入特定的仪式时空结构。在这两种现象的作用之下，大学生群体在仪式过程中难以得到高校教育队伍的有效引导，甚至是进一步加剧了对相关政治仪式行动的抵触心理。具体而言，教师虽然与学生处于同一政治仪式时空结构中，但是并未深刻认识到自身在政治仪式展演过程中应有的情感体验和应当遵守的行为规范。② 相对应地，一部分学生对此产生了认同心理，将相关的政治仪式活动视为形式化的产物，拒斥在其中积极获取相应的情感资源。

在大学生群体与高校管理人员之间，一些高校职能部门的工作人员存在着责任缺失的问题，从而导致他们与大学生群体之间不能形成相互尊重和平等的沟通关系，从而进一步降低了大学生群体对基层党政力量的政治信任水平。在政治仪式中，高校管理人员需要承担起进一步强化大学生政治价值导向的重要责任，保证政治仪式本身的基本组成部分具有更高水平

---

① 刘礼明. 大学校园仪式的缺失与重构［J］. 高教发展与评估，2012，28（5）：116-122，124.

② 赵虹元. 教师缺席：学校仪式教育的固化与蜕变［J］. 中国教育学刊，2018（4）：93-97.

的科学性、人民性，彰显社会主义核心价值观的主要内容。但极少数高校管理人员在仪式过程中出现了"唯上"的思维模式和行为倾向。他们为了迎合上级领导干部的喜好，不惜消耗学生正常的学习时间，打造一个过场式的政治仪式活动。① 当上级领导干部参与到仪式过程中时，他们邀请当地权威媒体到场，制作和发布相关报道。在这一过程中，大学生群体成了这种形式化活动的"装饰品"，在此基础之上，他们对相应的政治仪式活动产生厌恶感、抵触等消极情绪，进而难以在后续的政治仪式链中形成积极的政治情感状态。

三、政治仪式中大学生政治情感秩序构建出现纵横分化现象

政治仪式中出现大学生政治情感秩序构建纵横分化现象。纵向分化具体表现为在政治仪式展演过程中，大学生群体能够对以习近平同志为核心的党中央呈现出较强的政治信任感，但部分个体对远离其实践记忆的历史时期则呈现出弱情感倾向。横向分化则是指在不同区域、城乡之间的政治仪式展演过程中，大学生群体对地方政权体系的政治信任感呈现出不同的发展水平，具体表现为东部地区高、中西部地区相对较低以及城市高、农村低的发展表征。

现阶段，一些大学生个体成员是基于党政力量的政治绩效，在政治仪式中聚合相应的政治信任感。在以习近平同志为核心的党中央的集中统一领导下，中国全面发展全过程人民民主，社会主义民主制度化、规范化、程序化全面推进；历史性地解决了绝对贫困问题，为全球减贫事业做出了重大贡献，并推进经济高质量发展；建成了世界上规模最大的教育体系、社会保障体系、医疗卫生体系，教育普及水平实现历史性跨越，基本养老保险覆盖 10.4 亿人，基本医疗保险参保率稳定在 95%；大力发展社会主义先进文化，加强理想信念教育，推进中华优秀传统文化的创造性转化、创新性发展，促进个体的自由全面发展；同时坚持可持续发展，坚持节约

---

① 张家军，陈玲. 学校仪式教育的价值迷失与回归［J］. 中国教育学刊，2016（2）：90-95.

优先、保护优先、自然恢复为主的方针，实现中华民族永续发展。在此基础之上，当学生们嵌入特定的仪式时空结构以后，看到不同类型的庆祝游行方阵，听到仪式现场的 100 发礼炮声，触摸到接收上述重要信息的象征符号系统时，将会对党中央及其始终坚持的政治意识形态、政治思想、政治制度、政治行为、政治纲领呈现出强烈的归属感合理性赞同。在那一瞬间，他们就会暗下决心，决定要不断强化自身的政治思想水平以及专业知识和专业能力，为全面建设社会主义现代化国家贡献力量，而不是基于家庭、学校、社会的要求被动地完成相应的任务。相对地，针对在中国有着悠久发展历史的红色文化，特别是新民主主义革命时期的红色革命文化，极少数大学生群体难以在仪式现场产生强烈、积极的政治激情。这一方面是因为他们在现实生活中，特别是在互联网空间中，受到了历史虚无主义、泛娱乐主义等错误思潮的负面影响，对新民主主义革命时期、社会主义革命和建设时期以及改革开放和社会主义现代化建设新时期的一些重要人物和重大历史事件呈现出肯定和质疑并存的矛盾现象，这些质疑存在着偏激性、歪曲化等消极特征①；另一方面，则是因为一些基层政治仪式活动的组织者相对轻视科学设置政治仪式符号系统的重要作用，从而难以弥补这些学生的政治情感短板。

在不同区域、城乡之间，政治仪式中的政治情感秩序也出现了分化现象。就东中西部不同区域而言，在中西部地区的一些城市，因为经济发展水平相对较低，所以大学生群体难以在仪式前、仪式中和仪式后获得有效的外在激励和精神激励，从而不利于其短期的、积极的情感状态的交互强化。在仪式前，一些地区的大学生出现了权利型失衡和义务型失衡②，从而降低了对地方政权体系的政治信任感。在仪式中，相关党员干部作为政治仪式组织者，应当通过发表重要讲话以及组织其他仪式行动，进一步强化与大学生群体之间的情感沟通关系，使得后者感受到两者之间是相互尊

---

① 孟可强，张玲．"中国近现代史纲要"课教学抵御软性历史虚无主义的理与路：以抗日战争史为例［J］．思想教育研究，2023（10）：114-119.

② 路丽丽．中华民族共同体意识视域下大学生社会责任感现状及培育路径：基于 S 省 3111 名大学生的调查［J］．民族教育研究，2023，34（6）：102-107.

重的、平等的，从而产生相应的政治效能感，在现实政治生活中积极参与民主选举、民主协商、民主决策、民主管理、民主监督等全过程人民民主的不同环节。但在实践中，当地的一些党员干部仍然保持着"唯 GDP"的政治心态①，相对轻视政治仪式展演过程的设计与实施，从而阻碍了上述理想状态的实现。在仪式结束以后，他们也不重视举行与政治仪式相关的主题教育，从而妨碍政治情感内容由"台前"转到"幕后"。而东部地区的一些城市则借助不同历史时期积累的经济发展绩效，投入了大量的时间与资源，推动政治仪式活动的创造性转化和创新性发展，不断强化其中的科学性、人民性特征。其中，相关党员干部通过调整仪式空间内部器物的形状、颜色与功能，安排仪式观众的具体位置以及调整讲话过程中的节奏与语调，进一步提升仪式展演过程的感染力，使得大学生群体深刻感受到以平等和相互尊重为核心内容的情感沟通关系，从而拉近彼此之间的情感距离。

在城乡之间，农村基层党组织举办的政治仪式承担着促进大学生个体成员与基层党员干部进行互动交往的重要功能，具体包括入党入团仪式等通过性政治仪式以及政治集会②。但一些基层政治仪式存在着"走过场"现象，在仪式程序的设置和安排上，能省就省，这将会加剧大学生个体成员对中央、地方和基层的政治情感态度的差异性。相比较而言，在更多的城市地区，社区党组织基于在人员、技术、资金等方面的发展优势积极举行相应的政治仪式，包括加强仪式时空结构的感染力，进一步强化大学生与社区其他人群的沟通关系，并为大学生的内心世界及其各组成部分的互动提供精神驱动力。

---

① 孙晋，蔡倩梦 . 公平竞争审查制度地方实施激励机制研究［J］. 贵州师范大学学报（社会科学版），2024（1）：120-134.

② 戴长征 . 仪式和象征：当代中国基层政治的"控制艺术"和"权力技术"［J］. 江苏行政学院学报，2010（6）：87-93.

第四节　政治仪式"价值"功能缺乏完善的连接机制

在政治仪式的"价值"功能层面，一些政治仪式活动缺乏较为完善的连接机制，亟待解决，具体包括以下两点：一是部分地方举办的政治仪式及其"价值"功能相对缺乏高层、中层和基层之间的交互作用影响机制，从而难以保证更多的大学生个体成员在其中实现对国家主流政治价值观念的肯定与进一步传递、扩散。二是这些政治仪式的"价值"功能的发挥过程相对欠缺来自高校专家学者的知识支撑，具体涵盖政治仪式链的发展与保持环节以及政治符号系统及其文化内涵的延续与发展。

一、政治仪式"价值"功能欠缺三级合作机制

政治仪式实现链式发展，从而保证其所包含的象征符号系统能够深刻作用于大学生群体的思想价值观念。而这一目标的良好实现，需要政治仪式组织者进一步强化国家、地方和基层三级合作机制。但一些政治仪式相对欠缺上述合作机制的有效发展与运行，削弱了自身"价值"功能的发挥过程和发挥效果，从而难以进一步强化大学生对地方党政部门的政治宽容度。

政治仪式"价值"功能的发挥需要依托高层、中层和基层三级合作机制。其中，高层通过进一步加强顶层设计，实现高位推动；中层相关党员干部则需要主导政治仪式良好政策环境的构建与发展，既对相关职能部门举办的政治仪式进行有效的规范，又为仪式符号、仪式程序的设计与运行、仪式传播机制的构建与发展提供资金、人员和技术支持；基层政权体系则通过周期性地举办政治仪式活动，不断凝聚大学生群体的多元记忆内容和集体情感，并实现二者之间的相互作用，在这一过程中，有效强化他们对社会主义核心价值观的信仰水平，进而在面对党和政府的改革举措时，能够提升政治宽容度。但部分基层政权体系在推进政治仪式活动链式

发展的过程中，并没有完整、良好地实现与高层、中层的紧密联结，① 导致政治仪式在实现大学生群体政治价值观念生产与再生产这一问题上面临困境。具体而言，第一，从基层举办的政治仪式活动本身来看，一些党员干部不能严格遵守以下两个基本原则：一是保证政治仪式的周期性、重复性等重要发展特征；二是严格设置和运行纪念性政治仪式、通过性政治仪式所包含的基本环节与程序。第二，高层、中层和基层之间尚未针对政治仪式形成完整的法律规范制度体系，② 导致政治仪式的设计、展演和传播机制的构建与运行欠缺有效的法治化支撑，进而造成政治仪式"价值"功能的发挥缺乏可持续的发展动力机制。

二、政治仪式"价值"功能缺乏知识支撑

除部分地方党政力量政策支撑不足以外，一些政治仪式"价值"功能的发挥还缺乏来自高校和科研机构专家学者提供的知识支撑，具体涵盖仪式前特定时空结构的确立、仪式中展演活动的安排与运行以及仪式后宣传教育机制的构建与发展等方面。

在政治仪式举行前，仪式组织者需要明确特定的仪式时空结构，从而保证其他仪式参与人员进入其中之后，能够唤起彼此之间共同的身份归属感，具体包括仪式时间、仪式地点、仪式内部空间布置三个层面。这一过程需要得到相关专家学者的知识支撑，但一些地方和基层党员干部相对轻视这一过程的重要性和必要性，从而明显降低了仪式时空结构的人民性、科学性特征。就仪式时间而言，一方面，政治仪式的举行日期需要与重要政治人物和重大历史事件之间形成紧密联结，从而能够凝聚大学生群体的相关回忆内容；另一方面，政治仪式展演过程所包含的时间也有着丰富的象征文化内涵，需要仪式组织者予以关注和重视，从而对进一步强化大学

---

① 彭敏，黄莹. 家校社协同推进青少年心理健康教育：问题审视与纾解路径——基于互动仪式链理论的分析［J］. 当代教育论坛，2023（6）：96-104.
② 赵海全. 党章宣誓的渊源、机理与制度体系构筑［J］. 湖南大学学报（社会科学版），2023，37（4）：9-18.

生历史记忆、集体记忆和社会记忆的唤起、重构、固化与刻写过程发挥积极作用。正如爱弥尔·涂尔干所说，时间"不仅包含着我们的个体实存，也包含着整个人类的实存"，而且一些时间如"日期、星期、月份和年份等的区别，与仪式、节日以及公共仪典的周期性重现都是相互对应的"。① 因此，仪式时间与历史事实紧密联结。一些高校政治仪式活动的组织者在具体日期上严格遵循特定重大历史事件的发生日期，但在作为仪式过程的时间上，难以实现时间符号与特定历史事实的精准连接。就仪式地点而言，政治仪式的举办地点需要与相关历史事件和历史人物形成明显的映射关系，或者具有显著的人民性特征，彰显人民的主体地位，比如，"逢十纪念"的国庆阅兵仪式在天安门广场举行，其中天安门广场位于中国的政治、经济、文化中心，同时其周围环绕着人民大会堂、人民英雄纪念碑、天安门城楼和毛主席纪念堂，深刻体现了人民当家做主的文化内涵。但一些高校在选择仪式地点这一问题上，并未予以足够的重视，对仪式本身的完整性形成了负面影响，不能为大学生群体提供更加完整、有效的记忆资源②。就仪式空间的内部布置而言，从仪式器物的摆放位置、类型、数量，不同类型仪式参与人员的位置安排，到不同仪式行动的分解与排列位置，都需要进行较为科学的设置，以保证仪式过程中出现的仪式景观能够将党史、新中国史、改革开放史和社会主义发展史串联起来，并对不同历史时期包含的历史事实进行有效呈现，进而既丰富大学生群体已有的正确的记忆内容，又对其中存在偏差的记忆内容进行纠正，避免受到历史虚无主义的负面影响。但部分政治仪式活动内部的空间布置并不符合相应的程序与规范，大学生群体所处的位置相对于仪式操演者展开仪式行动的地方出现了空间上的不正义。③ 上述这些问题都能够在专家学者的指导下得到有效

---

① 涂尔干. 宗教生活的基本形式 [M]. 渠东，汲喆，译. 上海：上海人民出版社，2006：11-12.

② 张志坤. 仪式教育审视：教育人类学仪式研究视角 [J]. 中国教育学刊，2011（12）：24-26.

③ 高晓林，骆良虎. 仪式教育融入"大思政课"建设的内在逻辑、价值意蕴与实践理路 [J]. 思想教育研究，2023（1）：103-108.

的解决，但他们中的一部分人仅是进入政治仪式场域之中，并未深刻作用于政治仪式互动结构中，而是采取一些陈旧、单一的政治记忆载体激活方式，① 从而不利于政治仪式空间布置对大学生群体释放出更加强大的感染力。

在政治仪式展演过程中，高校学者需要为政治仪式组织者提供仪式行动的设计、展演建议，并对仪式器物的制作、现场使用进行有效监督。但在一些地方，当地的政治仪式展演过程设计及其实际运转则表现出以下两种情况：一是仪式组织者不倾向于寻求来自专家学者的专业意见，而是照搬照抄，并未保证仪式各项功能与当地现实状况、学生人格发展特征的有机融合；二是相关专家学者对此没有给予足够的关注和重视，而是更加注重自身科研项目的进展情况，进而导致政治仪式展演过程中大学生群体难以在政治符号系统的作用之下实现认知内容与情感态度的相互作用。其中，第一种情况具体表现为极少数政治仪式组织者将仪式展演过程视为"走过场"的活动，或者以"学生多、场地小、难组织"为借口予以推脱，或者删减仪式规模，仅仅是筛选几个班级的学生参与仪式活动；相对地，其他教育人员对此难以发表意见并保证相应诉求的有效满足②。此外，一些专家学者对仪式展演过程的设计和科学化发展缺乏积极参与行为，这从相关期刊文献的数量和分布状况可见一斑，即尚未在全国范围内形成多元化的研究范式，各政治仪式聚集地带也还没有形成稳定的研究团队。现有研究使用单一案例方法，凸显理论观点的前置效应，即以主观的理论主张去寻找符合阐述内容的现实实践，从而无益于政治仪式活动及其政治价值观培育功能的完善与优化。当然在仪式展演过程知识支撑这一问题上，也存在着相关专家学者难以实现从学术话语向群众话语的有效转化等困境，从而导致大学生群体在接触相应仪式器物和仪式行动的过程中出现政治仪式认知浅层化的发展趋势。这就需要从仪式后的相关研讨活动入手，予以

---

① 左路平．政治记忆与主流意识形态认同［J］．思想理论教育，2023（12）：62-68.
② 刘礼明．大学校园仪式的缺失与重构［J］．高教发展与评估，2012，28（5）：116-122，124.

解决。

在政治仪式结束后，高校学者需要积极参与到政治仪式宣传教育机制的构建与运行过程中，进而深化大学生群体对政治符号系统及其文化内涵的体悟，并为后续政治仪式的周期性举行奠定坚实的基础。但在这一过程中，极少数高校学者存在着唯上不唯下、唯书不唯实、唯洋是从的心态，专业发展水平有限①，从而造成政治仪式"价值"功能的发挥出现动力不足的现象，影响其实际成效的强化。换言之，部分高校专家学者更加注重迎合上级领导干部的发展需求，而相对忽视大学生群体期望从政治仪式象征符号系统中获取和积累的思想价值观念内容；或者是更加相信一些书本上所阐释的具体标准和要求，而相对忽视了大学生群体的现实情况，具体包括他们的人格、态度发展特征，熟悉的话语体系等不同层面。比如，越来越多的学生习惯于使用互联网话语表达他们内心的政治权利需求、经济利益需求、社会保障需求以及文化权利需求，抑或少部分海归青年教师因为长期在海外接受相关的理论知识教育，容易受到西方政治、社会和文化思潮的影响②，所以在针对国内政治仪式所包含的主题进行详细阐释的时候，存在着对西方学者相关理论观点不加批判地照抄照搬现象，而相对忽视了中国的现实国情以及广大人民群众期望从政治仪式符号系统中获取的文化内涵。

第五节 政治仪式后行为刻写遭遇仪式化威胁

在上述困境的综合作用之下，当学生们从"台前"转到"幕后"时，他们的政治参与水平缺乏进一步提升的持续性发展动力机制，甚至是产生了仪式化的风险。"仪式化"（ritualization）是指一种简单化和理想化的存

---

① 段仁启，杨丽霞. 民办高校青年教师专业发展水平研究［J］. 教育与职业，2015（7）：50-52.

② 赵昕，于爱涛. 基于上海市7所高校海归青年教师政治认同的研究［J］. 云南民族大学学报（哲学社会科学版），2017，34（5）：152-156.

在状态，其以可能性代替现实性，丧失了人类行为本身的人格性①。聚焦到政治仪式及其核心功能的发挥维度，部分大学生因为尚未从相应的政治仪式活动中获取足够的记忆资源、情感资源和价值资源，所以难以有效祛除现实政治参与行为中存在的政治冷漠现象。

一、大学生难以建构多元化行为动机衔接机制

对大学生群体而言，其实施政治参与行为的动机是多元化的，既包括满足自身的政治权利需求、经济利益需求、社会保障需求和文化权利需求，又包括维护广大人民群众的公共利益需求。但因为部分大学生在日常学习和生活中受到了历史虚无主义、泛娱乐主义等不良价值的负面影响，再加上他们尚未在政治仪式活动中唤起政治情感并实现政治目的，即与相关党员干部发展和保持以相互尊重和平等为核心特征的情感沟通关系，所以他们的多元政治行为动机难以获取和积累有效的衔接机制，既表现在他们实现自身的利益需求上，又体现在他们平衡自身利益需求与公共利益需求方面。

第一，部分大学生没能实现从"台前"到"幕后"的有效转化，出现了工具理性中心化、价值理性边缘化现象。德国著名社会学家马克斯·韦伯（Max Weber）将人们对特定价值目标和价值标准的追求分为工具理性（instrumental rationality）和价值理性（value rationality）两种类型，其中，价值理性是指人们践行行为本身的价值，聚焦于事物的本来面目。② 工具理性则更加强调"通过成本收益计算、手段择取、程序约束等，以达成预期目标，追求工具理性的行动者重点解决'如何做'的问题，即利用外部条件，使用最优方法和路径连接理想与现实"③。大学生群体从政治仪式包

---

① 喻洁，张九海. 微博客：思想政治教育博客去仪式化的新契机 [J]. 思想教育研究，2011（2）：53-56.
② 韦伯. 社会学的基本概念 [M]. 顾忠华，译. 桂林：广西师范大学出版社，2005：32-35.
③ 孟宪斌. 融合工具理性与价值理性：对地方政府绩效管理运行逻辑的反思 [J]. 中国矿业大学学报（社会科学版），2020，22（4）：77-89.

含的特定时空结构转换到日常政治生活中，需要进一步强化自身的价值理性，而相对弱化工具理性在政治心态中所占的比重。但极少数大学生并未在政治仪式环境中实现对党政力量及其领导制定的制度体制机制系统的有效体悟，从而难以为实现上述目标提供足够的政治立场、情感和价值资源。比如，在一些地方举行的宣誓仪式中，一些大学生作为仪式观众的重要组成部分之一，却尚未在仪式展演过程中与宣誓人形成良好的情感沟通关系，同时他们与仪式环境、其他仪式参与人群之间的互动交往框架也需要进一步提升效能。① 在此基础之上，他们难以深刻感受到新任党员干部的初心与使命，同时也较难感受到其他人群积极参与的心态。在这种情况下，他们在日常生活中，更加倾向于关注自身的利益诉求，比如，个人就业、住房、就医等问题，而不是意识到自身在政治生活中的意义与使命感。

　　第二，大学生群体需要适度调节二者之间的张力，即随着中国式现代化道路的进一步拓展，大学生群体在观照公共福利以外，会形成日渐独立的个人利益需求，如何平衡二者在其思想价值观念和现实实践中所占的份额，就成为他们需要关注的一个重要问题。大学生群体在所居住的社区中，需要积极参与社区中相关公共议题的探讨过程，与社区其他人群形成有效的互动交往，在求同存异的大框架下筑造相应的政治共识；在学习和生活的大学校园内部，需要积极参与学校组织的主题教育、社会实践活动等直接性政治活动，在其中锻炼自身的政治实践能力，为未来推动全面建设社会主义现代化国家的进程贡献力量，积蓄能量。但在这一过程中，极少数大学生相对忽视政治仪式所传递的中国特色社会主义是历史和人民的选择以及中国青年"争优创先、报效祖国、服务人民"等象征文化内涵，同时历史虚无主义、泛娱乐主义、消费主义等激荡着他们的内心世界，对他们进一步理解中国特色社会主义理论体系形成了一定的负面影响。由此，他们在平衡自身利益需求和公共利益诉求这一问题上出现了偏差与失误。

---

① 秦在东，盛洁. 入党宣誓仪式的思想政治教育功能探赜 [J]. 学校党建与思想教育，2021（15）：75-77.

二、大学生过度关注政治行为的名目与规模

从政治仪式场域转向现实制度空间，部分大学生过度关注和重视政治行为的名目与规模，而相对轻视这些政治行为所包含的法律、政策和社会道德内涵，具体表现为以下三种情况：一是少数大学生在学校组织的社会实践活动中，相对于正式的制度体制机制，更加倾向于运用非制度化的方式，[①] 以结果为手段辩护；二是部分大学生为了获取相应的外部激励和精神激励，倾向于参与直接性的政治活动，但存在着政治心理过程与行为不一致的现象；三是极少数大学生个体成员被动参与直接性政治活动，在这一过程中难以克服自身的抗拒心理，[②] 对政治系统所包含的具体结构及其发展运行产生浅层化的认识与了解。

第一种情况是少数大学生受到了精致的利己主义现象的负面影响[③]，同时难以从学校组织的政治仪式活动中汲取相应的资源予以修正，因此相较于通过体制化的方式提升自身的政治素质水平，他们更加倾向于在微信校友群等特定圈层中彰显自身的专业知识和专业能力。正如前文所述，精致的利己主义的本质是利己主义在新的时代背景下的衍生形态，其所包含的动机和手段具有显著的欺骗性。而一些学校举行的政治仪式活动难以有效发挥"记忆"功能、"情感"功能和"价值"功能并实现三种功能之间的交互作用，进而很难消解上述现象的负面影响。在此基础之上，这部分大学生在参与基层开展的直接性政治活动时，就倾向于发挥自身在构建和发展私人关系网络上的优势，从而能够在更加广阔的范围内实现与其他人群的互动交往，表达自身的政治权利需求、经济利益需求、社会保障需求和文化权利需求。

---

① 李济沅，孙超. 大学生非制度化网络政治参与意愿研究：基于 1159 名在校大学生的实证分析 [J]. 中国青年社会科学，2022，41（3）：64-74.

② 黎娟娟，黎文华. Z 世代大学生多重矛盾性社会心态解析 [J]. 中国青年研究，2022（7）：104-110，30.

③ 方长春. 利益分化视角下大学生"非常态"社会行为和精神样态分析 [J]. 社会科学辑刊，2022（4）：39-47，209.

　　第二种情况是大学生群体虽然在政治活动中执行积极参与策略，但是将政治仪式中的消极情感体验转移到这些活动中，一方面，他们存在着政治认知不一致、理性赞同程度不同等心理现象；另一方面，他们在政治行为上却出现公众相符行为反应。政治认知不一致意味着少数大学生受到了历史虚无主义的影响，对部分历史事实形成片面的认知。政治身份归属感程度不同则是指他们对党和国家呈现出较为强烈的归属意识，但其对基层政权体系的归属意识保持在较低的水平。而公众相符行为反应则是指社会个体为了保持与其他人群行为的一致性，获取相关社会文化、做出行为反应的一种个体社会化现象。正如美国社会学家乔治·H. 米德（George Herbert Mead）所说，"模仿为人类所有，在人类那里，它已获致某种独立的、自觉的存在"①。因此，少数大学生个体成员的社会化心理反应发展程度不足，但是在公众相符心理的作用下，产生了与自身政治心态不一致的行为反应。当前部分大学生有着海外留学或交流学习的经历，在这一过程中，他们受到西方政治、社会和文化思潮的负面影响，因此这些学生对中国现实国情的认识和了解程度不足，对地方和基层及其主导的政策制定和执行过程呈现出较为苛刻的政治宽容度，同时又有着一定的政治参与意愿，进而产生了上述矛盾现象。

　　第三种情况则意味着大学生实施被动式的政治活动参与方式。这样既不能消解消极的政治心态，又不能进一步强化政治效能感。大学生群体参与直接性政治活动，需要实现积极的政治表达，同时遵循表达过程中的安全阀制度。但在实践中，极少数大学生在参与过程中表现出政治情感冷漠，不表达或者是部分表达自身的利益诉求，削弱了这些政治活动的公共性和理性出场性质。如果不对这一现象进行有效纠正与防范，这些大学生的政治效能感将不能得到有效强化，进而难以进一步提升他们的政治参与能力。

---

　　① 米德. 心灵、自我与社会 [M]. 赵月瑟，译. 上海：上海译文出版社，2008：53.

三、大学生政治行为在传播媒介中凸显表演性特征

为了增加政治活动的影响力，地方在组织活动的过程中与其他地区之间形成密切互动交往，会邀请当地权威媒体对这些活动举行过程与结果制作和发布相关报道。大学生群体则在其中借助大众传播媒体及其传播机制的宣传教育功能，实现积极政治行为的纵向与横向扩散。但他们中的极少数人呈现出了表演性的行为表征，具体表现为政治行为错位、缺位这两个具体问题。

政治行为错位是指大学生群体本应在政治活动中积极参与到相关讨论与沟通过程中，却成为活动现场的附和者，以一定的节奏呈现出鼓掌和其他表示肯定和赞同的手势动作。① 换言之，他们弱化自己在其中的自主性和自觉性，对活动内容的优化与完善不甚关心。比如，基层党组织期望通过举办相应的政治活动，强化与人民群众之间的联系，却由于部分学生出现上述行为反应从而难以实现强化人民群众主人翁意识的政治发展目标。政治行为缺位则意味着少数大学生仅是实现了身体在场，而不是努力实现功能在场，② 不利于活动现场的发展动力机制和不同人群之间的协调机制的有效构建与运行。部分大学生在外部驱动下被动参与政治活动，比如，受到高校管理人员、一线教师的推动。在这种情况下，他们更加倾向于成为政治活动的"装饰品"，被动地接受单向信息灌输，使得基层党组织和相关部门的覆盖范围和影响力度难以得到进一步扩大。此外，活动现场不同人群之间的协调机制也出现了相应的问题，即难以获得足够的话语支撑和主动性政治人格的支持。

总而言之，现阶段中国政治仪式的建设与发展整体向好，已经取得了丰硕的成果，促进大学生政治价值观的践行和进一步强化。同时，人们也

---

① 程桂龙. 政治社会化理论视阈下高校学生政治冷漠现象管控研究 [J]. 当代青年研究，2018（4）：17-22.
② 聂骠，范广军. 当代大学生政治参与选择性冷漠症探源与对策 [J]. 学习论坛，2017，33（10）：54-58.

需要注意的是，现阶段，一些地方举办的政治仪式活动仍然有待完善。相关党员干部需要进一步健全政治仪式所处的经济环境、政治环境、社会环境和文化环境，也需要为政治仪式发挥"记忆"功能、"情感"功能、"价值"功能以及实现三种功能之间的交互作用进一步投入相应的技术、资金和人员等方面的资源，从而避免出现集体记忆、历史记忆和社会记忆的界限模糊的现象，防范大学生群体落入集体无意识陷阱。由此，大学生群体才能够在政治仪式场域中不断强化政治效能感，着力提升自身政治参与能力。

第五章

基于大学生政治价值观培育的政治仪式
运行困境归因分析

为了能够科学、有效地解决以政治仪式培育大学生政治价值观面临的上述困境，我们需要从其培育过程、培育成果传播机制等方面探寻深层因素，具体包括政治仪式运行权力基础弱化，整个培育过程的社会经济资源支持失衡以及培育成果大众传播机制获取的互联网技术支持有限。

第一节　政治仪式运行权力基础弱化

政治仪式组织者展开仪式前的设计工作、仪式中展演机制发展与运行的引导工作以及仪式后关于政治仪式主题内容的宣传教育工作，需要政治权力悬置其中。而政治仪式活动的党建基础需要进一步夯实，政治仪式各项功能的发挥缺乏稳定的法律制度体系保障以及相关行政人才欠缺数据胜任力，从而导致政治仪式环境发展动力不足，政治仪式各项功能的发挥效能有待提升，进而不利于大学生政治价值观的完整系统发展。

一、政治仪式的党建基础有待夯实

党建引领多元主体共建共治共享是新时代中国式现代化道路建设中的一项重要制度安排，在推进国家治理体系和治理能力现代化上发挥着关键作用。在党中央的集中统一领导下，地方各级党委需要积极引导政治仪式及其各项功能的充实与完善。虽然东部地区和越来越多的城市地区不断推进党组织建设，基层党建已经取得了丰硕的建设成果，但是一些基层党组织的领导力、组织力、凝聚力和回应力仍然有待进一步强化，削弱了政治仪式对大学生群体的号召力。

一方面，地方各级党委十分重视党的思想建设；另一方面，极少数党员干部还需要进一步强化对社会主义核心价值观的体悟与践行能力。党的二十大强调，要"全面加强党的思想建设，坚持用新时代中国特色社会主义思想统一思想、统一意志、统一行动，组织实施党的创新理论学习教育计划，建设马克思主义学习型政党"①。为此，针对广大党员干部开展相应的主题教育就成为具有针对性的重要举措。但一些党员干部仅是实现了身体到场，还需要进一步革新自身的思维模式和行为方式，从而强化自身对坚持中国共产党领导、坚持中国特色社会主义、实现高质量发展、发展全过程人民民主、丰富人民精神世界、实现全体人民共同富裕、促进人与自然和谐共生、推动构建人类命运共同体、创造人类文明新形态等九个中国式现代化的本质要求的体悟与践行。

在民主集中制建设上，一百多年来，中国共产党民主集中制建设经历了引入与初创、进一步发展与充实、走向成熟、深化发展与全面推进等若干阶段。但一些地方仍然需要投入相应的时间和精力来消解"一言堂"现象②。党的二十大指出，要"贯彻民主集中制，创新和改进领导方式，提高党把方向、谋大局、定政策、促改革能力，调动各方面积极性"③。从1921 年中国共产党成立以来，全党就积极开展民主集中制的构建与发展工作，并在历届党中央领导集体的集中统一领导下，不断将民主集中制建设推进到新的发展阶段。从新民主主义革命时期到社会主义革命和建设时

---

① 习近平．高举中国特色社会主义伟大旗帜 为全面建设社会主义现代化国家而团结奋斗［M］．北京：人民出版社，2022：65.

② 崔兵，陈梦冬．"地方主官"特征与地方政府债务：来自我国 29 个省份的经验证据［J］．南方金融，2019（4）：3-10.

③ 习近平．高举中国特色社会主义伟大旗帜 为全面建设社会主义现代化国家而团结奋斗［M］．北京：人民出版社，2022：65.

期，以毛泽东同志为核心的党中央始终重视坚持和健全党的民主集中制，进行了艰辛的探索历程，并积累了丰富的经验。比如，在中国共产党创立之初，相关党员干部就接受了马克思列宁主义的民主集中制原则。在改革开放和社会主义现代化建设新时期，以邓小平同志为核心的党中央在恢复与健全民主集中制方面做了大量的工作，使得党内政治生活日渐活跃，具体表现在对民主集中制的内涵进行了具有科学性特征的解释，对民主和集中之间的关系进行了总结概括分析，并进一步推进了民主集中制的具体化、法律化。随着改革开放的深化，党和国家领导人在推进党的建设新的伟大工程的过程中，把民主集中制建设工作又提升到了一个新的高度。党的十八大以来，以习近平同志为核心的党中央在民主集中制建设工作上投入了更多的时间与资源，对新时代为什么要坚持与完善民主集中制、坚持和完善什么样的民主集中制、怎样坚持与完善民主集中制等重大理论与实践问题做出了系统性的回答和原创性的贡献。在此基础之上，地方各级党委和基层党组织做出了相应的努力，进一步健全党组织内部民主集中制的践行过程。同时，极少数基层党组织在政党治理、社会治理等领域仍然存在着"一言堂"现象，相对欠缺对民主集中制的正确认识与理解①，不利于基层党组织自身凝聚力和号召力的有效强化。

在干部队伍建设上，越来越多的地方党委和基层党组织不断提高党员干部的素质水平。但极少数党员干部存在着特权思想和特权现象②，进而对人民群众满足正当利益需求形成挑战。党的二十大强调，"全面建设社会主义现代化国家，必须有一支政治过硬、适应新时代要求、具备领导现代化建设能力的干部队伍"③。因此，各级各地党组织严格遵循党管干部原则，不断提升党员干部的理想信念、权力观、法治意识、创新规则意识

①　高永久．边境牧区全面小康社会建设的思考［J］．云南民族大学学报（哲学社会科学版），2019，36（6）：5-9．

②　黄建．新时代行政文化建设面临的问题及解决路径［J］．中州学刊，2019（8）：16-20．

③　习近平．高举中国特色社会主义伟大旗帜　为全面建设社会主义现代化国家而团结奋斗［M］．北京：人民出版社，2022：66．

等。同时，其中一些党员干部存在着官本位价值取向①，在参与政策制定和执行过程中，产生工具理性中心化、价值理性边缘化的行为倾向。由此，部分人民群众难以通过有效参与选举、治理、监督等环节，表达和维护自身的利益诉求，进而逐渐降低对这些基层党组织的政治信任水平和政治宽容度。

党的作风建设一直是全党关注的重点，地方各级党委和基层党组织不断推进作风建设常态化长效化，但也有一些党组织还需要进一步针对相关问题展开深化整治。党的二十大强调，"把握作风建设地区性、行业性、阶段性特点，抓住普遍发生、反复出现的问题深化整治，推进作风建设常态化长效化"②。地方各级党委则坚持以思想教育与制度建设相结合，推进党组织内部的作风建设。当然，地方各级党组织还需要进一步完善与优化"不敢腐、不能腐、不想腐"的长效机制，以切实打击和防范党内的消极腐败现象。

在党内监督层面，新中国成立以来，全党不断完善权力监督制约机制，既持续性地强化了全心全意为人民服务的根本宗旨，又推进党内监督举措的具体化、精准化、常态化。但少数地方的党组织仍然对党内法规的执行力有限③，还需要进一步推动监督制约机制的完善与优化。党的二十大强调，"健全党统一领导、全面覆盖、权威高效的监督体系，完善权力监督制约机制，以党内监督为主导，促进各类监督贯通协调，让权力在阳光下运行"④。在中国特色社会主义新时代背景下，地方各级党委以全面从严治党实现党的自我革命，严格践行伟大建党精神。在上述问题的综合作用之下，政治仪式本身的设计、展演以及仪式结束后的宣传教育机制，都

① 文丰安. 基层领导干部的社会角色冲突及其治理［J］. 重庆大学学报（社会科学版），2019，25（6）：150-158.

② 习近平. 高举中国特色社会主义伟大旗帜 为全面建设社会主义现代化国家而团结奋斗［M］. 北京：人民出版社，2022：68.

③ 肖健康. 论党内法规执行监督机制的完善［J］. 河南财经政法大学学报，2023，38（4）：29-38.

④ 习近平. 高举中国特色社会主义伟大旗帜 为全面建设社会主义现代化国家而团结奋斗［M］. 北京：人民出版社，2022：66.

受到了负面影响，特别是政治仪式组织者的引导和凝聚能力有所削弱。政治仪式组织者一般由相关党员干部担任，他们引领仪式前、仪式中和仪式后的各个环节。当政治仪式组织者自身获取的政治信任弱化，他们所引领的政治仪式及其大学生政治价值观培育过程就会受到冲击，削弱大学生群体主动嵌入仪式时空结构的行为倾向。

二、政治仪式功能发挥欠缺制度体系保障

此外，正是因为政治仪式及其功能发挥过程缺乏较为完善的法律制度体系保障，所以大学生群体凝聚相关记忆内容、深化政治情感以及提升对社会主义核心价值观的信仰水平，就呈现出发展动力不足以及协调互动机制不健全等问题。

第一，人们需要明确的是，现阶段针对政治仪式的相关法律制度规范仅仅局限在一些国家重大政治符号上，比如，国旗、国歌等；或者是对一些重大历史事件所标记的政治仪式时间予以明确规范。但其他政治仪式行动需要履行哪些程序、遵守哪些仪式规范，并没有被写入国家的根本大法或者其他国家法之中。在此基础之上，当少数仪式组织者出现省略仪式程序、不严格遵守仪式规范时，[1] 政治仪式本身的"记忆"功能、"情感"功能和"价值"功能以及三种功能之间的交互作用就无法得到有效保障，甚至会加剧部分大学生多元记忆内容的混淆现象和政治情感圈层化现象。

第二，在政治仪式展演过程中，政治仪式组织者需要通过具象的仪式景观，再现或者是模拟某一重大历史事件发生时的场景；通过仪式器物的使用、仪式语言符号的运用以及仪式行动的展开，向大学生群体提供相应的记忆内容，以进一步丰富他们的历史记忆、集体记忆和社会记忆。但一些政治仪式活动缺乏相应的制度框架予以有效支持，从而导致仪式展演过程所包括的丰富多样的仪式景观难以转化为基本的社会共识和社会记忆，升华为相应的政治认知，进而不利于大学生群体政治立场的巩固。比如，

---

[1]　薛俊强．高校政治仪式的价值意蕴与逻辑理路［J］．中学政治教学参考，2022（20）：55-57.

在仪式中，政治仪式组织者发表的重要讲话，需要汇集一种对大学生群体具有较强辐射效应的话语力量。由此，话语中包含的政治社会期待将会有效传递给大学生个体成员。但在一些高校举办的政治仪式活动中，因为相对欠缺对仪式话语的明确、严格的规范，所以少数学校领导干部、职能部门管理人员或者一线教师在仪式话语的选用上出现随意化、形式化的现象。①

第三，政治仪式组织者需要通过仪式时空结构、仪式象征物品、仪式语言和一系列仪式行动等象征符号的集聚，为大学生群体营造一种"感染域"或"情绪场"。但少数大学生在其中的情感体验缺乏多元联动机制、情感秩序出现纵横分化现象。这主要是因为仪式过程及其所包含的程序、规范没有得到法律制度体系的有效支撑，从而导致其中的三种互动结构缺乏发展与运行的可持续动力机制，在此基础之上，大学生群体就难以与其他仪式参与人员之间产生积极的情感沟通，进而阻碍二者之间共享政治情感资源，特别是不利于大学生群体在其中提升对相关党员干部的政治信任感。

第四，政治仪式组织者需要保障政治仪式的周期性举行，提升政治仪式链的执行力，从而保证大学生群体可持续丰富相关记忆内容和集体情感，有效提升其对党领导的中国式现代化道路的政治认知、政治信任水平，并在求同存异的大框架下，积极参与民主选举、民主协商、民主决策、民主管理、民主监督等全过程人民民主的各环节。但因为政治仪式的链式发展尚未获得足够的法治化支撑，所以大学生群体参与这些仪式活动的周期性难以得到有效保证，进而对政治仪式"价值"功能的发挥效能形成负面影响。

第五，从政治仪式三种功能之间的交互作用来看，因为不同政治仪式之间缺乏制度化的纵横连接机制，同时仪式后的一系列活动也难以在相关法律制度的保障下定期举行，所以少数大学生无法实现从"台前"到"幕

---

① 薛俊强．高校政治仪式的价值意蕴与逻辑理路［J］.中学政治教学参考，2022（20）：55-57.

后"的有效转化，成为相关政治活动的被动参与者，相对欠缺自觉、自主的参与能力。政治仪式之间的纵横连接机制需要高层、中层和基层之间实现跨越时空界限的紧密联结，但中层少数党员干部对党中央和中央人民政府的政策方针贯彻执行能力有待进一步提升①，基层政权体系中的一些党员干部则相对欠缺较高水平的政策回应效率②，从而导致部分地方缺乏与其他地区的有效联结，因此当地大学生群体的政治参与能力难以获取和积累更多的发展动力源。

三、政治仪式功能强化缺少行政人才队伍支持

政治仪式各项思想政治教育功能的进一步完善还欠缺专业行政人才队伍的全面、有效支持，具体包括仪式前的器物设计和行动排演，仪式中协调互动机制的健全与调整以及仪式后对仪式主题内容的有效解读三方面。

随着文化环境、政治环境和事件环境的发展变化，仪式前组织者需要积极调整政治仪式的各基本组成部分，从而保证它们汇聚而成的情境场域能够持续发展与运行，这一过程需要他们积极寻求相关专家学者的知识和技术支撑。但少数基层党员干部相对忽视这一过程的重要性和必要性，仍然坚持较为僵化的思维模式和行为方式，从而导致仪式发挥各项功能的物质基础相对不足。比如，当前大学生群体长期接触互联网空间，难免受到一些激进观点和主张的冲击。政治仪式组织者需要在仪式中综合使用正向话语和逆向话语，从而既维护马克思主义指导思想的正确性与合法性，又正面回应来自历史虚无主义、泛娱乐主义、消费主义等不良价值的挑战与威胁。这些事项的有效完成需要相关党员干部了解政治仪式的运行机制，并且将相应的行政话语、政治文化象征隐喻转化为学生能够认识和理解的群众话语。但是，一些政治仪式组织者并没有意识到这一变革措施的重要

---

① 杨志云，纪姗姗. 中央集权驱动、地方分级响应与政府间合作的机理：基于京津冀的实证阐释 [J]. 天津行政学院学报，2021，23（2）：56-66.
② 何得桂，夏美鑫. 回应性治理视野下创新基层社会治理的路径和机制 [J]. 西北农林科技大学学报（社会科学版），2023，23（4）：55-64.

性，将其视为不必要的自身建设措施，① 进而对仪式前的安排布置形成负面影响。

在此基础之上，政治仪式专家进入仪式展演过程时，就容易出现功能不在场问题，面对仪式过程中出现的不理想的、偶发的状况，他们无法做出相应的调整。一些学校或者社区党总支举办的政治仪式活动有时会出现相关大学生群体代表无法做到身体到场的情况，或者是他们在仪式中交头接耳，并对仪式的基本组成部分缺乏足够的共同关注。对此，嵌入仪式现场的相关党员干部本应及时做出相应的调整，抑制少数学生在仪式展演过程中出现的消极行为，重新焕发他们参与仪式活动的积极性。但因为仪式组织者缺乏相应的主观意愿，同时部分相关党员干部存在唯上而不唯实的价值取向，所以上述发展目标难以有效达成。

此外，在政治仪式结束后，仪式组织者需要组织相关专家学者以及大学生群体代表，对仪式主题及其展演过程进行详细阐释和分析，并探讨其中存在的改进空间。但在少数地方和基层，这一过程缺乏足够的制度、人员、资金和技术支持，造成整个推进过程较为缓慢，成效也并不显著。由此，大学生群体对政治仪式过程的体悟不足，难以形成相应的内在价值观念导向和外在践行，自然就削弱了政治仪式培育大学生群体政治价值观的效果。

第二节　培育过程社会经济资源支持失衡

除政治仪式运行的权力基础弱化以外，中央和地方之间、东中西部不同区域之间以及城市地区和农村地区之间在社会经济资源上的不平衡不充分发展也是我们对政治仪式培育大学生政治价值观效果产生负面效应的重要考量因素之一。

---

① 黄岩，穆佳玮. 高校仪式活动的爱国主义教育功能及其实现 ［J］. 思想政治教育研究，2021，37（6）：109-114.

一、央地资源差异对培育过程的负面影响

从央地资源差异来看，因为中央和地方之间的权力配置结构得到了党的领导制度、人民当家做主制度体系和中国特色社会主义法治体系的科学规范，再加上党中央和中央人民政府需要发挥顶层设计的重要作用，在高位推动全面建成社会主义现代化强国以及各地的政治权力结构、产业结构等存在一定的差异性，所以中央和地方之间不可避免地存在着资源差异。①在此基础之上，中央和地方各级政治仪式获取的社会经济资源存在差距，它们对大学生政治价值观的培育效能也会有高低之分。

中央和地方之间的资源差异既体现在央地之间的事权划分上，又表现在经济资源的分布、获取和使用上。具体而言，随着党和国家对国家政治权力结构的认识日渐科学化，治理方式逐渐民主化以及对不同国家具体国情的客观认知，中央党政部门不断推进简政放权、放管结合、优化服务改革。同时，一些地方却并没有在思维模式和行为方式上实现相应的改变，导致相关党员干部在组织政治仪式活动的过程中尚未完成角色的完全转化，在仪式功能的发挥以及进一步变革上呈现出较低的主观意愿水平。因此，这些政治仪式活动培育大学生政治价值观的成效达不到相对理想的发展状态。

中央和地方之间存在着经济资源上的客观差异，从而导致国家层面的重大政治仪式和地方、基层举办的政治仪式活动之间在培育大学生政治价值观上有着相应的差距。国家层面的重大政治仪式种类丰富多样，它们担负着多重责任：向全国各族人民展示党和国家各领域丰硕的建设成果，强化人民群众对社会主义核心价值观的信仰水平，向海外民众讲好中国故事、传播好中国声音以及凸显中国人类命运共同体理念等。因此，党中央和中央人民政府举办国家层面的重大政治仪式，就会投入更多的资金、人员和技术资源，从而保证仪式内部空间布置科学、有效，仪式器物造型、

① 璩甜甜，肖家美．"央强地弱"：农民政治信任的层级差异研究［J］．领导科学，2018（2）：9-12.

颜色、功能适当并蕴含相应的政治文化内涵，仪式话语包含四个历史时期的相关历史记忆和实践记忆内容，并且仪式行动能够有效彰显广大人民群众集体情感和国家主流意识形态。而相较于经济较发达地区，一些地方由于内生性资源和外部嵌入经济资源的差异性，从而在相关资金的再分配上优先观照当地经济发展绩效的增加，① 进而难以预留出足够的资金支持，以有效推进当地政治仪式及其思想政治教育功能的完善与优化过程。

而在仪式功能发挥过程上，因为中央政治仪式展演过程得到了各地党政力量和多元社会力量的广泛支持，表现在专家学者的稳固知识支撑，国有企业和民营企业提供的技术、人员和资金支持，所以这些重大政治仪式能够在较高的质量水平上完成记忆的唤起、重构、固化和刻写，激发大学生群体的爱国主义情怀、对党中央的信任感和忠诚感，并对地方各级党委和政府机关主导制定和执行的政策内容予以较高的政治宽容度。经过多次政治仪式展演过程以后，大学生群体能够顺利实现从"台前"到"幕后"的转化，对积极参与现实政治生活产生更高的主观意愿水平。相对地，在一些刚刚摆脱绝对贫困状态、进入相对贫困治理进程中的县、乡、村，他们需要投入更多的时间和资源，以在国内国际双循环相互促进的新发展格局下促进高水平治理，在产业、消费、要素市场等领域形成东西部大循环。② 他们相对缺乏对政治仪式活动的政策、资金、人员和技术资源投入。因此，这些地方的政治仪式活动多元参与人员能力有限，从而削弱了当地政治仪式对大学生群体的吸引力。

在仪式功能的发挥效果上，国家层面的重大政治仪式对大学生群体政治价值观的形塑和发展结果形成了明显的正向影响。具体而言，在新中国成立之初，大学生群体历经仪式展演过程，回忆起党团结带领全国各族人民浴血奋战的"建国创业"记忆，呈现出一种瞬时被激发的政治激情。经

---

① 樊梦瑶，张亮．数字经济、资源要素配置与城乡协调发展 [J]．西南民族大学学报（人文社会科学版），2023，44（5）：112-120.

② 陈荣卓，刘海燕．从接点到融合：治理相对贫困与实现共同富裕——基于 S 市 T 区的经验观察 [J]．新疆师范大学学报（哲学社会科学版），2024，45（15）：46-57，2.

过社会主义革命和建设时期、改革开放和社会主义现代化建设新时期，在中国特色社会主义新时代，大学生群体已经在总体上形成了强烈的政治身份归属意识，对党和国家的发展战略、发展目的、发展愿景、发展动力、发展内涵予以较高水平的接纳、赞同与肯定。可以说，国家政权体系主导的政治仪式已经在相关功能的发挥上构建起了一套较为完整、成熟的运行与协调机制，有效强化了大学生群体的政治立场、政治信任感、政治宽容度和政治参与意识、政治参与行为。但极少数地方举行的政治仪式活动却受限于社会经济资源短缺，对大学生群体政治心理过程的作用力有待强化，比如，一些学生尚未摆脱历史虚无主义、泛娱乐主义、消费主义等不良价值观造就的桎梏，对地方党委和基层党组织的政治信任水平有待提升，等等。

二、东中西区域资源差异对培育过程的负面影响

除中央和地方之间的社会经济资源差异以外，中国国内东中西部区域之间的社会经济资源差异也是导致不同地区之间政治仪式培育大学生政治价值观效果不一的一个重要因素。东部地区主要包括河北省、北京市、天津市、山东省、江苏省、上海市、浙江省、福建省、广东省、海南省、台湾省、香港特别行政区、澳门特别行政区，中部地区则包括山西省、河南省、安徽省、湖北省、江西省、湖南省六个相邻省份，西部地区则包括重庆市、四川省、陕西省、云南省、贵州省、广西壮族自治区、甘肃省、青海省、宁夏回族自治区、西藏自治区、新疆维吾尔自治区、内蒙古自治区，涉及十二个省、自治区和直辖市。在东中西部不同区域之间，因为它

们在高等教育资源①、人力资源②、医疗资源③等方面存在着配置差异，所以，相应地，不同地方主导的政治仪式活动在仪式功能发挥过程和发挥效果上也存在着一定的差距。

东部地区在社会经济资源上有着资源互补、交通互补、产业与市场互补的优势，因此在仪式功能发挥过程上呈现出良好的动力机制和互动协调机制。其中，东部地区高等教育资源丰富，能够为政治仪式的设计提供有效的知识支撑，比如，清华大学社会学系郭于华教授撰写了《死的困扰与生的执著：中国民间丧葬仪礼与传统生死观》《仪式与社会变迁》等专著；南京大学王海洲教授在政治仪式相关研究领域深耕多年，积累了大量的高质量学术成果；南京大学周晓虹教授在社会心理学领域著作颇多，对大学生群体的人格发展特征有着较为全面、深入的把握；等等。由此，从符号的相关研究，政治仪式的类型、功能研究，到大学生自我选择和发展规律研究，当地各级政权体系都能够找到相应的理论观点和原理作为有效支撑。此外，这些地区有效推进了经济的高质量发展，并取得了丰硕的建设成果，涵盖基础设施建设、产业发展动力和发展结果等不同层面，在此基础之上，地方各级党政力量将会拥有更多的资源支撑仪式功能的进一步充实与完善，进而推进大学生政治价值观的发展与践行。但同时我们也需要注意到的是，当前东部地区缺乏足够的地方性的政治记忆资源，难以在地区认同的基础上对大学生群体产生更大的号召力和凝聚作用，需要积极获取其他地区的相关历史文化资源，从而进一步优化本地政治仪式的运行过程。

中部地区有着丰富的红色文化资源，在此基础之上，相关政治仪式活

---

① 陈平泽，刘星月，李易轩."双一流"建设背景下财政自主度与高等教育资源配置效率研究：来自新型财政自主度指标的经验证据［J］. 江西财经大学学报，2023（3）：40-56.

② 吴婷，易明. 人才的资源匹配、技术效率与经济高质量发展［J］. 科学学研究，2019，37（11）：1955-1963.

③ 杨泽华，丁强，陈曦，等. 供需匹配视角下我国医疗资源耦合协调关系研究［J］. 中国医院，2024，28（3）：29-32.

动拥有更加丰富的记忆、情感资源，能够在更大程度上调动大学生群体参与的积极性，并在其中构造多元化的关注焦点，与大学生的政治心理过程形成有效衔接关系。其中，江西省、湖南省是中国革命的摇篮，拥有丰富的红色文化资源，比如，江西省萍乡市的"秋收起义军事会议旧址""安源路矿工人俱乐部旧址"①，江西省南昌市的新四军南昌军部旧址、党群机关旧址②；湖南省发生了秋收起义、三湾改编、湘南暴动、桑植起义、平江起义、湘江战役、通道转兵等著名党史事件，涌现出了毛泽东、刘少奇、任弼时、彭德怀、贺龙、罗荣桓等多位无产阶级革命家③。当地党政力量积极运用上述丰富的红色文化资源，展开相应的政治仪式活动，大学生群体被唤起了丰富的红色文化记忆内容：新民主主义革命时期，党领导全国各族人民反对帝国主义、封建主义、官僚资本主义，争取民族独立、人民解放。由此，大学生加深了对政党立场、国家立场和人民立场的进一步接纳与肯定；同时，他们也丰富了自身的政治情感结构，包括对中国共产党的感恩之情，以忠诚为核心内容的正向的政治情感。但少数地方挖掘红色文化遗址遗迹及其伟大建党精神的深度和广度不足，且相对缺乏创新性，从而难以有效构建相应的记忆之场。

就西部地区而言，一方面，它们有着较多的少数民族聚居区，掌握着党领导少数民族成员实现民族解放的丰富历史资源，且特色产业众多，在各民族交往交流交融中形成互相紧密关联的连续统一；另一方面，这一地区在全国共同富裕的态势下存在着共性之中的个性问题④，这些发展状况产生的张力对政治仪式各项功能的发挥形成了深刻的影响。在新民主主义

① 胡志才．基于江西红旅元素的丝巾文创产品设计［J］．上海纺织科技，2021，49（10）：113．

② 熊河水，张玉文．江西新四军革命遗址的现状调查及对遗址保护思路的探讨［J］．南方文物，2020（6）：273-278．

③ 谭诗杰．发扬湖南红色资源优势弘扬伟大建党精神：湖南高校铸魂育人的路径研究［J］．湖南社会科学，2022（2）：151-156．

④ 孙勇，狄方耀，陈朴．西部边疆省区在全国共同富裕态势下的进一步发展探析：以党的二十大报告要求及总体供给模式统筹拓展为中心［J］．青海民族大学学报（社会科学版），2023，49（4）：11-20．

革命时期，中国共产党为了维护少数民族群众的根本利益，领导他们投身于无产阶级革命与民族解放斗争中，将他们从各种地域性、依附性关系的束缚下解放出来。从社会主义革命和建设时期、改革开放和社会主义现代化建设新时期，到中国特色社会主义新时代，民族政策实现了从政治政策、民族关系政策为重心向经济政策、社会发展政策并重的转变。在这一过程中，各民族实现了长期的社会交往、文化交流和结构交融，促成了经济上坚持富民兴边战略、文化上持续开展民族团结进步创建活动、教育上大力发展民族团结教育等"三交"经验的产生和积累。在此基础之上，中华民族的多元一体发展格局得到持续巩固与完善。同时边疆少数民族地区也受到自然环境、地理条件、社会发展、生态保护与交通通信等多元因素的影响，相关产业发展面临着基础薄弱、发展空间和平台小、发展相对滞后等困境。① 因此，当地政治仪式在设计、展演以及周期性举行的过程中就存在着资金投入相对不足、仪式参与人员结构较为单一、仪式程序发展动力机制和互动协调机制还有待进一步完善与优化等问题，进而对培育少数民族大学生政治价值观形成一定的负面影响。

三、城乡资源差异对培育过程的负面影响

最后一种情况则具体表现为城市地区和农村地区在社会经济资源上的差距，这一差距对各地政治仪式培育大学生政治价值观产生负面效应，具体包括仪式前、仪式中和仪式后三个层面。

随着新兴阶层的产生以及城市地区资源的集聚，城市地区的发展水平不断提升。2000 年，中国的城市化率仅仅达到了 36%，2023 年末，全国常住人口城镇化率为 66.16%，提升了 30 多个百分点。② 同时，中国的户籍城市化率却长期低于 50%。③ 而在农村地区，农民群体虽然已经解决了

---

① 曾燕，赵丹. 边疆少数民族地区铸牢中华民族共同体意识研究［J］. 西藏大学学报（社会科学版），2021，36（2）：164-169.

② 中华人民共和国 2023 年国民经济和社会发展统计公报［EB/OL］. 国家统计局，2024-02-29.

③ 盛来运. 中国经济高质量发展大势没有变［N］. 经济日报，2023-09-22（1）.

绝对贫困的问题，但是仍然面临着相对贫困治理问题，需要地方政权体系投入相应的资金、人员和技术资源。具体而言，东部沿海地区的乡村已经实现了工业化的生产和经营模式，为满足普通民众的经济利益需求做出了重要贡献，但中西部地区的农村却因经济发展动力不足、土地制度和面源污染防治能力有待提升而不能够照搬照抄前者的发展模式。在这种情况下，中西部地区的农民群体在农业生产部门中面临相对收入问题，一些特殊困难群体需要得到关照①，因此部分青壮年群体不得不流入县域甚至是一、二线大城市，进而造成少数地方的空心化、原子化现象进一步加剧。

我们依据社会网络理论（social network theory）和现实实践状况可以发现，城市地区的政治仪式活动及其基本功能不断得到提升和强化，因此大学生群体的政治价值观践行拥有了较为坚实的保障。同时，少数农村地区的政治仪式活动面临着发展瓶颈，甚至是出现了仪式化的现象，进而削弱了政治仪式本身的功能发挥过程和发挥效果，对大学生政治立场的巩固、政治信任感和政治宽容度的提升以及政治参与意识和政治参与能力的增强形成了负面影响。其中，社会网络理论强调，人类在其一生中，会同时与多个人产生重要关系。在中国生态关系中，结合本书的研究主题，这一理论具体表现为大学生群体在仪式时空结构以及现实生活空间，与党员干部、高校教育队伍以及其他多元社会力量形成交往互动的基本关系。在这一过程中，大学生群体能够从其他成员身上满足自身的情感需求，达成经济利益需求、政治权利需求、社会保障需求和文化权利需求等客观利益诉求。在少数农村地区，正是因为少数农村地区出现原子化、空心化现象，所以一种完整的社会网络无法在仪式前、仪式中和仪式后得到有效运用，从而削弱了其政治价值观的培育效果。

在仪式前，基层党政力量作为政治仪式的组织者，需要构建相应的象征符号系统以及仪式参与人员筛选机制，但社会资本和经济资源不足导致他们不能在更高水平上发挥自身的元治理能力，从而造成仪式时空结构的

---

① 吴宗燊，张海鹏. 相对收入对中西部地区农村劳动力迁移和再迁移意愿的影响：来自河南陕西两省农户调查的经验证据 [J]. 重庆社会科学，2023（9）：27-45.

科学性、人民性特征相对不足，仪式参与人员的结构效应有限。在仪式中，政治仪式的组织者需要严格把控仪式程序的规范性特征，确保其中所蕴含的象征文化内涵能够得到有效释放，但极少数乡村地区的党员干部既没有保证仪式程序的完整执行，又不能保障仪式互动性特征的保持和进一步增强，同时也没有邀请相关专家学者提供相应的知识支撑，以协调仪式展演过程的正常进行。在这种情况下，政治仪式所凝聚的集体记忆、历史记忆和社会记忆就易于出现混淆现象，大学生群体的情感动机、情感体验和情感秩序也会受到相应的负面影响，同时他们因与党员干部的情感沟通程度不足而无法进一步提升对相关政治决策过程的政治宽容度。相应地，他们的政治参与能力也维持在原来的水平，甚至是出现逐渐下降的发展变化趋势。仪式结束后，少数农村地区相对欠缺基于政治仪式展开的主题教育和学术研讨活动，从而难以保证大学生群体对政治仪式所包含的主流价值做到内化于心和外化于行。

第三节 培育成果传播机制互联网技术支持有限

除政治权力基础弱化和社会经济资源支持失衡以外，不同地区在互联网技术发展方面也存在一定的差异。故而，政治仪式的大学生政治价值观培育过程和培育效果缺乏完善的大众传播媒介运行机制。我们分别从互联网空间的三个重要组成部分即物理层、逻辑层和社会层展开详细阐述。

一、物理层发展水平低阻碍培育成果传播基础设施构建

依据国际专家组编写的《网络行动国际法塔林手册2.0版》，互联网技术主要被划分为物理层（physical layer）、逻辑层（logic layer）和社会层（social layer）三个基本组成部分。其中，"物理层包括物理网络组成部分（即硬件和其他基础设施，如电缆、路由器、服务器和计算机）。逻辑层由网络设备之间存在的连接关系构成，包括保障数据在物理层进行交换的应

用、数据和协议。社会层包括参与网络活动的个人和团体"①。中国互联网空间的物理层虽然已经取得了较大的建设成就，不断缩小与美国、英国等发达国家的发展差距，但是就国内不同区域的互联网基础设施建设情况而言，仍然存在着一定的发展差距②，从而不利于政治仪式的大学生政治价值观培育成果的广泛传播。

中国互联网络信息中心发布的第 53 次《中国互联网络发展状况统计报告》显示，在互联网络基础设施方面，截至 2023 年 12 月，中国"累计建成 5G 基站 337.7 万个，覆盖所有地级市城区、县城城区，5G 移动电话用户达 8.05 亿户""三家基础电信企业发展蜂窝物联网终端用户 23.32 亿户""具备千兆网络服务能力的 10G PON 端口数达 2302 万个"；在互联网络相关应用、数据和协议方面，短视频用户、即时通信用户、网络新闻用户、网络直播用户和在线医疗用户的数量都已经得到了极大的提升，而IPv6 地址"数量为 68042 块/32，较 2022 年 12 月增长 1.0%。对全球 23 个重点公共递归服务 IPv6 支持情况进行采集分析，有 14 个递归服务提供IPv6 公共递归服务，约占 60.9%"。在从事互联网活动的个人和团体方面，"截至 2023 年 12 月，我国网民规模达 10.92 亿，较 2022 年 12 月增长 2480万人，互联网普及率达 77.5%，较 2022 年 12 月提升 1.9 个百分点"，同时即时通信、搜索引擎等基础应用类应用获得良好建设成效。③

与此同时，我们也需要注意到的是，中国国内互联网空间物理层、逻辑层和社会层的发展与运行在东中西部不同区域之间也存在着一定的发展差距。在东部地区，互联网络基础设施建设实现高质量发展，网络视频、网络直播、网络音乐等不同互联网应用的创新性发展呈现明显的集聚现象，不同个体和组织机构活跃在多元化的社交网络平台之中。其中，从单

---

① 施密特．网络行动国际法塔林手册 2.0 版［M］．黄志雄，等译．北京：社会科学文献出版社，2017：58.
② 方兴东，林宇阳，何可．中国互联网基础设施 30 年：以创新为基准重估通信运营商发展之路及未来启示［J］．传媒观察，2023（12）：45-56.
③ 第 53 次《中国互联网络发展状况统计报告》［EB/OL］．中国互联网络信息中心，2024-03-22.

个省份来看，北京、上海、天津处在领跑地位，浙江、江苏、广东、辽宁、福建、陕西等省份紧随其后①，而西藏、贵州、云南、青海、甘肃、广西等地则在互联网络发展层面发展水平相对较低。这一分布状况与这些地方的政策支持水平、产业结构发展状况、经济对外开放程度、居民消费水平等因素紧密相关。

综合考量上述关于互联网空间物理层基本发展状况的描述可知，在中西部地区的一些地方，政治仪式活动所依托的大众传播媒介运行机制难以得到更高质量水平的发展与运行，进而对政治仪式所蕴含的政治价值、政治精神的保存和传递形成负面影响。因为政治仪式现场能够容纳的身体到场的仪式观众数量有限，再加上一些海外人群受到时空结构的限制，所以仪式组织者需要借助大众传播机制，实现世界各地人民对政治仪式特别是国家层面的重大政治仪式的间接参与，进而被生动的画面、有节奏的音乐、蕴含特殊象征意义的礼炮声等感染性象征符号所环绕，实现多元记忆内容的唤起、刻写和再生产，迸发出强烈的政治激情。在这一过程中，大众传播机制的互动性特征需要得到有效保障。但正如上文所述，国内不同区域之间、城乡之间互联网空间物理层发展程度存在着差异，因此以新媒体为核心内容的数字化传播机制在少数地方难以得到高质量水平的发展与运行。

二、逻辑层发展动力不足减少培育成果传播内容

互联网空间的第二层逻辑层发展动力不足，减少了相关培育成果的传播密度。现阶段，互联网技术实现迅猛发展，其中，基于互联网协议第六版（Internet Protocol version 6，IPv6）的云网融合新平台得以产生、发展与优化，实现了互联网的可视化、敏捷化和智能化。但同时我们也需要注意到的是，相较于东部地区，中西部地区的互联网发展水平和地区内部不同省份之间的知识溢出相对有限，因此以 IPv6 为核心内容的互联网逻辑层的

① 闫超栋，马静. 中国信息化发展的地区差距及其动态演进 [J]. 软科学，2017，31（7）：44-49.

发展在这些地区动力不足，具体包括人力资本水平、相关产业的自主创新能力以及互联网应用的聚集效应三个层面。这不利于政治仪式培育大学生政治价值观成果的相关传播内容的扩散。

就人力资本而言，中西部地区特别是该区域的一些农村地区由于相对欠缺政治、经济、社会、文化和生态资源，从而使得更多的青年群体选择到一、二线大城市寻找上学、就业、自雇机会，进而造成这些地区高技术人力资本水平的降低。在这种情况下，当地政治仪式组织者就很难找到相应的高新技术人才，对传播仪式中出现的一系列景观，传递仪式现场参与人员的"感染域"和"情绪场"发挥驱动力和作用力。其中，面对仪式中出现的内部空间布置、象征物品和一系列仪式行动，仪式组织者需要借助相关专业技术人才的知识与能力支撑。对仪式内部空间布置，除选用地面和天空视角以外，设计者还要以一种平民化的视角予以全面、立体化的展现，从而保证间接参与仪式的大学生群体从中感受到强烈的人民性特征；对象征物品，则需要将直播视角聚焦于其颜色、造型、功能等多个侧面的展示，从而在较为完整的意义上揭示仪式器物本身所包含的以人民为中心、坚持党的领导等象征文化内涵；对仪式行动，则需要将仪式操演人员的体态、方位、语态、眼睛的活动及其他因素一一予以有效呈现，从而展示他们与仪式现场观众之间以相互尊重与平等为主要内容的情感沟通关系，特别是呈现现场观众对相关党员干部的高水平的政治信任感。但因为少数地区相对欠缺高技术人才的知识支撑，所以上述目标难以在较为完整的意义上予以达成。

此外，少数地区运用和进一步拓展大数据、物联网、区块链技术的能力有限，且搜索引擎、互联网新闻、互联网视频、互联网直播的聚集效应并不显著，进而造成当地大学生群体难以在更高水平上获得政治仪式发挥基本功能、强化大学生群体政治价值观践行能力等相关传播内容。以互联网直播为例，互联网直播是指网络行为主体借助多元化的社交媒体平台，通过在线直播的模式，为线下观众提供视频直播。在东部沿海地区，地方政权体系借助法律、社会规范、市场、计算机代码，实现对互联网直播的有效规制。① 在此基础之上，针对政治仪式的互联网直播机制就能够得到较为全面、有效的保障。地方政权体系修改原有的地方法律规范以适应互联网直播带来的新问题，制定新的法律制度规范以解决原有法律无法覆盖的一些问题，例如，怎样有效规范直播过程中直播行为主体对政治仪式展演过程解说的规范性、科学性、合法性。此外，互联网市场通过竞争淘汰机制筛选掉那些无法适应互联网直播环境发展与运行的公司和技术，同时促使其他行为主体不断提升互联网直播技术的效率和有效性。与东部沿海地区的上述发展情况相比较，中西部地区的少数地方则呈现出相对较低的发展水平，欠缺相应的法律制度规范体系和市场竞争体制机制。② 在此基础之上，他们难以保证培育过程中相关传播内容的效度和信度，进而对其他区域大学生群体跨区域嵌入政治仪式场域，深化政治认知、强化积极政治情感态度形成一定的负面影响。

三、社会层参与水平低削弱培育成果传播效度

提升政治仪式培育大学生政治价值观的效能还需要活跃在互联网空间的相关个体、组织机构执行积极正向的参与策略，从而使得更多的学生得以受到其中所包含的政治符号系统及其象征文化内涵的深刻影响。总体而言，全国各地的多元社会力量倾向于通过互联网平台积极参与其中，从而带动更多的大学生个体成员对培育过程和培育成果释放积极行为倾向。但其中也有极少数个体和组织机构更加倾向于执行工具理性，而不是推动一些政治仪式活动及其具体功能发挥过程在互联网空间的有效存储和传递。

大多数企业、社会组织积极承接政治仪式展演过程的传播责任。在国庆阅兵仪式、"七一"纪念活动、国家公祭日等政治仪式举办过程中，视频制作和发布者借助微博、微信、B 站和抖音等大型的、多元化的社交媒

---

① 任涛，游茂林，张志彬 . 2020 年东京奥运会中国居民网络关注度的时空特征变化及其影响因素 [J]. 首都体育学院学报，2021，33（6）：595-603.

② 胡浩然，宋颜群 . 网络基础设施建设与劳动收入份额：基于"宽带中国"战略的证据 [J]. 上海财经大学学报，2023，25（1）：19-33.

体平台，积极传播相应的文本、图像和视频，从而凸显政治仪式所包含的伟大建党精神，党的强大的领导能力和执政能力以及中华民族全体成员团结一致维护国家主权的信心和决心。比如，在庆祝中国共产党成立100周年大会上，就有多位视频工作者和相关组织机构对已故烈士以及"光荣在党50年"纪念章获得者代表的相关事迹予以进一步挖掘和传播，使得活跃在互联网空间的大学生群体得以深刻感受到他们"精诚团结、进步统一""忠勇奋发、威武不屈"的精神品质，并以之为榜样予以有效模仿、学习和践行。

与此同时，当前也有极少数企业和社会团体更加倾向于发展和保持一种赢利型的思维模式和行为方式①，而不是为推动政治仪式培育大学生政治价值观过程和具体成效的全面有效传播投入相应的时间和资源。比如，少数网络视频制作者为了追逐私利，更加倾向于投入大量的资金和精力，制作一些猎奇的文本、图像和视频上传到相关社交媒体平台②，以吸引大众的眼球，甚至引得其中一些人竞相模仿，进而对互联网环境的健康良好发展形成一定的负面影响。在这一过程中，政治仪式的神圣性也有所削弱。面对一些地方举办的政治仪式活动，他们呈现出相对轻视的态度，甚至是受到历史虚无主义、泛娱乐主义、消费主义等错误思潮的负面影响，对政治仪式所凝聚的三重记忆、情感内容和价值结论抱持着戏谑的态度，从而对接收相关信息的大学生个体成员的政治心理过程产生不良效应，需要加以制止与防范。

总而言之，本章主要是针对政治仪式面临的"三重记忆"混淆、集体无意识陷阱、"价值"功能发挥相对欠缺三级合作机制以及仪式后政治行为刻写遭遇仪式化威胁等困境，进一步挖掘其背后所包含的深层次根源，具体包括政治权力、社会经济资源和互联网技术三个层面。一是政治仪式运行过程权力基础弱化。政治仪式各项功能的发挥还需要进一步强化地方

---

① 肖红军. 共享价值式企业社会责任范式的反思与超越 [J]. 管理世界，2020，36（5）：87-115，133，13.

② 杨萍. 赋权、审丑与后现代：互联网土味文化之解读与反思 [J]. 中国青年研究，2019（3）：24-28.

各级党委在其中发挥的号召力与凝聚力，提供更加强大、完善的法律制度规范体系，并增强行政人才队伍优化政治仪式展演过程的胜任力，而不是继续保持一种零散的、缺乏合作机制的发展状态。二是整个培育过程的社会经济资源支持失衡。中央和地方之间、东中西部不同区域之间以及城乡之间在社会网络、经济资源等不同维度存在着一定的差异，高层需要进一步强化顶层设计，中层需要增强政策贯彻落实，基层需要强化政策回应效率，从而有效弥合上述差异，保证政治仪式能够在更高质量水平上提升大学生群体的人民立场、政治信任感、政治宽容度和政治参与行为。三是培育成果传播机制的互联网技术支持有限。具体言之，一方面，中国国内互联网空间的物理层、逻辑层和社会层还需要投入更多的资源予以进一步充实与完善，从而缩小与西方国家之间的差距；另一方面，在国内不同区域、城乡之间，上述三层次的发展水平也有待进一步提升，从而解决其中存在的不平衡不充分发展的问题。总而言之，正是上述三方面的因素导致政治仪式培育大学生政治价值观效能较低。基于相关分析结果，我们基于人的自由全面发展理论、符号理论、互动仪式链理论以及政治社会化理论共同构成的理论分析框架，提出优化路径设想，期望为相关培育过程和培育结果的进一步完善提供切实有效的对策建议，从而为大学生群体提供更加全面的政治心理和政治行为教育参考。

第六章

基于大学生政治价值观培育的政治仪式优化路径

正是由于权力基础弱化、社会经济资源支持失衡、互联网技术支持有限等方面的因素，从而导致政治仪式所处的外部环境以及政治仪式各项思想政治教育功能遭遇实践、发展困境。对此，政治系统以及多元化的社会力量需要提升相互协调组织能力，投入相应的时间和精力，寻找适合的改革方案。结合党的二十大的相关要求，再加上对大学生群体人格发展特征和行动状态的把握，各级各地政治仪式组织者需要突出不同区域的特色历史文化资源，科学编制政治仪式的基本功能及其运转过程，进而为驱动大学生群体政治价值观践行提供积极正向的发展动力因子。

第一节　完善政治仪式环境

首先值得大家关注和重视的是，党政力量应当引领多元社会力量推进政治仪式环境的完善与优化，从而为后续基本功能的发挥奠定基础，具体包括政治环境、经济环境、社会环境和文化环境四方面。

一、强化政治环境的全过程人民民主价值

对政治环境的测度主要依靠以下三类标准：一是政治稳定程度①；二是党政机构的运行状况和制度化更替②；三是政治系统的民主程度③。而这三类标准的测量指标则共同导向了中国政治环境中发展全过程人民民主具体情况，具体包括民主选举、民主协商、民主决策、民主管理和民主监督等不同环节以及高层、中层与基层政权体系。

全过程人民民主实践有助于整合治理资源，为国家治理能力提升赋能能力，具体包括国内的决策能力、吸纳能力和统筹能力以及国际层面的软实力。党的二十大强调，"全过程人民民主是社会主义民主政治的本质属性，是最广泛、最真实、最管用的民主"④。而国家政治系统及其各组成部分已经具备了集体决策、结构专业化分工、开放式决策等特征，同时还需要进一步加强党的领导、人民当家做主、依法治国有机统一的实践过程。此外，随着中国社会结构转型的逐步推进，党和国家还需要进一步优化与完善对新兴社会阶层的资源配置和政策优惠，驱动他们积极发挥自身的专业知识和专业能力，推进全面建成社会主义现代化强国。而中国式现代化新道路是一条"遵循着并联式发展逻辑、注重多领域多方面多层次综合协调均衡化发展的现代化道路"⑤。达成上述目标，国家政权体系需要进一步增强"全面驾驭改革发展的能力以及协调利益冲突达成社会共识的能

① CUKIERMAN A, EDWARDS S, TABELLINI G. Seigniorage and Political Instability [R]. Cambridge, MA: National Bureau of Economic Research, 1989: 3199.

② AISEN A, VEIGA F J. Does Political Instability Lead to Higher Inflation? A Panel Data Analysis [J]. Journal of Money, Credit and Banking, 2006, 38 (5): 1379-1389.

③ 唐绍欣，刘阳. 政治环境、恶性通胀与币制改革 [J]. 现代财经（天津财经大学学报），2015, 35 (7): 52-65.

④ 习近平. 高举中国特色社会主义伟大旗帜 为全面建设社会主义现代化国家而团结奋斗 [M]. 北京：人民出版社，2022: 37.

⑤ 李笑宇. 全过程人民民主的治理效能与优化路径 [J]. 科学社会主义，2022 (5): 21-29.

力"①，具体包括统筹区域发展、统筹城乡发展和统筹国内国际两个大局。其中，面对当前日渐紧张复杂的国际局势，国家需要进一步提升自身的软实力发展水平，从而在全球治理中获取和积累更多的国际话语权，推动人类命运共同体理念、全人类共同价值的有效嵌入。特别是在国际互联网治理过程中，中国国家代表必须维护国家主权，避免国内互联网空间物理层、逻辑层和社会层在与国际互联网实现互联互通中受到不必要的损害，同时能够深度参与协商过程，针对国际互联网空间的健康良好发展提供切实有效的改革建议，并得到有力践行。

地方需要发展全过程人民民主的政治认知，细化相关规范，实现资源优化配置，形成识别、参与、协商的整体民主运行模式。以省一级的人民代表大会为例，它在地方政权体系中发挥着重要的立法功能，需要不断强化全过程人民民主的思维模式和外在行为方式，以满足广大人民群众的合法利益诉求。其中，参与相关立法活动不仅是人大及其常委会，还包括其他国家机关、政协组织、党派团体、社会组织、普通公众等多元化力量。他们共同致力于相关协商和决策过程的有效推进。德国哲学家尤尔根·哈贝马斯（Jürgen Habermas）认为，不可以将协商与决策完全分离，需要通过协商的方式影响立法决策过程，进而提出了制度化与非制度化领域的双轨式协商模式。② 在这一过程中，地方党政力量引领不同组织与个体实践利益诉求自由表达、论证与负责、结果反馈等程序或阶段。

在基层行政生态中，相关党员干部需要引领社会各界嵌入一条完整的基层民主运行链条，以保障普通民众特别是大学生群体的全过程参与。面对少数基层政权体系存在的"一言堂"现象，相关党员干部需要做的是不断强化自身量能，对政策回应效率、效益和效能进行综合改革，从而保障大学生群体有效参与到民主选举、民主协商、民主决策、民主管理和民主

---

① 陈水生. 统筹治理：国家治理现代化的内源式重构［J］. 南京社会科学，2014（7）：62-68，83.

② 哈贝马斯. 在事实与规范之间：关于法律和民主法治国的商谈理论［M］. 童世骏，译. 北京：生活·读书·新知三联书店，2003：378.

监督等不同环节中。具体而言，首先，基层政权体系需要推进全过程人民民主政治实践的智能升级。比如，相关党员干部完成智慧治理思维模式的有效转型，购买公共服务项目以高新技术企业为重要承接主体；相关企业则彰显社会责任意识并积极投入资金、技术和人才资源，以技术驱动制度、技术完善制度、技术成就制度的方式，推进全过程人民民主运行链条的智能升级。其次，基层政权体系需要推进层次分明、权责清晰、功能完备、体制机制完善的治理体系的构建和发展，开发开放包容、动态灵敏的全过程人民民主制度体制机制。在少数地方，基层政权体系的量能有限，难以有效满足民众在就业、医疗、教育等方面的公共服务需求，从而造成一部分人选择以越级上访的方式解决相关问题和矛盾。为此，基层政府需要针对相关议题，完善相关法律规范制度，并形成、发展和运行与中层、高层的有效衔接、配套机制，借助高校相关专家学者的知识支撑，从而切实满足基层民众的正当利益需求。最后，基层还需要强化全过程人民民主相关制度体制机制的应急治理能力。在基层社会生活中，全过程人民民主制度体制机制应当具备及时、有效应对风险的能力。面对互联网空间存在的潜在风险点和矛盾源以及西方多元主义文化思潮形成的冲击力，基层党政力量需要构建和发展全过程人民民主的互联网工作平台体系，既发挥专业技术人才的知识与能力优势，又借助互联网空间的跨时空特点，为基层民众提供一种新型的治理与监督方式。在这一过程中，大学生群体作为互联网空间的原住民，将会更加倾向于参与基层政治生活，发挥自身的政治效能。总而言之，当政治环境的全过程人民民主制度不断得到强化时，党政力量主导的政治仪式活动将会对大学生群体产生更大的吸引力，从而促使后者积极参与其中。

二、增强经济环境的高质量发展特征

在经济环境方面，党的二十大强调，"高质量发展是全面建设社会主义现代化国家的首要任务。发展是党执政兴国的第一要务。没有坚实的物质技术基础，就不可能全面建成社会主义现代化强国。必须完整、准确、全面贯彻新发展理念，坚持社会主义市场经济改革方向，坚持高水平对外开放，加快构建以国内大循环为主体、国内国际双循环相互促进的新发展格局"①。而政治仪式的均衡、充分发展需要不断获取丰富的经济资源。为此，国家和地方需要持续增强经济环境的高质量发展特征，表现在国内大循环和国际循环两个维度。

国内大循环意味着打通国内生产、分配、流通和消费的各个环节，具体表现在城乡融合与区域协调发展两个层面。从城乡融合来看，一方面，一些地方需要为单向流入的青年群体提供更多的优惠政策，从而促使他们在积累技术资本、社会资本的阶段能够避免不必要的隐形社会排斥；另一方面，乡镇政府要积极发挥地方优势，与城市地区形成持续性的合作机制，从而既促进农村地区资源的全面、有效释放，又为城市地区相关经济组织、个体提供相应的发展资源。而东中西部地区的协调发展则与之存在着相似的逻辑路径。东部地区有着技术、人才、资金等方面的资源优势，尤其是在高新技术产业发展上取得了丰硕的建设成果。而中西部地区则有着生态环境优势、较强的文化产业集群竞争优势、自然资源禀赋优势、劳动力与土地等生产要素成本优势等。② 为此，东中西部地区的政府机关需要进一步加强府际合作，实现不同区域协调发展，特别是将中西部地区的潜在优势转化为现实实践优势。

此外，中国政府还需要加速引导市场资源更加安全、稳定、可持续地融入国际循环中，从而形成更大范围、更宽领域、更深层次的对外开放格局，并在更大程度上增加中国的国际话语权。当前中国和以美国为首的西方发达国家在互联网技术上取得了较为丰硕的建设成果，与之相关的石化化工行业、建材行业、港口行业、纺织行业和家电行业也与互联网技术形成深度联结。在此基础之上，中国政府需要进一步强化互联网技术人才储备，并投入相应的政策资源和资金，从而推动国内互联网相关行业在更大

---

①　习近平. 高举中国特色社会主义伟大旗帜 为全面建设社会主义现代化国家而团结奋斗 [M]. 北京：人民出版社，2022：28.

②　马丹阳，任志江. 略论中国中西部工业发展 [J]. 中共中央党校学报，2008（4）：58-60.

范围内、更深层次上融入国际市场，在互利共赢中获取竞争优势。随着国内企业获得更多的国际经济权力，他们能够在相关国际组织例如，世界互联网大会、国际电信联盟等国际组织中获得更多的话语权，从而实现对相关治理议题的有效参与，维护中国的国家利益，同时传播人类命运共同体这一共同价值理念。

综合上述两方面的改革举措，政治仪式组织者得以构建和发展可持续的经济资源获取机制，为仪式象征符号系统的更新、仪式展演过程的知识和技术支撑以及与政治仪式主题相关的宣传教育机制提供源源不断的发展动力。由此，越来越多的大学生得以积极参与到政治仪式活动中，进一步丰富自身的政治认知框架，纠正自身对部分历史事实的片面认知，强化政治情感的广度和深度，在认知与情感相互交织的过程中提升对地方各级党政力量的政治信任水平和政治宽容度，最终转化为积极正向的政治活动参与策略。

三、保证社会环境的稳定与和谐

地方各级党政力量需要引导多元社会力量，强化应急管理能力，保证各类社会资源被运用于公共服务能力提升之中，从而保证社会大环境的稳定与和谐，具体包括城乡之间和东中西部不同区域之间两方面。

在城市地区和农村地区之间，近年来中央和地方各级党政部门有力、有效推进乡村全面振兴战略总要求，使得城乡之间得以形成覆盖全民、统筹城乡、公平统一、安全规范、可持续的多层次社会保障体系，同时少数农村地区仍然存在着量能不足的情况。基于此，基层政权体系需要进一步强化自身的元治理能力。"元治理"（metagovernance）是英国著名马克思主义学者鲍勃·杰索普（Bob Jessop）最早提出的，他认为元治理这一概念的核心内涵是"为了克服治理失灵而进行的对自我管理的管理和对自我组织的组织，追求科层制、市场和网络三种治理的协调"①，又可以被称为

---

① JESSOP B. The Rise of Governance and the Risk of Failure：The Case of Economic Development［J］. International Social Science Journal，2002，50（155）：29-45.

治理的治理。在元治理模式下，协调科层体制、市场机制和社会网络等多元治理机制，整合多元社会力量，从而提升治理效率，满足广大人民群众的利益需求。在这一前提性条件的规约下，基层党政力量需要加强自身的引领力。一方面，他们必须进一步弱化条块矛盾，实现不同职能部门之间的紧密合作，同时强化高层、中层和基层政府机关之间的相互联结效应；另一方面，他们需要通过推进政府购买公共服务的方式，强化相关企业的社会责任意识，而不是以选择性承接为取向。此外，基层党组织还需要增强自身的号召力和凝聚力，从而将宗族力量、"新乡贤"以及其他乡村社会精英聚合起来，发挥他们的合力，共同推进农村地区教育体系、社会保障体系、医疗卫生体系的完善与优化。

在东中西部不同区域之间，正是因为不同地区之间存在着社会资源配置不平衡不充分的情况，所以各地党政力量需要提升自身的元治理能力，既保证从外部输入的人才队伍能够实现人生价值，满足自身社会保障需求和医疗卫生需求，又要促使生于斯、长于斯的返乡人员能够获得良好的发展机会，继而留在当地，推动相关产业集群的潜在优势转化为现实优势。正如前文所述，中西部地区的一些青壮年劳动力涌向一二三线城市寻找发展机会，其中少数城市存在对外来青年群体的隐形社会排斥①，包括教育、社会保障和医疗保险等层面。为此，当地政府需要搭建相应的民主协商平台，促使他们在其中表达自身的利益需求，并为后续相关政策的实施提供有效的反馈意见，从而使得他们作为专业人才，真正融入当地社会生活环境中，与其他人群共同推动社会治理目标的实现。此外，在中西部地区的一些城市和农村，少数群众相对缺乏良好的发展机会，社会网络较为单一，需要当地党政力量为其提供必要的内在激励和外在激励。具体言之，当地党组织需要广泛开展主题教育，促使基层民众进一步强化对中国特色社会主义共同理想的信仰水平；为他们创造良好的就业环境，提供更为完善的教育环境、社会保障体系和医疗卫生环境，从而共同导向当地青年群

---

① 唐艺宁，刘晔，王英伟. 从增长到包容：城市权利视角下包容性城市的多维度内涵与评估［J］. 上海行政学院学报，2023，24（2）：48-64.

体致力于推动所在城市和农村地区的进一步发展。而社会环境的稳定与和谐将会使得政治仪式活动的周期性、程序性和规范性特征日渐显著，同时仪式展演过程中参演人员的基本构成逐渐得到丰富与发展。此外，多元社会力量也会为仪式后宣传教育机制的充实与完善提供丰富的资源。那么，仪式本身的基本功能将会得到更高质量水平的发挥，为大学生政治价值观的有效践行提供更大的可能性与可行性。

四、构建良好的文化环境

构建一种良好的文化环境能够为丰富政治仪式及其所包含的象征符号系统提供强有力的支撑。党的二十大强调，要"以社会主义核心价值观为引领，发展社会主义先进文化，弘扬革命文化，传承中华优秀传统文化，满足人民日益增长的精神文化需求，巩固全党全国各族人民团结奋斗的共同思想基础，不断提升国家文化软实力和中华文化影响力"[①]。为此，党政力量需要整合多元社会力量，发挥他们的合力，促使他们在更高质量水平上实现社会主义先进文化、革命文化和中华优秀传统文化的有机融合，从而进一步丰富大学生群体及其政治价值观培育队伍的精神世界。

繁荣和发展社会主义先进文化需要实现正确的舆论引导，厘清不同政府职能部门和社会力量的具体责任，深化改革创新过程以及融会贯通中外国际传播体系。当前中国新媒体领域取得了丰硕的建设成果，其中涌现出越来越多的网络大 V、意见领袖，他们在互联网空间发表相关言论，并通过微博文本、图像、短视频等多种形式实现跨时空传递。面对他们发布的内容，国家主流媒体和地方权威媒体需要进一步强化相关职责，引导大学生形成符合主流意识形态的正确政治价值观念，而不是将一些片面的、偏激的观点奉为圭臬。同时，政府相关职能部门还需要发挥宣传教育功能，结合多元化的社会组织的社会关系网络和知识支撑，举办宣讲活动、知识竞赛等，从而使得大学生群体进一步明晰中华优秀传统文化、革命文化和

---

① 习近平. 高举中国特色社会主义伟大旗帜 为全面建设社会主义现代化国家而团结奋斗［M］. 北京：人民出版社，2022：43.

社会主义先进文化的具体内涵，建设以马克思主义为指导，坚守中华文化立场，立足当代中国现实国情，发展面向现代化、面向世界、面向未来的，民族的科学的大众的社会主义文化。在此基础之上，大学生群体借助他们的互联网原住民身份以及建立在学缘关系、趣缘关系基础上的社会关系网络，推进社会主义先进文化的海外传播过程，从而进一步强化中国作为一个负责任的社会主义大国的国家形象。

提升中国革命文化自信则需要地方政府有效寻求中央人民政府的政策方针支持以及府际合作，同时吸纳高校专家学者提供的知识支撑。正如前文所述，现阶段，"告别革命"论在互联网空间的极少数群体中间传播①，并形成了一定的负面影响，从而导致少数大学生个体成员产生消极政治心理。为此，一方面，地方政府需要积极贯彻落实党和国家制定的政策方针，弘扬革命文化；另一方面，他们需要汲取其他地方的优秀实践范例，从中汲取实践经验，同时还需要寻求相关专家学者的专业知识和专业能力支撑，促使他们在革命文化宣传教育活动中提供科学、有效的指导意见。

推进中华优秀传统文化的创造性转化和创新性发展则需要各地积极挖掘本地所包含的特色优秀传统文化资源，并在坚持马克思主义指导思想的前提条件下，深化中华优秀传统文化的中国式现代化道路发展特征。山东、山西等地蕴含着丰富的中华优秀传统文化资源，拥有囊括传统建筑物、器物、汉字、书法等形式在内的多元符号，它们共同构成了中华民族的记忆之场。为此，各地政治系统需要整合多元化的社会力量，努力挖掘上述记忆之场，并将相关记忆内容分别嵌入不同类型的政治仪式活动中。同时，政治仪式组织者还需要注意到的是，在这一过程中，他们需要在历史、理论、实践和价值维度实现马克思主义基本原理与中华优秀传统文化的有机融合，从而保证仁爱思想、上善若水、兼爱非攻等古代传统政治智慧能够真正与中国现实国情相结合，以在政治仪式展演过程中真正作用于大学生群体的政治记忆框架、政治情感基础、政治价值取向乃至政治行

---

① 金民卿. 中华民族伟大复兴视野下的新民主主义革命史研究 [J]. 近代史研究，2022（4）：14-22.

为，而不是成为极少数大学生戏谑、调侃的对象。由此，一个良好的文化环境得以构建，大学生群体的精神世界得到涵养，他们借此能够有效对抗来自西方政治、社会、文化思潮的冲击，为后续执行积极的政治仪式参与策略、嵌入政治仪式基本功能发挥过程奠定良好的基础。

第二节　铸牢"记忆"功能复合体系以强化大学生政治立场

中央和地方各级领导干部作为政治仪式组织者，需要不断铸牢政治仪式"记忆"功能复合运行机制，从而进一步强化大学生群体的人民立场、国家立场和法治立场。其中，政治仪式"记忆"功能复合体系需要构建以党徽为核心的记忆子系统、以国歌为核心的记忆子系统以及以宪法文本为核心的记忆子系统，并实现三者之间的相互嵌套、相互作用。

一、构建以党徽为核心的记忆子系统以增强人民立场

政治仪式组织者需要整合其他仪式参与人员所蕴含的多元资源，借助嵌入政治仪式时空结构的重要器物，构建以党徽为核心的记忆子系统，从而有效增强大学生群体的人民立场。中国共产党党徽是由镰刀和锤头组成的图案，图案的颜色是黄色，锤头、镰刀分别代表的是工人和农民的劳动工具，具有工农联盟的结构表征，而黄色总是与明亮、启迪、太阳等对象联系在一起，特别是在古代中国社会，黄色是太阳神经丛脉轮的颜色，脉轮代表永不熄灭的生命火焰。[1] 换言之，一方面，中国共产党党徽的设计汲取了中华优秀传统文化资源，并对其实现了创造性转化和创新性发展，符合中国广大人民群众思想文化观念的历史发展脉络；另一方面，党徽也融入了革命文化、社会主义先进文化的基本元素。在新民主主义革命时期，马克思主义革命理论、列宁主义革命理论和毛泽东思想为革命文化生

---

[1]　布鲁斯-米特福德，威尔金森. 符号与象征 [M]. 周继岚，译. 北京：生活·读书·新知三联书店，2014：281.

长提供了肥沃土壤，中国共产党领导工人阶级和广大农民群众完成了一次又一次的政治运动，坚决反抗帝国主义、封建主义和官僚资本主义势力，在这一过程中，形塑出不忘初心、牢记使命、勇于自我革命、树立文化自信的价值底色和价值目标。而社会主义先进文化则汇集了中华优秀传统文化和革命文化的精华，实现了与西方文化的价值理念对接、传播方式对接以及文化差异包容对接，我们需要努力建立健全以马克思主义为指导、以中华优秀传统文化为根基、以外来文化优秀成分为借鉴的中国特色社会主义先进文化体系。这些象征文化内涵都共同指向了以人民为中心的政治立场。为此，政治仪式组织者需要融合多元力量，构建以党徽为核心的记忆子系统。其中，党旗，"七一"纪念活动、中国人民抗日战争纪念大会等政治符号所蕴含的特定政治仪式时空结构，其他仪式器物，党员干部发表的重要讲话以及人民群众代表共同参与的庆祝游行活动，均象征着全国各族人民始终团结在党中央周围，坚持党中央的集中统一领导，从而在更高质量水平上实现不同学生情感的共通性、精神的同质性和利益的一致性，培育大学生中国特色社会主义思想，进一步强化对党组织的政治信任感，提升大学生群体的政治参与能力，以维护广大人民群众的根本利益。

二、构建以国歌为核心的记忆子系统以坚持国家立场

此外，政治仪式组织者需要引领企业、社会团体等多元化的社会力量，构建以国歌为核心的记忆子系统，从而坚定国家立场，具体包括维护中国国家形象、国际话语权和国家安全三个层面。

国歌是政治仪式中的一种重要的国家象征，在诸多重大的政治仪式中，仪式参与人员都需要全体起立、奏唱国歌。2014 年 12 月 12 日，中共中央办公厅、国务院办公厅印发了《关于规范国歌奏唱礼仪的实施意见》，规定国歌奏唱礼仪的一般要求，并对外事活动、运动赛会和学校活动中需要遵守的一般要求和具体活动要求做出了较为详细的规定。2017 年 9 月 1 日，中华人民共和国第十二届全国人民代表大会常务委员会第二十九次会议审议通过了《中华人民共和国国歌法》，其作为一种国家法，对国歌奏

唱场合、奏唱形式、奏唱礼仪等做出了科学化的规定。在上述法律制度规范的有效支撑下，政治仪式组织者得以构建以国歌为核心的记忆子系统，包括凝聚英雄记忆以强化国家意识的思想根基和情感皈依，由宏大的政治叙事转向人民群众叙事、嵌入大学生群体集体记忆，使得民间记忆参与到国家记忆的生产与再生产中，以"场景""事件""人物"进行社会记忆建构，因其中呈现的共同历史文化价值，使大学生群体构建起较为稳固的国家立场。

其中，英雄记忆是中华民族的国家记忆，而党史、新中国史、改革开放史和社会主义发展史中的英雄记忆，包含着英雄故事，体现着英雄情怀，使得大学生群体能够深刻体悟到红色政权来之不易、新中国来之不易、中国特色社会主义来之不易。在政治仪式展演过程中，政治仪式组织者需要在重要讲话中陈述无产阶级革命家、革命英烈以及英雄模范人物的丰功伟绩，呈现对他们的怀念之情；邀请英雄模范人物代表或者是他们的家属亲自到场，参与政治仪式展演过程；在庆祝游行环节，设置相应的方阵，彰显对英雄模范人物的深切缅怀。在此基础之上，大学生群体将会越来越坚定国家意识，将革命先辈们开创的伟大事业不断向前推进，全面建设社会主义现代化国家。

政治仪式组织者需要保证大学生群体代表在仪式展演过程中的身体在场和功能在场，从而使得他们所汇集的集体记忆能够有效嵌入国家记忆当中。党的二十大强调，"全党要把青年工作作为战略性工作来抓，用党的科学理论武装青年，用党的初心使命感召青年，做青年朋友的知心人、青年工作的热心人、青年群众的引路人。广大青年要坚定不移听党话、跟党走，怀抱梦想又脚踏实地，敢想敢为又善作善成，立志做有理想、敢担当、能吃苦、肯奋斗的新时代好青年，让青春在全面建设社会主义现代化国家的火热实践中绽放绚丽之花"①。为此，大学生群体在日常学习和参与政治活动过程中所存储的记忆内容将会在政治仪式展演过程中因仪式现场

---

① 习近平．高举中国特色社会主义伟大旗帜 为全面建设社会主义现代化国家而团结奋斗［M］．北京：人民出版社，2022：71.

的政治符号体系及其科学运转而得以被唤起，并与国家形象的传播构建、国家文化软实力的有效提升相互融合，推动国家立场的进一步巩固。

大学生群体在社会互动交往框架中形塑和发展的社会记忆则凭借记忆之场和相关人物的再现，得以与党和国家发展的历史轨迹实现有机融合。在中国特色社会主义新时代，大学生群体通过参与体制化的政治活动，得以向相关党员干部表达自身的经济利益需求、政治权利需求、社会保障需求和文化权利需求，与其他人群形成积极正向的沟通与交流。而党和国家从成立到发展，始终坚持维护广大人民群众的根本利益，不断完善政治、经济、社会、文化和生态制度体制机制，进一步充实和完善政策制定和执行过程的全过程人民民主性特征，为广大人民群众搭建科学化、人民性的民主协商平台，保证他们在多个场合都能够表达自身的利益诉求，在同心共圆的大框架下实现公共利益的更大化。由此，大学生群体的社会记忆和国家记忆得以相互契合，进而强化他们对国家利益的关注和重视程度，倾向于在"国内国际双循环相互促进"中形构中国"文化价值观国际话语权—政治性国际话语权—全球治理国际话语权"，提升中国人类命运共同体理念感召力、创造力和公信力。

三、构建以宪法文本为核心的记忆子系统以承载法治立场

政治仪式组织者主导建构和发展以宪法文本为核心的记忆子系统，既有效唤起了大学生群体对全面依法治国的社会记忆和集体记忆，也有助于学生们构建"基本建成法治国家、法治政府、法治社会"① 的未来设想，从而形塑出可持续发展的法治立场。

现阶段，宪法文本是中国政治仪式中的一种占据着重要地位的象征物品。2015 年 7 月 1 日，第十二届中华人民共和国全国人民代表大会常务委员会第十五次会议审议通过了《全国人民代表大会常务委员会关于实行宪法宣誓制度的决定》，对宣誓的时间、地点、内部空间布置、宣誓程序和

---

① 中共中央党史和文献研究院. 十九大以来重要文献选编（中）[M]. 北京：中央文献出版社，2021：789-790.

誓词等都有着明晰、严格的规范。其中，最为关键的、值得人们予以重视的是，新上任的国家公职人员在面向国旗、国徽宣读誓词的过程中，必须左手抚按《中华人民共和国宪法》，右手举拳进行就职宣誓。① 2018 年 3 月 17 日，十三届全国人大一次会议在北京人民大会堂举行第五次全体会议，以习近平同志为核心的中共新一代领导集体举行了宪法宣誓仪式，习近平主席进行了国家主席首次就职宣誓。② 在这一过程中，宪法文本作为重要的象征物品，彰显了作为国家根本大法的关键地位和作用，是基于平等、自由、民主的产物。为此，政治仪式组织者需要在通过性政治仪式中引导其他仪式参与人员建构一种以宪法文本为核心的记忆子系统，从而进一步强化大学生群体的法治立场，而不是把政治人物视为八卦、调侃的对象，具体包括历史记忆、集体记忆和社会记忆三个层面。

为了实现大学生历史记忆的生产与再生产，政治仪式中的符号系统需要进一步向大学生群体展示以下内容：从新民主主义革命时期、社会主义革命和建设时期、改革开放和社会主义现代化建设新时期，到中国特色社会主义新时代，党和国家不断推进法治实践发展与创新，从而实现法治建构的本土化思路。在中国古代皇帝领导的祭仪中，无论是"主祭""陪祭""与祭"等传统祭祀主体符号，还是"上香""献爵""献花""读祭文"等传统祭仪，彰显的都是较为浓厚的人治色彩。新民主主义革命时期，中国共产党在坚持马克思主义指导思想的前提条件下，努力探寻程序化的法治实践路径。新中国成立以后，中国共产党历届党中央领导集体领导全国各族人民持续推进法治政治的建设与发展。为此，政治仪式活动的组织者特别是地方各级党政力量需要在仪式展演过程中进一步细化关于国家法治实践的历史事实，从而有效避免一些西方国家对中国"科学立法、严格执法、公正司法、全民守法"的污名化。

大学生集体记忆的生产与再生产则需要依托基层党组织在政治仪式中

---

① 张洋，毛磊 . 适应形势 维护国家安全 庄严宣誓 强化宪法意识［N］. 人民日报，2015-07-02（11）.

② 本报评论员 . 尊崇宪法的庄严宣誓［N］. 人民日报，2018-03-18（5）.

的引领作用。高校党委作为学生直接性参与的政治仪式活动的组织者，需要通过积极组织宪法宣誓仪式，将法治价值理念融入仪式所包含的符号系统中，从而在大学生群体中凝聚以法治意识为核心的记忆内容。高校是对大学生进行政治价值观培育的主阵地，而深化其法治立场也是高校思想政治教育队伍需要承担的重要责任。在相关政治仪式展演过程中，他们需要发挥自身掌握的专业知识和专业能力，依据国家主流意识形态的价值要求以及大学生群体的人格发展特征，对仪式内部空间布置、仪式讲话内容和一系列仪式行动加以调整，做到唯实而不唯上、不唯书。在此基础之上，大学生群体将会在一次又一次的宪法宣誓仪式参与实践中，将群体内部形塑的关于规则政治、公正政治的记忆内容保存和传递下去。

从社会记忆的生产与再生产来看，大学生群体需要积极参与基层党政力量组织的政治仪式，特别是针对一些面向新上任的国家公职人员举行的通过性政治仪式，从而在国旗、国徽、宪法文本、宣誓台等共同构筑的符号系统中感受到相关党员干部对政治法治这一基本价值取向的严格遵守。大学生群体社会记忆的有效唤起、重构、固化与刻写需要在特定的仪式时空结构中完成，并融入多元化的社会力量。在这一过程中，他们将会融入政治仪式组织者所营造的"感染域"，在与其他仪式参与人员的互动交往中保存和传递对程序化的法治的肯定、接纳和赞同。

当上述三种记忆子系统在政治仪式中实现深度融合时，新时代大学生的政治立场即坚持党性与人民性相统一，为全面建设社会主义现代化国家贡献力量将会得到有效巩固和进一步的发展。一方面，大学生群体在高校教育体系中获取和积累较高质量水平的专业知识和专业技能；另一方面，他们也需要进一步丰富自身的精神世界，从而成为未来推进全面建成社会主义现代化强国的中坚力量。而政治仪式为上述目标的实现起到了显著促进作用。

第三节　增强"情感"功能以提升大学生政治信任水平

在政治仪式"情感"功能上，政治仪式组织者需要进一步优化与完善仪式展演过程中的三种互动结构，从而对大学生政治信任的作用机制形成积极影响，增强政治信任的网络化发展特征，进一步强化大学生对政治信任感的合理性反思。此外，在纵横连接的政治仪式链中，要实现大学生政治信任感的有效转型，需要从一种自然状态的情感转化为道德人格、政治理想。

一、强化大学生与仪式环境的互动以影响信任的作用机制

在第一种互动结构中，政治仪式组织者需要进一步强化大学生与特定仪式时空结构的互联互通，从而对增强大学生政治信任感形成积极影响。正如前文所述，在一些地方举行的政治仪式中，少数大学生并不能够被仪式现场的内部空间布置、党员干部发表的重要讲话内容以及一系列仪式行动所感染，而是出现了心离神游的状态。为此，政治仪式组织者需要进一步增强政治仪式时空结构的科学性、人民性特征，从而驱动大学生群体与仪式时空结构之间形成深度嵌套的互动结构。在此基础之上，大学生群体产生并增强政治信任感，就不只是呈现较为明显的理想性特征，而是基于仪式展演过程中的现实发展成就提升党政部门满意度。

其中，为了增强特定仪式时空结构的科学性、人民性特征，一方面，政治仪式组织者需要寻求高校和科研机构相关专家学者的专业知识和专业技能支撑；另一方面，政治仪式组织者还需要尊重人民首创精神，坚持调查研究与开门问策相结合，以保证仪式现场的空间正义。当前国内越来越多的学者致力于对政治仪式主题展开立体化的、详细的阐释与剖析，以进一步探寻其思想价值观念形塑功能，比如，南京大学政府管理学院的王海洲教授、南方医科大学马克思主义学院的曾楠教授等。由此，各地的党员

干部需要积极寻求相关研究领域的专家学者的专业支持，保证仪式地点的选择和仪式内部空间布置符合仪式观众特别是大学生群体的人格发展特征和发展规律，而不是缺乏足够的象征文化内涵。另外，政治仪式组织者要始终坚持人民群众是历史的创造者这一价值理念，在仪式时空结构的安排上汲取普通民众的意见建议，比如，对他们的日常生活实践和口述历史予以积极吸纳，从而在更高质量水平上凸显政治仪式时空结构坚持党的领导、人民当家做主、依法治国有机统一的发展特征。

此外，在互联网时代背景下，少数大学生在虚拟空间容易受到一些错误思潮的负面影响，从而不利于其为一些地方及其制定和执行的政策提供公正、有效的意见与建议。为此，政治仪式组织者需要进一步规范政治仪式程序，同时通过科学设置仪式器物的规格和数量、仪式展演活动的类型，从而更加全面、深入地展示地方各级党政力量在政治民主化、经济增长、社会保障体系完善、弘扬社会主义先进文化和实现绿色低碳发展上取得的建设成就。而为了实现仪式展演程序的规范化，一方面，政治仪式组织者需要吸取中国古代传统政治仪式和西方国家政治仪式中的优秀经验；另一方面，仪式组织者在安排仪式展演程序的过程中，需要严格遵守相关法律制度规范，以实现中华优秀传统文化的创造性转化与创新性发展，弘扬革命文化，发展社会主义先进文化。在此基础之上，越来越多的大学生个体成员将会在政治仪式中感受到多年来当地党政部门获取和积累的发展绩效，从而不断强化他们对地方政权体系的政治信任感。

二、增强大学生与其他参与人员的互动以重建信任的网络

在政治仪式的第二种互动结构中，政治仪式组织者需要构建一种可持续发展动力机制，以实现大学生与其他仪式参与人员之间互动交往的常态化发展特征，进而深化其政治信任感的网络化发展趋势。

这种发展动力机制的基本构成要素包括强烈的政治身份认同、共同的关注焦点以及共享的政治情感体验三个基础元素。在此基础之上，大学生个体成员与其他仪式参与人员实现这三个元素的相互嵌套，构建以相互尊

重和平等为核心内容的情感沟通关系。仪式现场摆放的仪式器物、仪式参与人员构成、党员干部的讲话内容和相关的庆祝游行活动都需要以不断强化大学生群体对中华人民共和国公民身份的认同感、归属感为实践目标。由此，政治仪式组织者在选用特定的象征物品、设计仪式展演活动时，需要考虑到大学生群体与其他仪式参与人员分享的历史事实和实践经历，从而驱动他们对上述符号体系的基本构成要素形成共同关注。那么，他们将会产生相应的、积极正向的政治情感体验。而随着政治仪式展演过程的推进，这种情感能量不断积聚，最终促使普通大学生与大学生党员、高校思想政治教育队伍、党员干部形成了较高质量水平的情感沟通关系。

在这一过程中，大学生群体将会逐渐平衡对中央和地方各级党政部门的政治信任感。正如前文所述，现阶段，少数大学生对中央、地方和基层政权体系的政治信任感呈现不平衡的发展状态，进而对他们发展积极正向的民主观、法治观、权力观、政党观和政府观形成一定的负面影响。为此，政治仪式组织者特别是地方和基层党员干部需要在政治仪式中体现自身的初心和使命，拉近自身和大学生群体之间的情感距离，由此产生的政治信任感更多的是依靠价值理性，而不是让工具理性占据中心地位。

三、增加大学生与自身的互动以强化对信任的合理性反思

在政治仪式的第三种互动结构中，政治仪式组织者不断强化仪式现场内部空间布置的科学性、人民性，逐渐增强仪式话语对现场仪式参与人员的辐射力量，增强政治仪式行动的创新性与规范性，而大学生群体作为重要的政治仪式观众，需要积极主动地实现对相关记忆内容的体悟以及对政治情感能量的吸收。由此，他们将会在更加全面、有效的基础上，对政治制度信任、政府部门信任、政府官员信任这三种政治信任子类型进行更加理性的思量，而不是在互联网空间中陷入降低政治信任感的蝴蝶效应。

大学生群体需要破除对政治仪式的偏见甚至是曲解。他们产生这一偏见的主要原因在于以下两方面：一方面，中国古代政治仪式具有较为强烈的等级性特征；另一方面，一些西方国家的政治仪式凸显操纵性特征。在

此基础之上，他们才对政治仪式产生了一定的误解。比如，中国古代帝王主导的军政仪式就呈现严格的等级划分。①《礼记·曲礼》曰："礼不下庶人，刑不上大夫，刑人不在君侧。"② 也就是说，礼仪规范不适用于庶人，刑罚不能用到大夫身上，受过刑罚的人不能在国君身边任职。这表明中国古代政治仪式具有等级分明的发展特征。上述传统政治仪式运行表征让在新中国共享自由、民主、平等权利的大学生群体产生了抵触心理。而在一些西方国家盛行的政治仪式则让大学生群体感受到其中的操纵性特征。例如，印度国大党就利用圣雄甘地的丧葬仪式，维护国大党的最高权威地位③；一些西方国家的政治仪式在不同群体之间起到增加恐惧感和敌意的作用，甚至在冷战背景下可以引起国际冲突④。这些案例都体现了一些西方国家政党力量组织的政治仪式具有较强的虚伪性、欺骗性特征。而大学生群体需要明确的是，由当代中国政治系统主导的政治仪式则更多的是凸显人民性特征，以丰富人们的政治认知，拉近党员干部和其他仪式参与人员之间的情感距离为重要目标。为此，大学生群体需要抛弃上述偏见，对中国政治仪式内部空间布置和展演过程予以澄清，从而对它们形成一种较为客观的基本判断。在此基础之上，大学生群体将会赋予中央和地方各级党政部门以客观的政治认知、积极正向的情感想象，进而不断深化对相关法律制度规范体系、政策文本产生的信任感与归属感。

四、提升大学生参与互动结构的持续性以推进信任的转型

政治仪式组织者需要强化大学生嵌入三种互动交往结构的周期性、重复性发展特征，从而促使后者的政治信任感从自然状态下的情感体验、道

---

① 胡元林，司忠华. 中国古代政治教化仪式及其社会功能 [J]. 湖南科技大学学报（社会科学版），2020，23（4）：167-174.

② 杨天宇. 礼记译注（上册）[M]. 上海：上海古籍出版社，2010：27.

③ KHAN Y. Performing Peace：Gandhi's Assassination as a Critical Moment in the Consolidation of the Nehruvian State [J]. Modern Asian Studies，2011，45（1）：57-80.

④ LINCOLN B. Revisiting "Magical Fright" [J]. American Ethnologist，2001，28（4）：778-802.

德人格升华为一种政治理想。

正如前文所述，当前，一些政治仪式活动特别是少数基层党政力量举办的政治仪式存在着较低质量水平的周期性再现现象。在这一过程中，部分大学生个体成员难以进一步发展和保持其与相关党员干部和其他仪式参与人员之间的情感沟通关系。为此，基层政权体系相关党员干部需要加强与中层、高层之间的衔接合作关系，同时进一步寻求高校相关专家学者的知识支撑，在此基础之上，保证三种互动结构的可持续发展，从而不断积蓄大学生群体的政治情感能量，使得短期的政治情感体验转化为长期的、稳定的政治情感状态。

其中，在政治情感体验产生、充实和发展的第一阶段，大学生群体在仪式中产生对国家的归属感和对党的感恩之情，进而形成对整个政治系统的政治信任感。换言之，这一类型的政治信任感是大学生群体对中华民族、党和国家所属的政治系统表现出情感上和意识上的归属感、依附感，并以相关法律制度规范约束自身政治行为的一种心理反应。在此基础之上，政治仪式组织者需要通过发展和保持纵横连接的政治仪式链，将上述在仪式展演过程中再现的心理反应升华为价值需要力、思想道德力、智慧力、意志力和反省力。在这一过程中，大学生群体的政治制度信任、政府部门信任、政府官员信任就不只是在一次政治仪式展演过程中被激发的政治激情，而是建立在对社会主义核心价值观的深刻体悟，对党员干部初心与使命的有效感受以及对自身与相关党员干部之间的情感沟通关系的平等性、相互尊重特征的体验等重要基础之上，体现出科学化的、理性化的特征。

第四节 建构"价值"功能纵横联动机制以增强大学生政治宽容度

针对政治仪式"价值"功能缺乏连接机制问题,政治仪式组织者则需要进一步强化政治仪式关系的生产与再生产机制,驱动大学生群体与相关党员干部共同建构、充实与发展政治价值共同体,进而促使前者有效抵抗来自历史虚无主义、泛娱乐主义、精致的利己主义等错误思潮的冲击,对地方各级党政力量及其制定和执行的相关政策保持着一种较为客观的政治宽容度,具体包括严格遵循"以人民为中心"原则,不断丰富参与相关政治活动的方式或手段以及增强政治宽容的中国式现代化结构表征。

一、完善"记忆"功能多元联动模式以刻写"以人民为中心"原则

值得人们予以广泛关注和重视的是,相关党员干部应当进一步完善政治仪式"记忆"功能的多元联动模式,促使大学生群体和其他仪式参与人员在历史记忆、集体记忆和社会记忆三重记忆序列中嵌入自身的现实生活实践和口述历史,进而深化大学生群体对记忆内容的体悟、存储和传递。在这一过程中,他们将会进一步强化对"以人民为中心"原则的认识与理解。

具体而言,一是农民、工人、知识分子等传统社会阶层自主地对政治仪式组织者讲述他们的经历、感受和对历史的评判,从而丰富党和国家历史发展逻辑下的话语叙事。新中国成立以来,他们就是中国广大人民群众中较为重要的社会阶层,从社会主义革命和建设时期、改革开放和社会主义现代化建设新时期,到中国特色社会主义新时代,获取和积累了较多的发展资源。在这一过程中,他们也将相应的历史事实记录下来,并凝聚于相关文本、器物和建筑物以及表现他们真实想法和心态的话语叙事之中。

政治仪式组织者应当将这些记忆内容融入仪式中的象征物品、仪式话语和一系列仪式行动之中，从而增加象征符号体系的文化内涵的主体性、常态性、深层性和动态性。

二是民营科技企业的创业人员和技术人员、受聘于外资企业的管理技术人员、私营企业主等以及在互联网时代大背景下出现的新媒体工作者则需要将他们在中国特色社会主义新时代背景下日常生产生活事件和生命历程，融入政治仪式所唤起、重构、固化和刻写的丰富多元的记忆内容中去。新兴社会阶层对群体过往的识记与保持将会进一步强化政治仪式展演过程中社会记忆的生产与再生产机制。在这一过程中，大学生群体将会依据当下的公共利益判断、人民立场，对"谁的记忆""记忆什么""如何记忆"进行全面、有效的建构。

三是大学生群体以自身的实践记忆，丰富政治仪式特定时空结构和展演过程凝聚的三重记忆序列。一方面，他们实现对过去亲身经历的识记与保持；另一方面，他们通过时空唤醒历史记忆。在这两种情况的综合作用之下，学生们将会进一步丰富自身的实践记忆，即为未来推进全面建设社会主义现代化国家，不断学习专业知识和专业技能，并在直接性的政治参与活动中执行积极参与策略。而大学生群体作为重要的政治仪式参与人员，在仪式展演过程中，通过加强与其他仪式参与人员之间的互动交往，将上述实践记忆嵌入到仪式内部的象征符号体系的发展与运行过程中，进而深化对维护广大人民群众公共利益的体悟。

二、推进"情感"功能网络化发展以丰富政治宽容呈现方式

政治仪式"情感"功能的网络化的发展将会进一步丰富大学生呈现政治宽容度的活动方式，即不只是体现在即时举行的直接性的政治参与活动所处的线下空间，而是在政治仪式的各环节、线上线下广泛分布。

政治仪式组织者需要将仪式展演过程所营造的"感染域"和"情绪场"通过互联网技术及其所支持的互联网空间物理层、逻辑层和社会层，实现对国内不同地理区域大学生个体成员甚至海外留学生群体的有效辐

射。柯林斯在《互动仪式链》一书中提出，互动仪式发生的前提性功能条件包括两个或两个以上的人聚集在同一场所、参与人员具有共同的身份归属、他们相互形成共同的关注焦点、分享共同的情感体验①，四个条件缺一不可。其中，他进一步强调，即便在未来，互联网技术层面获得了巨大的建设成就，"互动媒介""摄像机的镜头叙事"也无法将仪式现场产生的强烈的政治情感体验传递至身体不在场的其他人群中。但在现阶段，随着互联网技术特别是移动互联网技术的迅猛发展，全国各地的大学生群体以及远在海外的留学生群体均可以通过互联网直播平台，从多个视角观看政治仪式的整个展演过程，包括仪式现场相关象征物品的细节景观，仪式行动的空中、地面观看视角，现场仪式观众的微表情、手势、欢呼、挥舞的国旗和党旗等不同仪式行动。在这一过程中，他们将会深刻感受到仪式现场观众积极正向的政治情感体验，并在这种情感体验的互联网传播过程中感受到相关党员干部对自由、平等、尊重、正义和协商等价值结论的严格遵守。

在仪式后的宣传教育机制之中，相关党员干部应当依托于移动互联网的迅猛发展，以微信、微博等应用软件为重要载体，构建线上沟通交流平台，从而促使更多的大学生群体得以体悟到政治仪式所传达的政治理想以及相关党员干部为实现这一政治理想而践行初心、担当使命的信念，进而使他们不断提升政治宽容度。中国互联网络信息中心发布的第 53 次《中国互联网络发展状况统计报告》显示，截至 2023 年 12 月，中国移动电话基站总数达 1162 万个；移动互联网接入流量达 3015 亿 GB，同比增长 15.2%；三家基础电信企业发展蜂窝物联网终端用户总数 23.32 亿户，较 2022 年 12 月净增 4.88 亿户。② 在此基础之上，相关党员干部构建相应的互联网沟通交流平台，而大学生群体作为互联网原住民，较容易接受新事物，他们将会在高校思想政治教育队伍和社区党组织的引领下，积极参与

① 柯林斯. 互动仪式链 ［M］. 林聚任，王鹏，宋丽君，译. 北京：商务印书馆，2009：86.

② 第 53 次《中国互联网络发展状况统计报告》［EB/OL］. 中国互联网络信息中心，2024-03-22.

针对政治仪式内容发展与运行的宣传教育机制，进而有效汲取仪式中所包含的象征符号系统的丰富文化内涵，并就相关象征物品的设计、重要讲话的理解和仪式行动的剖析，与宣传教育机制中的主导者、相关专家学者进行平等、有效的沟通交流。由此，学生们既从中获取和积累了相应的专业知识，又感受到了党和国家领导人、相关党员干部以及多元化的社会力量对实现中国特色社会主义共同理想做出的努力、取得的建设成果，进而不断提升对国家、地方和基层政权体系的政治宽容度。

三、优化政治仪式链以强化大学生政治宽容的现代化表征

政治仪式组织者需要不断充实与完善纵横连接的政治仪式链，从而有效强化大学生群体政治宽容的中国式现代化结构表征，其中既包含着对中华优秀传统文化的创造性转化和创新性发展、对革命文化和社会主义先进文化的有效践行，又呈现出对国外不同理论流派中的优秀观点、主张的批判性吸收借鉴。

党的二十大强调，中国式现代化的九个本质要求分别是"坚持中国共产党领导，坚持中国特色社会主义，实现高质量发展，发展全过程人民民主，丰富人民精神世界，实现全体人民共同富裕，促进人与自然和谐共生，推动构建人类命运共同体，创造人类文明新形态"①。为此，需要注意的是，政治仪式组织者应当在政治仪式链中不断强化对中华优秀传统文化的传承与发展，进而使大学生群体认识到党和国家已经实现了从"民惟邦本"到"以人民为中心"的历史赓续和创造性转化、创新性发展。纵观中国传统政治修辞，"道""天""人""民本"等政治用语得到了频繁使用和深入阐释。对此，一方面，相关党员干部要认识到，最早可追溯至传统中国社会，儒家、道家、墨家思想流派就已经相互融合，形成了民本→安

---

① 习近平. 高举中国特色社会主义伟大旗帜 为全面建设社会主义现代化国家而团结奋斗 [M]. 北京：人民出版社，2022：23-24.

民思想，形塑一种超越流派与时代的最具公约性的学说①，并择取其中的优秀成分融入相应的象征物品、仪式话语之中；另一方面，他们也要意识到儒家礼治思想所包含的从天国、皇帝、行政官员到民间百姓之间的严格的上下等级关系，消解历史给定的约束性条件，嵌入以人民为中心的政治立场。国家政治仪式组织者对天安门广场及其象征文化内涵的创造性转化就为地方和基层政权体系发挥了良好的示范效应。在此基础之上，参与政治仪式的大学生群体将会深刻感受到中华优秀传统文化的丰富内涵和价值意蕴，同时也意识到中国政治系统及其各组成部分始终以维护广大人民群众的根本利益为宗旨。

面对革命文化和社会主义先进文化，政治仪式组织者应当在政治仪式链中实现两种文化的弘扬与发展，使得大学生群体对毛泽东、刘少奇、周恩来、朱德、陈云、邓小平等中国无产阶级革命家和五四运动、红军长征、抗美援朝等重大历史事件形成更加稳定的、富有精神文化内涵的价值记忆和理性取向的政治情感内容；对当前广大党员干部从思想理论指导、价值观念引领与宗旨立场恪守三个角度做出的发展社会主义先进文化的努力予以肯定和赞同。在新民主主义革命时期，以毛泽东同志为核心的中共中央带领全国各族人民有效抵抗了来自帝国主义、封建主义和官僚资本主义的剥削与压迫，最终成立了中华人民共和国；社会主义革命和建设时期，党政力量在国内领导全国各族人民"完成剿匪反霸，肃清特务，减租减息，征税征粮，恢复与发展生产，恢复与发展文化教育直至完成土地改革"②；在国际社会中坚决维护中华人民共和国国家主权的完整性。为此，政治仪式组织者需要将上述革命文化内涵嵌入特定的仪式时空结构、三种类型的仪式互动结构以及仪式结束后的学术研讨会中，进而使得大学生群体能够进一步深化对中国共产党伟大建党精神的体悟、学习与践行。此外，政治仪式组织者还需要在政治仪式链中逐渐嵌入中央和地方各级党政

---

① 闫小波. 何以安民：现代国家"根本性议程"的赓续与创制——以王韬、李大钊和毛泽东为中心的讨论 [J]. 文史哲，2020（2）：5-20，165.

② 中共中央文献研究室. 毛泽东文集：第6卷 [M]. 北京：人民出版社，1999：22.

力量在文化生产和服务的供给、需求和管理三个层面取得的建设成就，比如，在庆祝游行环节实现不同政治仪式情境的紧密串联，使得大学生群体认识到社会主义先进文化的发展活力在不断强化。由此，他们将会遵从同心共圆的大框架，对相关党员干部制定和执行的文化发展政策予以正确理解和践行。

面对国外不同理论流派提出的与现代性和现代化相关的理论、观点、原理，政治仪式组织者需要借助高校专家学者的知识支撑，对其中的优秀成分予以创造性转化和创新性发展，从而强化政治仪式链本身的发展动力机制。美国著名汉学家孔飞力（Philip Alden Kuhn）在《中国现代国家的起源》一书中提出了"根本性议程"（constitutional agenda）这一关键概念。"所谓'根本性'问题，指的是当时人们关于为公共生活带来合法性秩序的种种考虑；所谓'议程'，指的是人们在行动中把握这些考虑的意愿。"① 此外，孔飞力以中国现代国家的起源为研究主题，而不是将注意力放在现代"中国"的形成上，体现了他并不囿于西方中心主义僵化的思维模式，而是以中国现实国情及其丰富经验为个案，来验证他关于现代性构建的探索。② 对此，中国政治仪式组织者应当通过高校相关专家学者对相应理论、原理和观点的阐释进行批判性地吸收借鉴，从而在政治仪式展演过程中塑造一个更加切合中华优秀传统文化历史发展脉络和现代中国语境的大学生群体对国家建构的认知。在此基础上，不同仪式情境之间的串联趋于紧密，象征物品文化内涵的时代性特征日渐显著，仪式话语所包含的历史事实的完整性、客观性特征进一步强化以及仪式行动的丰富性、囊括的操演人员来源逐渐趋于多元化，因此纵横连接的政治仪式链获得和积累了源源不断的发展动力。

---

① 孔飞力. 中国现代国家的起源 [M]. 陈兼，陈之宏，译. 北京：生活·读书·新知三联书店，2013：1-2.
② 孔飞力. 中国现代国家的起源 [M]. 陈兼，陈之宏，译. 北京：生活·读书·新知三联书店，2013：11.

第五节　推进大学生仪式后政治参与的有序发展

除不断完善与优化政治仪式的"记忆"功能、"情感"功能、"价值"功能，并推进三种功能的相互作用以外，政治仪式组织者还需要注意的是，相关党员干部、高校思想政治教育队伍以及其他社会力量应推进大学生仪式后的政治参与行为的有序发展，包括在不同场域消解其政治参与意识的孤岛状态，保证不同利益诉求的平衡、充分发展，并在经过智能升级的大众媒体传播环境下构建大学生政治参与行为网络。

一、消除大学生不同场域政治参与意识的孤岛状态

何谓在不同场域中大学生政治参与意识的孤岛状态？少数大学生对待中央和地方各级党政部门组织的政治活动呈现差异化的政治态度，即对国家政权体系举行的政治活动呈现出积极的参与态度，并在互联网空间予以赞同和支持，却对一些地方举行的政治活动呈现出政治冷漠。为此，政治仪式组织者需要通过实现对仪式后主题教育的创新性发展，突破政治仪式时空结构和现实政治活动之间的场域界限，从而拉近大学生群体与地方相关党员干部的情感距离，进而平衡积极政治参与意识的分布状态。

省、自治区、直辖市一级政府是相关政策工具的具体应用者，而市、县一级政府则是发挥管理和治理能力的具体落实者。大学生群体需要积极参与地方公共管理活动，从而提高地方政权体系制定和执行政策过程的质量水平。为了全面、有效地实现上述目标，政治仪式组织者需要在仪式后向大学生群体宣传政治仪式共同符号体系及其发展和运行过程所包含的文化内涵，特别是坚持中国共产党的领导、坚持中国特色社会主义、实现高质量发展、发展全过程人民民主、丰富人民精神世界、实现全体人民共同富裕、促进人与自然和谐共生、推动构建人类命运共同体、创建人类文明新形态九个中国式现代化的本质要求。在此基础之上，大学生群体的政治

认知框架将会得到进一步丰富，政治情感实现理性化的升级。他们在三重记忆序列与政治情感相互交织的过程中对地方政府形成积极的政治态度，相信相关党员干部能够在政策制定和执行过程中维护广大人民群众的根本利益，而不是对少数地方政权体系呈现出将信将疑的态度。

基层政权体系是政策的直接监督实施者，是相关公共服务项目的直接责任者，是普通民众实现自由全面发展的直接帮扶者，也是相关政策法规的直接宣教者。基层党政力量需要强化对大学生群体参加直接性政治参与活动的引领作用。但少数大学生对基层社会范围内的相关党员干部，对关系到民生福祉、社会保障和基层事务的政治议题显得漠不关心或避而远之。为此，在基层主导的政治仪式活动中，相关党员干部需要嵌入契合大学生群体实践记忆和口述历史的象征物品中，并进一步丰富仪式参与人员构成，邀请新兴社会阶层代表到场参加，还需要将仪式讲话内容与大学生群体的经济利益需求、政治权利需求、社会保障需求和文化权利需求紧密结合。在此基础之上，大学生将会与当地特定的仪式时空结构、其他基层治理主体代表以及自我内心世界形成有效的情感沟通。他们传播政治仪式故事，从而与相关党员干部进一步强化情感共同体的公共性特征。那么，越来越多的大学生将会平衡自身对不同政治行为主体的政治信任感和政治宽容度，进而在高层、中层和基层的衔接合作中发挥积极作用，特别是在民主选举、民主协商、民主决策、民主管理和民主监督全过程人民民主的各环节中，运用自身的专业知识和专业技能，执行积极的政治参与策略，比如，在基层事务相关议题的民主协商过程中，加强与其他社会力量代表之间的沟通与交流，从而在求同存异中实现公共利益的更大化。

二、平衡大学生政治参与行为内含的不同利益需求

高层、中层和基层需要平衡大学生政治参与行为所包含的不同类型的利益诉求，而不是放任一些错误思潮在互联网空间对少数大学生的思想价值观念和外在行为模式释放负面效应。正如前文所述，当前大学生群体有着经济利益需求、政治权利需求、社会保障需求、文化权利需求等多元利

益诉求。而中央和地方各级党政力量需要不断提升引领力，整合多元社会力量，为满足大学生群体的上述利益诉求不断完善与优化相关政策法规的制定和执行过程，并根据后者提供的反馈评价意见，对上述政策过程予以进一步改进与充实。但少数大学生个体成员特别是海外留学生群体受到多元主义文化思潮的影响，形成了理想化的政治价值，相对缺乏现实质感，难以引起其他人群的情感共鸣。为此，相关党员干部需要进一步强化仪式后针对大学生群体发展与运行的宣传教育机制，使得他们深化以人民为中心的政治立场，正确体悟中国共产党的领导地位和根本宗旨，对地方各级党政力量满足其正当的利益诉求保持着积极的态度，进而实现多元利益诉求的平衡的、理性化的发展。

大学生群体的人民立场既存在着有效的代际传递效应，又因参与实践活动的强度有所不同而呈现程度上的差异。为此，基层党政力量需要整合高校思想政治教育队伍、经济组织、社会团体等多元化的社会力量，在仪式中对他们的人民立场进行正向调节，使得大学生群体三重记忆序列和政治情感的循环、交织与释放效能得到有效强化。中国共产党成立以来，党就领导社会各界积极践行人民当家做主的政治价值理念。换言之，人民立场立足于先辈们创造的历史传统和代际相袭的历史记忆，使得大学生群体的政治立场、法治立场和国家立场有所依托。此外，因为更多的大学生个体成员倾向于积极参与政治生活，而少数大学生则对此避而远之，所以他们的人民立场存在强度上的差异。而在仪式中，如果这些大学生能够通过与政治仪式符号系统相互融合，实现自我确证、他者世界的承认归属和权力权威的遵从信任，那么他们就会将自身的发展目标转化为实现内在精神世界的和谐发展，形塑马克思主义的政治价值立场，坚定中国特色社会主义和共产主义理想信念的党性立场，体现国家主流意识形态。

大学生群体参与地方各级党政力量组织的政治仪式活动，应当是以价值理性为核心，以维护广大人民群众的根本利益为宗旨，而不是使得工具理性出现功能错置。不同于革命时代人们遵循生存逻辑实施政治行为，当前大学生群体的政治参与策略是生存性价值理念与发展性价值理念辩证统一的结果。正如前文所述，少数大学生出现了精致的利己主义倾向，迎合体制内的、制度化的要求，以实现自身的利益诉求。在这种情况下，"人设文化""拟幼文化""佛系文化"等"亚文化"现象层出不穷，使得大学生的思想价值观念呈现出个性化与复杂化的趋势，政治行为方式也受到一定程度的影响。为此，在各级各地政治仪式中，包含多元基础要素的政治符号体系应当表现为政治价值观念多元一体的发展格局，即以维护广大人民群众的根本利益为宗旨，推进大学生政党观、政府观、民主观、法治观和权力观的积极正向践行。

此外，在中国特色社会主义新时代背景下，中央和地方各级党政部门要不断强化自身的元治理能力，努力将青年工作作为战略性工作来抓，用党的科学理论武装青年，用党的初心使命感召青年。为此，更多的大学生个体成员应当对自身多元利益需求加以区分归类，对基层事务的目标或任务进行归类，并基于不同的知识层面和信息来源进行有效分类，进而实施利益调适和利益求解，改进和完善共同体内部的利益共享机制。

三、在智能传播环境下构建大学生政治参与行为网络

现阶段，大学生政治参与行为的发展状态是零散的，是相对欠缺组织性的。为此，政治仪式组织者需要借助智能化的大众传播环境，拓展政治仪式展演过程和仪式后的主题教育、学术研讨会的云存储时间和传播范围。由此，越来越多的大学生将会选择加入积极正向的政治参与行为网络，具体表现在国内不同地区的大学生群体之间以及国内大学生群体与海外留学生之间。

就国内不同区域大学生群体而言，尽管在互联网技术迅猛发展的大背景下，他们能够通过物理层、逻辑层和社会层等互联网空间的基本组成部分，实现便捷、突破时空界限的互动交往，但少数大学生容易被其中泛娱乐化的"亚文化"内容或现象所吸引，而不是积极主动地汲取政治仪式活动中丰富的记忆资源和集体情感资源，积极参加仪式后的主题教育、学术

研讨会，并最终实现价值结论层面的升华，进一步丰富自身的精神世界。为此，相关党员干部作为政治仪式组织者，需要整合碎片化的社会力量，共同建立健全一个系统化的政治仪式内容智能传播环境。首先，较为关键的一步是国内主流媒体、新媒体工作者以及大学生自身需要以微博、微信、B 站、抖音等国内学生广泛使用的互联网社交平台为载体，将政治仪式及其所包含的象征文化系统，分解为一个又一个的微内容，以微表达的传播形态实现智能化、系统化的传播环境对大学生群体的有效作用。其中，微博、微信、微视频 "1—N—N" 的裂变性传播方式①更加符合大学生群体在互联网空间获取和积累信息的习惯，再加上 "网络大 V" 发挥宣传教育功能，上述微内容将会对他们形成更大的吸引力。此外，虽然中西部地区一些城市和农村地区的互联网基础设施、数据、协议、应用和社会层发展程度相对滞后于东部沿海地区，但是中国移动互联网的发展已经取得了较为显著的建设成就，去中心化的交流方式使得微媒体传播的信息量暴增。因此，基层党政力量应当整合高校思想政治教育队伍、专业性的社会组织，实现地区之间全面、有效的衔接与合作，即东部沿海地区提供相关专家学者的强有力知识支撑，中西部地区则贡献地方特有的历史记忆、集体记忆、社会记忆和文化记忆资源与集体情感内容，进而共同促进东中西部不同地区的大学生群体之间的科学化、组织化的沟通与交流。由此，不同地理区域的学生们共同体悟多元政治仪式所包含的丰富的历史事实，激发对党和国家的积极正向的政治情感甚至是彰显的政治理想，在认知与情感的交织中实现政党观、政府观、民主观、法治观和权力观的政治信仰升华，并外化为相互关联的政治参与行为网络。

从国内大学生群体与海外留学生群体之间的连接关系来看，相较于国内大学生群体，海外留学生群体身处远在几千米之外的西方国家，面临着一个与中国文化环境相迥异的生产和生活空间，容易受到西方国家一些错误思潮的负面影响。为此，他们需要通过构建、完善和充实智能化的互联

---

① 侯菲菲，陈树文. 微媒体环境下大学生政治认同探析 [J]. 思想理论教育导刊，2016（7）：122-124.

网传播环境，促使自身获取和积累更多的政治仪式相关信息，从而丰富精神世界，在中华优秀传统文化、革命文化和社会主义先进文化的强有力支持下，有效应对来自西方国家的文化适应压力。1969年，美国国防部资助建立了一个基于分组交换的网络，名为阿帕网（ARPANET），就是今天的互联网（Internet）的最早雏形；1971年，随着美国马萨诸塞州剑桥的BBN科技公司工程师雷·汤姆林森（Ray Tomlinson）开发出电子邮件，阿帕网技术开始向大学等科研机构普及；1973年，传输控制协议（Transmission Control Protocol，TCP）正式投入使用；1981年，因特网互联协议（Internet Protocol，IP）投入使用，传输控制协议/因特网互联协议（TCP/IP）成为既定的世界标准。① 而中国则于1994年正式接入国际互联网空间。当前是中国接入国际互联网空间的第30年，中国的互联网技术迅猛发展，同时主导建构了世界互联网大会这一相关企业、组织、机构和个人自愿结成的国际性、行业性、非营利性社会组织。因此，现阶段，海外留学生群体能够在更高质量水平上获得长距离的、来自国内的相关数据和信息，并能够通过相应的互联网基础设施、数据、应用和协议以及多元化的从事互联网活动的组织和个体，实现与国内大学生群体较为便捷的互动交往。在此基础之上，政治仪式组织者需要借助面向海外民众的国家主流媒体的力量，同时结合华人华侨相关社会组织发挥的重要作用，进而驱动海外留学生群体积极主动地获取国内政治仪式相关信息，并与其中的共同符号系统逐渐形成深度联结。由此，一方面，海外留学生群体得以深刻体悟党史、新中国史、改革开放史和社会主义发展史等中国重要的历史事实，并通过互联网空间与国内大学生群体围绕这些内容进行沟通与交流，在同辈群体中进一步深化自身对相关历史事实的认识与理解；另一方面，海外留学生群体可以通过运用网络直播的方式，与国内政治仪式中的相关党员干部形成间接意义上的情感沟通，从而拉近与后者之间的情感距离，进而在更高质量水平上对国内政治系统主导制定的相关制度法规政策予以强烈的政治信任感。基于此，他们将会致力于在西方国家不断提升自身的

---

① 孙华．中国互联网发展及治理研究［M］．北京：光明日报出版社，2016：1．

专业知识和专业技能，以在学成归来以后将政治参与行为意向转化为现实的政治实践，从而与国内大学生群体共同推动中国式现代化道路的进一步拓展。

第七章

总结与展望

大学生群体需要在坚持马克思主义指导思想的前提条件下，坚定人民立场，不断提升对各级各地党政部门的政治信任感，强化对政治系统的政治宽容度，并在政治活动中执行积极主动的政治参与行为。但极少数大学生在互联网空间和现实生活中，受到了历史虚无主义、泛娱乐主义、消费主义等错误思潮的负面影响，对一些严肃的历史事实戏谑化，同时也不了解当前国家政治系统及其各组成部分的具体运行机制。他们的政治价值观念和现实行为亟须在特定的时空结构中得到全面、有效的引导。而政治仪式作为影响人们思想价值观念的一种重要渠道，能够通过"记忆"功能、"情感"功能、"价值"功能的强有力发挥并实现三种功能之间的交互作用，从而达成上述目标。其中，政治仪式组织者如何引领多元化的仪式参与人员，实现大学生群体集体记忆、历史记忆和社会记忆三重记忆序列的有效建构与相互有机融合？政治仪式如何通过建立健全三种类型的仪式互动结构，驱动大学生完成从激发自然情感体验转化为道德人格，到形成较高质量水平的政治理想？政治仪式又怎样才能够通过纵横交错的政治仪式链和大众传播机制，将政治仪式符号系统所蕴含的价值结论和精神文化内涵深刻作用于大学生群体的内心世界，使得他们在同心共圆的大框架下，为党和国家及其主导制定和实施的政治决策予以全面、深入的价值支持？政治仪式又是如何运转和进一步发展仪式后的宣传教育机制，从而促使越来越多的大学生群体完成从"台前"到"幕后"的延续，为相关政治活动采取积极参与策略？本书正是围绕这一系列环环相扣的问题进行详细阐释的。

第一节 结论

促进大学生群体塑造出健康良好的政治价值观,强化其内部一致性程度,对发展人类政治文明新形态发挥着较为重要的作用。同时,政治仪式在形塑仪式参与人员政治价值观方面始终呈现较高质量水平的培育效能,而通过性政治仪式、纪念性政治仪式、庆祝性政治仪式等不同类型的政治仪式已经在党和国家的历史发展脉络中获得了较为良好的巩固与发展,具有明显的科学化、法治化特征,深刻体现人民立场。因此,笔者以政治仪式为重要渠道,探寻其促进大学生政治价值观可持续发展的理论逻辑和现实路径,针对其中存在的问题予以全面、深入的分析,并在此基础之上,提出切实可行的优化方案。

政治仪式"记忆"功能的发挥需要政治仪式共同符号系统实现有效运转,从而筑造相应的记忆之场,凝聚大学生群体的历史记忆、集体记忆和社会记忆。政治仪式"情感"功能的呈现则需要大学生群体与仪式时空结构之间的互动结构、大学生个体成员与其他仪式参与人员之间的互动结构、大学生个体成员与自我的互动结构这三种互动结构实现良好运转并相互嵌套,从而有效激发大学生群体的政治情感。政治仪式发挥"价值"功能则源于各级各地、不同类型政治仪式在不同阶段均能实现紧密联结。在此基础之上,大学生群体将会周期性地在政治仪式展演过程中实现三元记忆内容与政治情感之间的相互交织,进而在与相关党员干部的可持续情感沟通中不断提升对政治系统的政治宽容度。在上述基础元素的综合作用之下,政治仪式组织者主导仪式后宣传教育机制的展开,深化大学生群体对国家主流政治价值观念的认知与体悟,并最终转化为显性的政治参与能力,即在政治生活中积极参与到相关公共议题的讨论与沟通过程中,而不是成为一些政治活动的"装饰品"。

上述培育过程在发挥积极作用的同时,也存在着一些问题亟待解决。

笔者通过使用跨学科研究法、深描法、历史分析法等研究方法，发现这些问题具体表现为以下两点：在少数地方和基层举行的政治仪式中，大学生群体出现了三重记忆混淆现象；仪式中学生政治情感的激发过程并没有呈现出较为良好的效果，从而在现实政治生活中保持着政治冷漠状态，或者是在互联网空间实施非理性的政治行为。深究其原因，我们发现，不同区域之间、城乡之间存在着社会经济资源、互联网技术上的差异，同时政治仪式运行的权力基础弱化。这些变量相互作用，共同导致了上述困境的形成，不利于大学生政治价值观培育效能的强化。

总而言之，基于上文所述的这些因素，笔者认为政治仪式组织者需要从仪式外在环境的优化、仪式各项功能的充实与完善入手，为培育过程和培育效果的改进贡献力量。政治仪式的良好运行需要实现政治社会大环境、文化环境、校园小环境以及虚拟空间之间的互联互通、稳定和谐发展；需要构建三重记忆复合体系，以进一步强化大学生群体努力推进全面建设社会主义现代化国家的政治立场；需要增强政治仪式互动结构的网络化特征，从而完善与优化大学生政治信任网络，实现其政治信任感的有效转型；需要强化政治仪式的纵横连接特征，保证大学生群体能够在持续参与政治仪式活动中，不断深化对政治系统的政治宽容度；需要政治仪式组织者积极寻求来自高层、中层的强有力支持以及相关专家学者提供的知识支撑，从而充实与完善政治仪式后的宣传教育机制，促使越来越多的大学生个体成员呈现出较高质量水平的政治行为。

第二节　本书的局限性与尚待研究的问题

虽然本书已经对政治仪式及其大学生政治价值观培育功能进行了系统的分析，为未来政治仪式进一步强化自身的思想政治教育功能提供了一个较为合理的设想，但是其中仍然存在着一些不足之处，需要笔者在今后的研究过程中予以进一步完善与优化，包括研究方法、研究内容等方面。

一、本书的局限性

本研究需要在政治仪式和大学生政治价值观培育两个研究领域深耕多年，才能得出更加科学、深入的研究结论，所以研究团队在相关研究领域还有着较大的发展空间，还需要进一步强化和增加研究所需的理论基础、现实实践经验，并增加对各级各地不同政治仪式展演过程的多视角观察。在政治仪式研究领域，国内外学者总结提炼出多种理论观点，包括政治符号、集体记忆、社会记忆、历史记忆、文化记忆等方面，涵盖人类学、社会学、政治学等不同学科。基于此，研究团队还需要投入更多的时间、精力和资源，不断提升自身的理论素养和研究能力。此外，本书所构建的理论分析框架还需要根据现实实践做出相应的更新，特别是现阶段政治仪式培育大学生政治价值观的发展趋势的相关问题。

二、一些尚待研究的问题

第一，对当代中国政治仪式培育大学生政治价值观与王朝国家时期政治仪式发挥教化功能的对比研究。相较于王朝国家时期的政治仪式，一方面，当前政治仪式组织者需要实现仪式符号系统中华优秀传统文化内涵与革命文化、社会主义先进文化内涵之间的有机融合；另一方面，政治仪式组织者又要避免一些传统祭仪及其所包含的等级化的象征文化内涵对当代中国政治仪式产生侵蚀效应。为了实现上述目标，相关党员干部需要构建相应的民主协商平台，邀请社会各界代表特别是相关学科领域的专家学者参与其中，针对如何实现中华优秀传统文化和革命文化、社会主义先进文化的辩证统一发展，进行平等、有效的沟通与交流。而在这一过程中，如何确定协商的具体内容，如何协调多元意见，这些都是本书需要进一步加以剖析与阐释的地方。在探寻这些问题的答案的基础上，大学生群体才能够避免陷于单向灌输陷阱，同时强化政治仪式中互动交往过程的双向沟通特征。

第二，对中国政治仪式及其思想政治教育功能发挥过程和发挥成效与西方国家政治仪式相关功能进行对比研究。西方国家政治仪式历史发展脉络源远流长，比如，西方中世纪和近现代的就职宣誓仪式就有着较为明晰的仪式程序、价值内涵。但其中所蕴含的思想价值观念却体现了浓厚的专制主义色彩，消费型文化预设下的观念再生产。对西方国家的普通民众而言，这些政治仪式具有较为强烈的虚伪性、欺骗性和操纵性特征，对他们实现政治思想价值观念的自由、平等、民主发展形成负面影响。相反地，当代中国政治仪式却始终坚持人民主体地位，无论是在仪式内部空间布置上，还是在仪式讲话内容的安排上，抑或仪式行动的展演，均体现了普遍正义与特殊正义的有机融合。而对二者进行科学的比较研究，阐明中国政治仪式独特的价值功能对西方国家政治仪式相关功能的超越，将会是有待进一步分析的重要问题。

第三，政治仪式的法治化支撑进一步强化问题。当前中国的政治仪式已经获得了一些法律制度规范的有效支持。但同时我们也要注意到的是，政治仪式的法治化支撑还有着较大的发展空间，需要中央和地方各级党政力量深入挖掘政治仪式的"记忆"功能、"情感"功能、"价值"功能和实现三种功能之间的交互作用，并结合党和国家的历史发展脉络与中国的现实国情，充实和发展与政治仪式相关的法律制度规范体系，并增强相关法律制度规范的执行力，保证各级各地政治仪式组织者、仪式操演者能够严格遵守仪式程序与规范，积极驱动共同符号体系的有效运转。由此，大学生群体进一步强化人民立场、对党和政府的政治信任水平和政治宽容度，并外化为积极正向的政治参与行为。要想为上述学理论证提供切实有效的现实实践建议，研究团队还需要加强对中国政治系统和政治仪式展演过程的实证分析，获取更多的横截面数据和时间序列数据，以增强研究结论的科学性、客观性。这一研究目标的达成需要研究团队在后续的科研生活中积极运用定量与定性研究方法，从而强化相关研究内容和研究结论的有效性。

参考文献

一、中文文献

（一）专著

［1］中共中央马克思恩格斯列宁斯大林著作编译局．马克思恩格斯选集：第 1—4 卷［M］．北京：人民出版社，2012.

［2］中共中央马克思恩格斯列宁斯大林著作编译局．马克思恩格斯全集：第 28 卷［M］．北京：人民出版社，1973.

［3］中共中央马克思恩格斯列宁斯大林著作编译局．马克思恩格斯全集：第 3 卷［M］．北京：人民出版社，2002.

［4］中共中央马克思恩格斯列宁斯大林著作编译局．马克思恩格斯全集：第 16 卷［M］．北京：人民出版社，2007.

［5］中共中央马克思恩格斯列宁斯大林著作编译局．马克思恩格斯全集：第 29 卷［M］．北京：人民出版社，1972.

［6］中共中央马克思恩格斯列宁斯大林著作编译局．列宁选集：第 1—4 卷［M］．北京：人民出版社，2012.

［7］中共中央文献研究室．毛泽东文集：第 6—7 卷［M］．北京：人民出版社，1999.

［8］邓小平．邓小平文选：第三卷［M］．北京：人民出版社，1993.

［9］江泽民．江泽民文选：第二卷［M］．北京：人民出版社，2006.

［10］习近平．习近平谈治国理政：第一卷［M］．北京：外文出版

社，2014.

[11] 习近平．习近平谈治国理政：第二卷［M］．北京：外文出版社，2017.

[12] 习近平．习近平谈治国理政：第三卷［M］．北京：外文出版社，2020.

[13] 习近平．习近平谈治国理政：第四卷［M］．北京：外文出版社，2022.

[14] 习近平．高举中国特色社会主义伟大旗帜 为全面建设社会主义现代化国家而团结奋斗［M］．北京：人民出版社，2022.

[15] 中共中央文献研究室．改革开放三十年重要文献选编（上）［M］．北京：中央文献出版社，2008.

[16] 中共中央文献研究室．十四大以来重要文献选编（上）［M］．北京：中央文献出版社，2011.

[17] 中共中央文献研究室．十五大以来重要文献选编（上）［M］．北京：中央文献出版社，2011.

[18] 中共中央党史和文献研究院．十九大以来重要文献选编（中）［M］．北京：中央文献出版社，2021.

[19] 毕芙蓉．符号与政治：后马克思思潮研究［M］．北京：中国社会科学出版社，2016.

[20] 陈明长．社会主义核心价值观视域下高校共青团思想政治工作研究［M］．石家庄：河北人民出版社，2017.

[21] 陈月兰．核心价值观引领大学生思想政治教育研究［M］．北京：中国商务出版社，2018.

[22] 陈蕴茜．崇拜与记忆：孙中山符号的建构与传播［M］．南京：南京大学出版社，2009.

[23] 褚松燕．在国家和社会之间：中国政治社会团体功能研究［M］．北京：国家行政学院出版社，2014.

[24] 丰箫．价值观教育和国家建设：1949—1956 年上海高校政治课

研究［M］. 上海：学林出版社，2021.

［25］郭于华. 仪式与社会变迁［M］. 北京：社会科学文献出版社，2000.

［26］韩蕾. 论巴尔特：一个话语符号学的考察［M］. 成都：四川大学出版社，2019.

［27］胡国胜. 革命与象征：中国共产党政治符号研究 1921—1949［M］. 北京：中国社会科学出版社，2014.

［28］黄希庭，等. 当代中国青年价值观与教育［M］. 成都：四川教育出版社，1994.

［29］黄璇. 情感与现代政治：卢梭政治哲学研究［M］. 北京：商务印书馆，2016.

［30］纪程. 话语政治：中国乡村社会变迁中的符号权力运作［M］. 北京：中国社会科学出版社，2011.

［31］蒋艳. 社会主义核心价值观与大学生思想政治教育融合研究［M］. 南京：南京大学出版社，2017.

［32］居阅时，瞿明安. 中国象征文化［M］. 上海：上海人民出版社，2011.

［33］孔德博，王宇翔，冉冉. 大学生思想政治教育创新与实践：高校社会主义核心价值观教育研究［M］. 北京：九州出版社，2021.

［34］老子道德经注［M］. 王弼，注，楼宇烈，校释. 北京：中华书局，2011.

［35］李洁. 社会主义核心价值观融入高校思想政治理论课教学研究［M］. 北京：人民出版社，2022.

［36］李鹏. 高校大学生价值观与思想政治教育创新研究［M］. 长春：吉林出版集团股份有限公司，2020.

［37］李世黎. 社会主义核心价值观教育论：以高校思想政治论课为视角［M］. 北京：人民出版社，2016.

［38］李忠军. 意识形态安全与大学生政治价值观研究［M］. 长春：

东北师范大学出版社，2015.

　　[39] 联共（布）中央特设委员会．联共（布）党史简明教程 [M]．中共中央马克思恩格斯列宁斯大林著作编译局，译．北京：人民出版社，1975.

　　[40] 连艳辉，刘博典．社会主义核心价值观融入高校思想政治课程教学模式探析 [M]．北京：中国国际广播出版社，2017.

　　[41] 梁庆婷．大众传媒的思想政治教育功能研究 [M]．成都：电子科技大学出版社，2012.

　　[42] 刘慧．高校思想政治教育与核心价值观培育 [M]．北京：九州出版社，2017.

　　[43] 刘伶俐．连环画中的政治：以政治符号为视角 1949—1976 [M]．上海：华东师范大学出版社，2016.

　　[44] 刘颖，罗源．大学生社会主义核心价值观与思想政治教育融合策略研究 [M]．北京：九州出版社，2020.

　　[45] 刘永涛．话语政治：符号权力和美国对外政策 [M]．上海：复旦大学出版社，2014.

　　[46] 刘允正，郝春新，何新生，等．裂变与整合：大学生价值观的多样化趋势与高校思想政治工作创新体系研究 [M]．北京：光明日报出版社，2009.

　　[47] 龙丽达，卢旭东，袁满．新媒体时代高校思想政治教育与社会主义核心价值观培育 [M]．长春：吉林大学出版社，2016.

　　[48] 卢德平．青年文化的符号学阐释 [M]．北京：社会科学文献出版社，2007.

　　[49] 罗宇维．歌声中的祖国：政治现代化进程中的国歌 [M]．南京：江苏人民出版社，2022.

　　[50] 马俊锋．社会主义核心价值观与大学生思想政治教育研究 [M]．北京：光明日报出版社，2016.

　　[51] 马敏．政治象征 [M]．北京：中央编译出版社，2012.

［52］孟轲．孟子［M］．方勇，译注．北京：中华书局，2010.

［53］苗雪．大学生政治价值观教育研究［M］．太原：山西人民出版社，2018.

［54］钱澄之．庄屈合诂：钱澄之全集之三［M］．合肥：黄山书社，1998.

［55］邱其荣．大学生社会主义核心价值观培育与践行研究［M］．北京：光明日报出版社，2022.

［56］邱其荣．社会主义核心价值观引领大学生思想政治教育研究［M］．北京：中国商务出版社，2018.

［57］全国13所高校《社会心理学》编写组．社会心理学［M］．天津：南开大学出版社，2008.

［58］阮元．十三经注疏［M］．北京：中华书局，1980.

［59］商红日．政府基础论［M］．北京：经济日报出版社，2002.

［60］孙华．中国互联网发展及治理研究［M］．北京：光明日报出版社，2016.

［61］汤晓燕．革命与图像：法国大革命时代的图像与政治文化［M］．北京：人民出版社，2023.

［62］王柏中．神灵世界：秩序的构建与仪式的象征：两汉国家祭祀制度研究［M］．北京：民族出版社，2005.

［63］王春辰．图像的政治［M］．北京：中央编译出版社，2013.

［64］王海洲．政治仪式：权力生产和再生产的政治文化分析［M］．南京：江苏人民出版社，2016.

［65］王晓江，任霏，贾丹丹．社会主义核心价值观教育融入高校思想政治理论课教学研究［M］．北京：九州出版社，2018.

［66］吴国璋．传统与生活：中国历史文化研究新论［M］．南京：东南大学出版社，2007.

［67］夏增民．先秦秦汉政治价值观研究［M］．北京：人民出版社，2019.

[68] 肖滨. 现代政治与传统资源 [M]. 北京：中央编译出版社，2004.

[69] 谢岳. 当代中国政治沟通 [M]. 上海：上海人民出版社，2006.

[70] 新华社人民标尺课题组. 人民标尺：从百年奋斗看中国共产党政治立场 [M]. 北京：新华出版社，2021.

[71] 邢瑞娟，王纪鹏. 社会主义核心价值观融入大学生思想政治教育研究 [M]. 北京：中国社会科学出版社，2020.

[72] 许农合. 1949—1999 国庆大阅兵 [M]. 北京：中国青年出版社，1999.

[73] 徐平华，吴爱邦，袁汪洋. 执经达权：社会主义核心价值观融入艺术院校思想政治理论课路径研究 [M]. 北京：中国政法大学出版社，2018.

[74] 闫红梅. 背离策略与模糊的政治立场：卡里尔·丘吉尔 70 年代政治剧的戏剧符号学研究 [M]. 上海：上海交通大学出版社，2018.

[75] 袁光锋. "情"的力量：公共生活中的情感政治 [M]. 南京：江苏人民出版社，2022.

[76] 张能云. 社会主义核心价值观融入高职院校思想政治教育研究 [M]. 长春：东北师范大学出版社，2017.

[77] 张晓峰，赵鸿燕. 政治传播研究：理论、载体、形态、符号 [M]. 北京：中国传媒大学出版社，2011.

[78] 赵星植. 皮尔斯与传播符号学 [M]. 成都：四川大学出版社，2017.

[79] 赵勇刚. 文化政治与符号权力：约翰·菲斯克的大众文化理论研究 [M]. 北京：中国社会科学出版社，2017.

[80] 赵正文. 社会主义核心价值观融入大学生思想政治教育的创新机制研究 [M]. 北京：清华大学出版社，2018.

[81] 周谨平. 社会主义核心价值观的政治伦理内涵 [M]. 长沙：湖南大学出版社，2016.

［82］祝东.先秦符号思想研究［M］.成都：四川大学出版社，2014.

［83］祝东.早期中国符号学思想与伦理转向［M］.上海：上海人民出版社，2023.

（二）译著

［1］泰勒.人类学：人及其文化研究［M］.连树声，译.上海：上海文艺出版社，1993.

［2］涂尔干.宗教生活的基本形式［M］.渠东，汲喆，译.上海：上海人民出版社，1999.

［3］康纳顿.社会如何记忆［M］.纳日碧力戈，译.上海：上海人民出版社，2000.

［4］科泽.仪式、政治与权力［M］.王海洲，译.南京：江苏人民出版社，2015.

［5］卡西尔.人论［M］.甘阳，译.上海：上海译文出版社，2004.

［6］索绪尔.普通语言学教程［M］.高名凯，译.北京：商务印书馆，1980.

［7］詹姆逊.政治无意识：作为社会象征行为的叙事［M］.王逢振，陈永国，译.北京：中国社会科学出版社，1999.

［8］阿尔蒙德，维伯.公民文化：五个国家的政治态度和民主制［M］.徐湘林，戴龙基，唐亮，等译.北京：华夏出版社，1989.

［9］荣格.分析心理学的理论与实践［M］.成穷，王作虹，译.北京：生活·读书·新知三联书店，1991.

［10］弗洛雷.记忆［M］.姜志辉，译.北京：商务印书馆，1995.

［11］孔飞力.中国现代国家的起源［M］.陈兼，陈之宏，译.北京：生活·读书·新知三联书店，2013.

［12］柯林斯.互动仪式链［M］.林聚任，王鹏，宋丽，译.北京：商务印书馆，2009.

［13］卢梭.爱弥儿［M］.方卿，编译.北京：北京出版社，2008.

［14］派伊.政治发展面面观［M］.任晓，王元，译.天津：天津人

民出版社，2009.

[15] 英格尔哈特 . 现代化与后现代化：43 个国家的文化、经济与政治变迁 [M]. 严挺，译 . 北京：社会科学文献出版社，2013.

[16] 韦伯 . 社会学的基本概念 [M]. 顾忠华，译 . 桂林：广西师范大学出版社，2005.

[17] 施密特 . 网络行动国际法塔林手册 2.0 版 [M]. 黄志雄，等译 . 北京：社会科学文献出版社，2017.

[18] 布鲁斯－米特福德，威尔金森 . 符号与象征 [M]. 周继岚，译 . 北京：生活·读书·新知三联书店，2014.

[19] 哈布瓦赫 . 论集体记忆 [M]. 毕然，郭金华，译 . 上海：上海人民出版社，2002.

[20] 米德 . 心灵、自我与社会 [M]. 赵月瑟，译 . 上海：上海译文出版社，2008.

[21] 鲍德里亚 . 符号政治经济学批判 [M]. 夏莹，译 . 南京：南京大学出版社，2015.

[22] 拉什，厄里 . 符号经济与空间经济 [M]. 王光之，商正，译 . 北京：商务印书馆，2006.

[23] 特纳 . 仪式过程：结构与反结构 [M]. 黄剑波，柳博赟，译 . 北京：中国人民大学出版社，2006.

[24] 威利 . 符号自我 [M]. 文一茗，译 . 成都：四川教育出版社，2010.

[25] 古德温 . 政治正义论 论政治公正性及其对现代道德观和价值观的影响：上、下 [M]. 郑博仁，钱亚旭，王惠，译 . 北京：中国社会科学出版社，2011.

[26] 弗洛伊德 . 梦的解析 [M]. 殷世钞，译 . 南昌：江西人民出版社，2014.

[27] 阿斯曼 . 文化记忆：早期高级文化中的文字、回忆和政治身份 [M]. 金寿福，黄晓晨，译 . 北京：北京大学出版社，2015.

［28］哈贝马斯．在事实与规范之间：关于法律和民主法治国的商谈理论［M］．童世骏，译．北京：生活·读书·新知三联书店，2003．

［29］杜威．杜威五大讲演［M］．胡适，口译．合肥：安徽教育出版社，2005．

（三）期刊

［1］贝淡宁，崔佳慧，王生章．比较中国和西方的政治价值观：能学到什么，为什么重要［J］．吉首大学学报（社会科学版），2018，39（5）．

［2］边晓慧，苏振华．互联网使用对农民非制度化政治参与的影响：基于 SEM 的政治价值观中介效应检验［J］．安徽大学学报（哲学社会科学版），2020，44（5）．

［3］卞靖懿，娄淑华．国家治理现代化视域下大学生有序政治参与意识与习惯培养［J］．思想理论教育导刊，2019（1）．

［4］蔡宇宏．论我国新型政党制度的制度优势与治理效能［J］．社会主义研究，2020（2）．

［5］陈秉公．论"人格结构与选择"图型理论及其知识系统建构［J］．江汉论坛，2011（3）．

［6］陈念，金林南．思想政治教育在公共空间中的出场思考［J］．思想理论教育，2020（2）．

［7］陈念，金林南．思想政治教育中"思想"的实践维度觉解［J］．思想教育研究，2017（11）．

［8］陈水生．统筹治理：国家治理现代化的内源式重构［J］．南京社会科学，2014（7）．

［9］陈思．不同制度环境下的大学生民族主义价值观：基于对中国高校学生与在美留学生的比较研究［J］．河南社会科学，2018，26（6）．

［10］陈型颖，王衡．象征性地区主义及其发生机制：以东亚和拉美为例［J］．国际论坛，2021，23（1）．

［11］陈昱彤．升平累洽：论清代西藏地方年班贡品的政治内涵［J］．中国藏学，2022（2）．

[12] 陈媛媛. 集体记忆、英雄祛魅与政治象征：军队宣传微视频中的军人形象与塑造机制 [J]. 当代电视，2021 (12).

[13] 陈蕴茜. 纪念空间与社会记忆 [J]. 学术月刊，2012，44 (7).

[14] 池上新. 市场化、政治价值观与中国居民的政府信任 [J]. 社会，2015，35 (2).

[15] 迟淑清. 论蕴含于高校校园文化活动中的隐性思想政治教育 [J]. 黑龙江高教研究，2014 (2).

[16] 戴长征. 仪式和象征：当代中国基层政治的"控制艺术"和"权力技术" [J]. 江苏行政学院报，2010 (6).

[17] 狄英娜，高天鼎. 种族歧视凸显美国政治价值观危机 [J]. 红旗文稿，2020 (13).

[18] 范希春. 党内政治文化建设的基本维度 [J]. 前线，2020 (9).

[19] 冯鸣阳. 文本、图像与历史：宋画《中兴瑞应图》中的多重时间观念 [J]. 美术，2022 (11).

[20] 高春芽. 价值观政治与民粹主义激进右翼政党崛起的文化逻辑：文化反弹理论的分析路径及其限度 [J]. 当代世界与社会主义，2022 (2).

[21] 高芳芳，刘于思，王来迪. 政治信息接触与价值观如何影响中国网民的转基因食品态度？基于"格—群"文化理论的实证探索 [J]. 国际新闻界，2022，44 (5).

[22] 高洁. 论教师在价值观教育中的观点表达力 [J]. 教育科学研究，2021 (11).

[23] 高梦潇，刘志山. 政治仪式的思想政治教育功能研究 [J]. 思想政治教育研究，2020，36 (2).

[24] 耿旭，刘华云. 智能时代下中国主流政治价值观传播：模式、挑战与引领路径 [J]. 贵州社会科学，2020 (8).

[25] 顾友仁. 中国共产党政治价值观的历史建构 [J]. 湖湘论坛，2020，33 (6).

[26] 郭殊，朱绍明，万杨. 海外留学青年爱国意识状况的实证研究：

基于欧美日韩等国留学生的问卷调查分析［J］. 中国青年研究，2014（9）.

［27］郭素然，吕少博. 母亲情感温暖对青少年政治符号态度的作用机制［J］. 中国健康心理学杂志，2022，30（7）.

［28］韩伟华. 奥古斯都与罗马帝国象征秩序的形塑［J］. 学海，2021（6）.

［29］何卫平. 20 世纪 80 年代中国油画中的陕北高原及其价值构建［J］. 美术，2021（11）.

［30］贺雪峰. 如何理解现阶段中国城乡差距：兼与叶兴庆、李实商榷［J］. 社会科学，2022（6）.

［31］侯冲. 中国宗教仪式文献中的斋意类文献：以佛教为核心［J］. 世界宗教文化，2019（5）.

［32］侯菲菲，陈树文. 微媒体环境下大学生政治认同探析［J］. 思想理论教育导刊，2016（7）.

［33］侯莲梅，蒋家胜. 习近平传统价值观人学导向思想要论：基于思想政治教育视角［J］. 毛泽东思想研究，2017，34（6）.

［34］侯欣，邵竟莹. 论"泛娱乐主义"思潮对大学生价值观的负面影响及其消除［J］. 学校党建与思想教育，2022（16）.

［35］侯赞华. 党员干部对推动全面从严治党向纵深发展的政治态度研究：以对武汉市党员干部政治态度的调查为例［J］. 学校党建与思想教育，2018（17）.

［36］胡国胜，沈传亮. 百年大党的光辉历程和宝贵经验［J］. 人民论坛，2021，（19）.

［37］胡键. 中国古代国家治理：从文化象征的"大一统"到政治制度的"大统一"［J］. 党政研究，2023（4）.

［38］胡元林，司忠华. 中国古代政治教化仪式及其社会功能［J］. 湖南科技大学学报（社会科学版），2020，23（4）.

［39］胡志才. 基于江西红旅元素的丝巾文创产品设计［J］. 上海纺织科技，2021，49（10）.

［40］黄进．青年政治价值观教育载体研究［J］．中国高等教育，2022（18）．

［41］黄希庭，杨雄．青年学生自我价值感量表的编制［J］．心理科学，1998（4）．

［42］姬会然．论宪法宣誓制度的政治内涵、价值及其完善：以现代政治仪式建构为分析视角［J］．社会主义研究，2016（6）．

［43］季卫兵．新时代中国共产党人政治价值观建构的三重逻辑［J］．湖湘论坛，2020，33（6）．

［44］蒋艳．社会主义先进文化与社会主义核心价值观的共同属性论［J］．思想教育研究，2019（1）．

［45］金太军．论中国传统政治文化的政治社会化机制［J］．政治学研究，1999（2）．

［46］金炜玲，孟天广．公众参与、政治价值观与公众感知的政府质量：基于2015年中国城市治理调查数据［J］．中国社会科学院研究生院学报，2021（1）．

［47］荆学民，宁志垚．论中国政治传播在国家治理体系现代化中的战略地位和作用［J］．现代传播（中国传媒大学学报），2020，42（4）．

［48］李朝霞，段潇冉．程十发《歌唱祖国的春天》与社会主义春天的视觉建构［J］．美术观察，2023（9）．

［49］李大华．全真道教的现代宗教仪式及其科本分析：以香港为例［J］．宗教学研究，2020（1）．

［50］李济沅，孙超．大学生非制度化网络政治参与意愿研究：基于1159名在校大学生的实证分析［J］．中国青年社会科学，2022，41（3）．

［51］李静，姬雁楠，谢耘耕．中国大学生在社交媒体上的公共事件传播行为研究：基于全国103所高校的实证调查分析［J］．新闻界，2018（4）．

［52］李路路，钟智锋．"分化的后权威主义"：转型期中国社会的政治价值观及其变迁分析［J］．开放时代，2015（1）．

［53］李庆华，贾凯丽．新媒体时代大学生政治价值观认同研究［J］．思想政治教育研究，2017，33（5）．

［54］李蓉蓉，李晓丹，段萌琦．重大公共卫生事件中政治态度的变化路径研究：基于扎根理论的分析［J］．公共管理评论，2023，5（2）．

［55］李笑宇．全过程人民民主的治理效能与优化路径［J］．科学社会主义，2022（5）．

［56］李一楠．以红色社会实践活动推进大学生社会主义核心价值观教育的理性审视［J］．思想理论教育导刊，2019（2）．

［57］李应瑞．中国式现代化道路的政治文明意蕴探析：以新型国家制度为中心［J］．社会主义研究，2022（6）．

［58］李长真，王凯平．党内政治文化建设的思考［J］．学习论坛，2019（5）．

［59］李祖超，杨柳青．新时代大学生价值观发展现状与特征透视［J］．学校党建与思想教育，2019（24）．

［60］梁君健，苏筱．紫禁城遇到摄影术：灵韵的消逝与现代政治空间的形成［J］．民族艺术，2022（3）．

［61］梁少春．空间与象征：中国共产党国庆纪念研究的新维度［J］．党史研究与教学，2019（4）．

［62］刘浩然，张楚翘．何为引领青年？——基于政策文本的扎根理论分析［J］．中国青年研究，2021（9）．

［63］刘骄阳．后现代社会的政治仪式何以可能［J］．探索与争鸣，2018（2）．

［64］刘礼明．大学校园仪式的缺失与重构［J］．高教发展与评估，2012，28（5）．

［65］刘铭，翟荣惠．《西游记》中"如意金箍棒"的来源及意义［J］．明清小说研究，2020（2）．

［66］刘素贞．新时代提升高校基层党组织组织力探析［J］．思想理论教育，2021（11）．

［67］刘伟 . 市场化改革、政治价值观与城乡居民政治效能感［J］. 云南民族大学学报（哲学社会科学版），2021，38（2）.

［68］刘艳 . 新时代加强中国共产党政治价值观建设论析［J］. 思想战线，2022，48（6）.

［69］刘燕，高继文 . 以党内政治文化建设推动全面从严治党向纵深发展［J］. 山东社会科学，2022（1）.

［70］刘勇，杨也 . 思想政治理论课视阈下大学生政治价值观的培育路径［J］. 学校党建与思想教育，2018（17）.

［71］刘振环 . 新时代政治生态价值秩序研究［J］. 中共天津市委党校学报，2020，22（1）.

［72］同小波 . 何以安民：现代国家"根本性议程"的赓续与创制——以王韬、李大钊和毛泽东为中心的讨论［J］. 文史哲，2020（2）.

［73］吕晨晨，张勤 . 思想政治教育"是其所是"意义上的合法性辨析：基于历史与逻辑相统一的视角［J］. 思想教育研究，2019（12）.

［74］马丹阳，任志江 . 略论中国中西部工业发展［J］. 中共中央党校学报，2008（4）.

［75］马得勇 . 东亚地区民众政治宽容及其原因分析：基于宏观层次的比较研究［J］. 武汉大学学报（哲学社会科学版），2009，62（3）.

［76］马得勇，黄敏璇 . 网络舆论中的态度极化与虚假共识［J］. 国际新闻界，2023，45（7）.

［77］马敏 . 仪式与剧场的互移：对现代中国大众政治行为的解读［J］. 甘肃理论学刊，2004（4）.

［78］马敏 . 政治仪式：对帝制中国政治的解读［J］. 社会科学论坛，2003（4）.

［79］马小婷，王瑜 . 高校铸牢中华民族共同体意识的空间分层与优化策略［J］. 北方民族大学学报，2022（3）.

［80］毛睿 . 政治权力与视觉景观：重估郑和下西洋中的"麒麟"来华［J］. 北京社会科学，2020（9）.

[81] 孟宪斌. 融合工具理性与价值理性：对地方政府绩效管理运行逻辑的反思 [J]. 中国矿业大学学报（社会科学版），2020，22（4）.

[82] 欧巧云，邓集文. 毛泽东诗词对当代大学生思想政治教育的价值探究 [J]. 湖南社会科学，2018（1）.

[83] 潘宛莹. 政治社会化视域下大学生社会主义核心价值观培育研究 [J]. 思想理论教育导刊，2018（6）.

[84] 潘亚玲. 美国政治文化转型与两岸关系 [J]. 和平与发展，2017（6）.

[85] 蒲业虹，高建明. 传统政治文化对中国社会主义政治发展道路的影响 [J]. 当代世界社会主义问题，2018（4）.

[86] 邱柏生. 关注现代思想政治教育信息有效传播的策略问题 [J]. 学校党建与思想教育，2018（9）.

[87] 邱珍. 新时代中国特色社会主义政治文化的内涵和意义 [J]. 广西社会科学，2019（6）.

[88] 任宏. 清宫万寿承应戏《日月迎祥》《人天普庆》总本曲谱音乐特征分析 [J]. 戏曲艺术，2022，43（1）.

[89] 施仲贞，周建忠. 论钱澄之《屈诂》中的儒道互补思想 [J]. 南通大学学报（社会科学版），2020，36（3）.

[90] 石磊. 民主与幸福感：解析中国的民主幸福感现象 [J]. 青年研究，2018（3）.

[91] 宋伶俐. 人类命运共同体视域中大学生政治价值观认同研究 [J]. 学校党建与思想教育，2021（6）.

[92] 孙康. 高校思想政治理论课教师的学者角色和学术阐释力的提升 [J]. 学校党建与思想教育，2010（34）.

[93] 孙兰英，陈嘉楠. 网络新媒体对政府信任的影响：文化主义与制度主义的多重中介作用 [J]. 预测，2019，38（3）.

[94] 谭诗杰. 发扬湖南红色资源优势弘扬伟大建党精神：湖南高校铸魂育人的路径研究 [J]. 湖南社会科学，2022（2）.

[95] 唐绍欣, 刘阳. 政治环境、恶性通胀与币制改革 [J]. 现代财经 (天津财经大学学报), 2015, 35 (7).

[96] 唐亚林. 论中国共产党区别于其他政党的十大显著标志 [J]. 学术界, 2021 (10).

[97] 田峰. 试析唐玄奘的国家情怀及其文化心态 [J]. 法音, 2016 (6).

[98] 王聪聪. 欧洲激进左翼政党的意识形态与政治价值观 [J]. 马克思主义研究, 2021 (1).

[99] 王海洲. 政治仪式的权力策略: 基于象征理论与实践的政治学分析 [J]. 浙江社会科学, 2009 (7).

[100] 王海洲. 作为媒介景观的政治仪式: 国庆阅兵 (1949—2009) 的政治传播学研究 [J]. 新闻与传播研究, 2009, 16 (4).

[101] 王贺. 当代青年社会主义核心价值观认同之测度与评价 [J]. 高教发展与评估, 2018, 34 (3).

[102] 王立峰, 孙文飞. 党内法规执行力提升中的非正式制度研究 [J]. 学习与实践, 2023 (2).

[103] 王丽萍, 方然. 参与还是不参与: 中国公民政治参与的社会心理分析——基于一项调查的考察与分析 [J]. 政治学研究, 2010 (2).

[104] 王丽荣, 李若衡. 社会分层视野下的政治认同: 基于三种群体利益实现的视角 [J]. 北京行政学院学报, 2017 (3).

[105] 王玲宁, 李靓, 陈俊卿. 亚非拉民众中国国家形象生成的影响因素研究: 基于三个晴雨表的实证分析 [J]. 新闻大学, 2022 (5).

[106] 王培洲, 唐宝全. 中国共产党人政治价值观的信念系统、运行机理及现实功效 [J]. 学习论坛, 2022 (2).

[107] 王培洲. 中国共产党人政治价值观 "体—用" 系统的建构及功能释放 [J]. 治理研究, 2020, 36 (6).

[108] 王培洲. 新时代中国共产党人政治价值观的实现机理 [J]. 理论视野, 2021 (12).

［109］王倩，吴家华. 中国式现代化价值观论析［J］. 西安交通大学学报（社会科学版），2024，44（1）.

［110］王淑娉. 新时代青年政治价值观培育探析［J］. 社会科学战线，2020（8）.

［111］王淑琴. 政治仪式推动政治认同的内在机理：兼论政治仪式的特性［J］. 中共福建省委党校学报，2018（9）.

［112］王秀玲，万强. 清代国家祭祀礼仪的象征体系与政治文化内涵［J］. 深圳大学学报（人文社会科学版），2020，37（1）.

［113］王元亮. 中国东中西部城市群高质量发展评价及比较研究［J］. 区域经济评论，2021（6）.

［114］王云芳. 中华民族共同体意识的社会建构：从自然生成到情感互惠［J］. 中央民族大学学报（哲学社会科学版），2020，47（1）.

［115］王占西. 象形与会意：晚清民国邮旗的演变及文化解读［J］. 中国国家博物馆馆刊，2022（4）.

［116］王振杰. 论特色社会实践对大学生价值观的塑造［J］. 教育理论与实践，2021，41（15）.

［117］尉迟光斌. 马克思社会形态思想的三重维度及时代价值［J］. 理论导刊，2022（6）.

［118］吴宏政，黄蕾. 思想政治教育与知识教育的区别及其教育原理［J］. 思想政治教育研究，2018，34（2）.

［119］吴永贵，牛婷婷. 超级联盟：战时新华书店的"新华"命名与发行实践［J］. 华中师范大学学报（人文社会科学版），2020，59（3）.

［120］肖唐镖，余泓波. 农民政治价值观的变迁及其影响因素：五省（市）60村的跟踪研究（1999—2011）［J］. 华中师范大学学报（人文社会科学版），2014，53（1）.

［121］谢新清，王成. 建构中华民族共同体意识认同的符号机制：基于卡西尔文化符号学的启示［J］. 晋阳学刊，2020（4）.

［122］熊河水，张玉文. 江西新四军革命遗址的现状调查及对遗址保

护思路的探讨 [J]. 南方文物, 2020 (6).

[123] 徐大同. 政治文化民族性的几点思考 [J]. 天津师大学报 (社会科学版), 1998 (4).

[124] 宣朝庆, 葛珊. 历史记忆与自我认同: 中华民族共同体意识的文化自觉 [J]. 人文杂志, 2021 (12).

[125] 薛洁, 王灏淼. 国家认同: 现代多民族国家共同体意识的构建目标 [J]. 上海行政学院学报, 2020, 21 (5).

[126] 薛洁. 国家荣誉体系: 尊崇人民力量的政治象征系统 [J]. 学海, 2023 (5).

[127] 闫超栋, 马静. 中国信息化发展的地区差距及其动态演进 [J]. 软科学, 2017, 31 (7).

[128] 闫宁. 魏晋飨礼文舞武舞体系建构及其经学背景 [J]. 北京舞蹈学院学报, 2021 (4).

[129] 杨烁, 余凯. 组织信任对教师知识共享的影响研究: 心理安全感的中介作用及沟通满意度的调节作用 [J]. 教育研究与实验, 2019 (2).

[130] 仰义方, 向娇. 文化虚无主义的样态透视、成因反思与治理进路 [J]. 理论导刊, 2022 (2).

[131] 姚东. 论新时代中国政治文化的创新与发展 [J]. 科学社会主义, 2019 (6).

[132] 叶方兴. 论思想政治教育把握社会现实的特征与方式 [J]. 思想理论教育, 2019 (9).

[133] 叶小力. 盛典何以成为提升国家认同的媒介事件: 对新中国成立 70 周年国庆庆典直播的个案分析 [J]. 传媒观察, 2019 (12).

[134] 于京东. 地图上的 "绝对主义": 画像、空间与政治权力的再生产 [J]. 文艺研究, 2021 (8).

[135] 于京东. 法国大革命中的祖国崇拜: 一项关于现代爱国主义的政治现象学考察 [J]. 探索与争鸣, 2019 (10).

[136] 于京东. 近代法兰西的国家形象及其传播: 兼论共同体意识的

文化构建［J］．人文杂志，2021（4）．

［137］喻洁，张九海．微博客：思想政治教育博客去仪式化的新契机［J］．思想教育研究，2011（2）．

［138］喻永红．当代大学生政治价值观的特点与教育对策研究［J］．黑龙江高教研究，2003（6）．

［139］袁芳，马莹．民主社会主义思潮在西方青年群体中勃兴的新态势［J］．思想教育研究，2020（10）．

［140］曾楠，张云皓．政治仪式：国家认同建构的象征维度——以庆祝中华人民共和国成立70周年大会为考察对象［J］．云南民族大学学报（哲学社会科学版），2020，37（6）．

［141］曾楠．国家认同的生成考察：政治仪式的观念再生产视域［J］．安徽师范大学学报（人文社会科学版），2021，49（1）．

［142］曾楠．政治仪式建构国家认同的理论诠释与实践图景：以改革开放40周年纪念活动为例［J］．探索，2019（3）．

［143］曾燕，赵丹．边疆少数民族地区铸牢中华民族共同体意识研究［J］．西藏大学学报（社会科学版），2021，36（2）．

［144］曾燕波，叶福林．"农民工二代"政治价值观与社会稳定［J］．当代青年研究，2020（5）．

［145］张爱军．对网络非主流政治价值的除魅与消解［J］．哈尔滨工业大学学报（社会科学版），2018，20（1）．

［146］张国华．当代大学生价值观的时代特征［J］．江苏高教，2008（1）．

［147］张海霞，杨浩，庄天慧．共同富裕进程中的农村相对贫困治理［J］．改革，2022（10）．

［148］张家军，陈玲．学校仪式教育的价值迷失与回归［J］．中国教育学刊，2016（2）．

［149］张克芸．法兰西革命修辞与德意志封建威权的碰撞：析歌德的政治喜剧《平民将军》［J］．同济大学学报（社会科学版），2019，30（4）．

[150] 张雷声. 马克思主义是社会主义意识形态的旗帜和灵魂 [J]. 思想理论教育, 2008 (21).

[151] 张思军, 尹占文. 新时代中国共产党政治价值观的体系化建构 [J]. 科学社会主义, 2023 (1).

[152] 张杨, 刘志权. 20 世纪初中国乌托邦小说中的庆典想象 [J]. 南京师大学报 (社会科学版), 2019 (3).

[153] 张于, 曹明宇. 政治参与、政治心理与公众的警察信任: 基于有序 Probit 模型的分析 [J]. 云南行政学院学报, 2018, 20 (3).

[154] 张振. 中国共产党强调政治站位的逻辑及历史演进 [J]. 人民论坛, 2021 (20).

[155] 张志坤. 仪式教育审视: 教育人类学仪式研究视角 [J]. 中国教育学刊, 2011 (12).

[156] 章舜粤. 一九四八至一九六三年中共祭黄帝陵活动研究 [J]. 党史研究与教学, 2021 (2).

[157] 赵东东, 郑建君. 性而成命: 政治价值观的人格基础 [J]. 华中科技大学学报 (社会科学版), 2023, 37 (6).

[158] 赵虹元. 教师缺席: 学校仪式教育的固化与蜕变 [J]. 中国教育学刊, 2018 (4).

[159] 赵昕, 于爱涛. 基于上海市 7 所高校海归青年教师政治认同的研究 [J]. 云南民族大学学报 (哲学社会科学版), 2017, 34 (5).

[160] 郑建君, 刘静. 政治知识、政治价值观与公民政治参与: 基于市场化的跨层调节作用分析 [J]. 经济社会体制比较, 2024 (1).

[161] 郑建君, 赵东东. 当代中国公民政治价值观结构及特征初探 [J]. 政治学研究, 2022 (4).

[162] 郑建君, 赵东东. 国家何以稳定: 基于政治价值观影响作用的分析 [J]. 新视野, 2021 (1).

[163] 郑敏. 党的政治建设的核心要义、价值意蕴和实践路径 [J]. 思想理论教育导刊, 2018 (7).

［164］周金泰．陈列帝国：汉上林苑的博物空间及其方术、政治理想［J］．史学月刊，2023（2）．

［165］朱凯玲，刘建军．青年政治引领研究述评［J］．前线，2020（11）．

［166］朱庆跃．政治仪式在中共政党文化构建中的功能价值分析：以民主革命时期抗日纪念仪式为例［J］．现代哲学，2021（4）．

［167］庄仕文．改革开放以来中国政治价值变迁论略［J］．理论导刊，2019（1）．

（四）报纸

［1］本报评论员．坚定不移推进供给侧结构性改革：二论贯彻落实中央经济工作会议精神［N］．人民日报，2016-12-19（1）．

［2］井波．铸牢中华民族共同体意识 不断巩固各民族大团结［N］．新疆日报，2020-09-30（2）．

［3］习近平．发挥亚太引领作用应对世界经济挑战［N］．人民日报，2015-11-19（2）．

［4］习近平．在纪念孔子诞辰2565周年国际学术研讨会暨国际儒学联合会第五届会员大会开幕会上的讲话［N］．人民日报，2014-09-25（2）．

［5］习近平．在全国脱贫攻坚总结表彰大会上的讲话［N］．人民日报，2021-02-26（2）．

二、英文文献

（一）专著

［1］ARNOLD T W. The Symbol of Government［M］. New Haven：Yale University Press，1935.

［2］ARONOFF M J. Power and Ritual in the Lsrael Labor Party：A Study in Political Anthropology［M］. London：Routledge，1993.

［3］CHANG K C. Art，Myth and Ritual：The Path to Political Authority in Ancient China ［M］. Cambridge：Harvard University Press，2009.

［4］COLEMAN L. A Moral Technology：Electrification as Political Ritual in New Delhi ［M］. New York：Cornell University Press，2017.

［5］BRYAN D. Orange Parades：The Politics of Ritual，Tradition and Control ［M］. London：Pluto Press，2000.

［6］EPSTEIN J A. Radical Expression：Political Language，Ritual，and Symbol in England，1790—1850 ［M］. NewYork：Oxford University Press，1994.

［7］GENNEP A V，VIZEDON M B，CAFFEE G L. The Rites of Passage ［M］. London：Routledge &Kegan Paul，1960.

［8］GOFFMAN E. Interaction Ritual：Essays on Face－to－Face Behavior ［M］. New York：Pantheon Books，1967.

［9］FISCHER－LICHFE E. Theatre，Sacrifice，Ritual：Exploring Forms of Political Theatre ［M］. London：Routledge，2005.

［10］MCLAREN P. Schooling as a Ritual Performance：Towards a Political Economy of Educational Symbols and Gestures ［M］. London：Routledge & Kegan Paul，1986.

［11］STEWART R. Public Office in Early Rome：Ritual Procedure and Political Practice ［M］. Michigan：University of Michigan Press，1998.

（二）期刊

［1］AHLQUIST J. Digital Student Leadership Development ［J］. New Directions for Student Leadership，2017（153）.

［2］AISEN A，VEIGA F J. Does Political Instability Lead to Higher Inflation? A Panel Data Analysis ［J］. Journal of Money，Credit and Banking，2006，38（5）.

［3］ALBRECHT M. Ritual Performances and Collective Violence in Divided Cities－The Riots in Belfast（1886）and Jerusalem（1929）［J］. Political Geography，2021，86（5）.

［4］LÓPEZ LARA A F. Los Rituales Y La Construcción SimbóLica De La Política. Una Revisión De Enfoques ［J］. SocioLóGica, 2005, 20 (57).

［5］BACK L T, KEYS C B. Developing and Testing the College Student Empowerment Scales for Racial/Ethnic Minorities ［J］. Journal of Community Psychology, 2019, 48 (6).

［6］BERGOM I. How to Learn and Use Your Institution's Student Voting Rates ［J］. Dean and Provost, 2016, 18 (3).

［7］BUZALKA J. Nationalism, Religion, and Multiculturalism in Southeast Poland ［J］. Czech Sociological Review, 2007, 43 (1).

［8］SHUGEN C. Research on the Interactive Mode of Internet and Traditional Ideological and Political Education in Colleges and Universities ［J］. Argo Food Industry Hi-Tech, 2017, 28 (1).

［9］CHRISTOPHE N K, HOPE E, STEIN G L, et al. Critical Civic Engagement in Black College Students: Interplay Between Discrimination, Centrality, and Preparation for Bias ［J］. American Journal of Orthopsychiatry, 2021, 92 (2).

［10］COTTLE S. Mediatized Rituals: Beyond Manufacturing Consent ［J］. Media, Culture & Society, 2006, 28 (3).

［11］BAKER D I. Rhetoric, Ritual, and Political Legitimacy: Justifying Yi Seong-Gye's Ascension to the Throne ［J］. Korea Journal, 2013, 53 (4).

［12］ZHAO D. Negative Influence of Network Communication on Teachers of Ideological and Political Courses in Colleges and Universities and its Countermeasures ［J］. Argo Food Industry Hi-Tech, 2017, 28 (3).

［13］HILARY D, SHERRY J F. Ritual Dynamics of a Northern Lrish Festivalscape ［J］. Journal of Business Research, 2022, 153 (586).

［14］ESHRAGHI A, MOJARRAD M. The Investigation of Political Aspects of Hajj ［J］. Life Science Journal, 2012, 9 (4).

［15］HERNÁNDEZ E. Public Rituals and Political Processes in Chilpancingo: The Case of the Paseo Del Pendón [J]. Espiral Estudios Sobre Estado y Sociedad, 2012, 19 (53).

[16] FEI Z. The Evaluation to the Social Responsibility Consciousness of the College Students Based on AHP-fuzzy Model [J]. Journal of Intelligent & Fuzzy Systems, 2020, 38 (6).

[17] SIMPSON N. Botanical Symbols: A New Symbol Set for New Images [J]. Botanical Journal of the Linnean Society, 2010, 162 (2).

[18] FRISCHKNECHT F. Dialogue on Informatic Philosophy of Behavioral Sciences: Positivist Bias Misses the Symbol-System Point [J]. Behavioral Science, 1987, 32 (3).

[19] SOUROUJON G. "... que él me lo demande". Ritual Político y Sacralización en la Asunción Presidencial de Cristina Fernández [J]. Revista SAAP, 2014, 8 (1).

[20] GEORGE K M. Violence, Solace, and Ritual: A Case Study from island Southeast Asia [J]. Culture Medicine and Psychiatry, 1995, 19 (2).

[21] GORDON D M. The Cultural Politics of a Traditional Ceremony: Mutomboko and the Performance of History on the Luapula (Zambia) [J]. Comparative Studies in Society and History, 2004, 46 (1).

[22] GUSTAVO L. Discourse, Performance and Political Imagination in a Catholic Ritual [J]. Sociedad y Religion, 2011, 21 (36).

[23] HAHM C. Ritual and Constitutionalism: Disputing the Ruler's Legitimacy in a Confucian Polity [J]. The American Journal of Comparative Law, 2009, 57 (1).

[24] HARTNETT R T, PETERSON R E. Religious Preference as a Factor in Attitudinal and Background Differences Among College Freshmen [J]. ETS Research Report Series, 1967 (1).

[25] HESS D J, MAKI A. Climate Change Belief, Sustainability Education, and Political Values: Assessing the Need for Higher - Education

Curriculum Reform [J]. Journal of Cleaner Production, 2019, 228 (8).

[26] HYUNG P K. A political ritual called election: South Korean liberal democracy seen from the ground [J]. Kookmin Social Science Reviews, 2019, 32 (1).

[27] IZOGO E E, UDUMA N E, ITUMA E, et al. Social Media Political Word-of-mouth and Citizens' Involvement: A Potent Mix for Wnhancing Real-world Political Participation Amongst Millennials [J]. European Journal of International Management, 2023, 21 (1).

[28] JONES-JANG M, LEE H, PARK Y J. The More Friends, the Less Political Talk? Predictors of Facebook Discussions Among College Students [J]. Cyberpsychology, Behavior and Social Networking, 2014, 17 (5).

[29] REYES F J. De La Velada De Club a La Estética De Los Cortejos: La Construcción Del 1° De Mayo Socialista En La Argentina Finisecular (1894—1900) [J]. Boletín Del Instituto De Historia Argentina y Americana Dr. Emilio Ravignani, 2016, 44 (6).

[30] JESSOP B. The Rise of Governance and the Risk of Failure: The Case of Economic Development [J]. International Social Science Journal, 2002, 50 (155).

[31] NEURATH J. Ingobernables: Autonomía y Ritual En Una Sociedad Compleja Contra El Estado [J]. Revista De Antropologia, 2023, 66 (1).

[32] KARIRYAA A, RUNDE S, HEUER H, et al. The Role of Flag Emoji in Online Political Communication [J]. Social Science Computer Review, 2020, 40 (5).

[33] KAWAI T. The Symbolic and Non-symbolic Aspect of Image: Clinical and Cultural Reflections [J]. Journal of Analytical Psychology, 2022, 67 (2).

[34] KHAN Y. Performing Peace: Gandhi's Assassination as a Critical Moment in the Consolidation of the Nehruvian State [J]. Modern Asian Studies,

2011, 45 (1).

[35] KOH S WRIGHT B. Trans-Border Rituals for the Dead: Experiential Knowledge of Paternal Relatives After the Jeju 4. 3 incident [J]. Journal of Korean Religions, 2018, 9 (1).

[36] LAVERGHETTA A, STEWART J, WEINSTEIN L. Anti-intellectualism and Political Ideology in a Sample of Undergraduate and Graduate Students [J]. Psychological Reports, 2008, 101 (3).

[37] LEE K M. Effects of Internet Use on College Students' Political Efficacy [J]. Cyberpsychology & Behavior, 2006, 9 (4).

[38] LI Q, WU M, HAN L. Multidimensional Ideological and Political Education of College Students Based on the Computer Platform [J]. Argo Food Industry Hi Tech, 2017, 28 (1).

[39] LI X. The Integration Path of Mental Health Education and College Students' Ideological and Political Education [J]. HTS Theological Studies, 2023, 79 (4).

[40] LINCOLN B. Revisiting "Magical Fright" [J]. American Ethnologist, 2001, 28 (4).

[41] LIU X W, ZOU Y, WU J P. Factors Influencing Public-sphere Pro-environmental Behavior Among Mongolian College Students: A Test of Value-Belief-Norm Theory [J]. Sustainability, 2018, 10 (5).

[42] LOVENDUSKI J. Prime Minister's Questions as Political Ritual [J]. British Politics, 2012, 7 (4).

[43] MACHIMURA T. Symbolic Use of Globalization in Urban Politics in Tokyo [J]. International Journal of Urban and Regional Research, 1997, 32 (3).

[44] MALDONADO-BAUTISTA I, KLEIN P G, ARTZ K W. The Role of Political Values and Ideologies of Entrepreneurs and Financiers [J]. Entrepreneurship Theory and Practice, 2021, 47 (1).

［45］ MARIA B. Náayeri Customs and Cosmopolitics. The Dilemma of Hermeticism and the Struggle for Territory Against Megaprojects ［J］. Revista De El Colegio De San Luis, 2019, 9 (18).

［46］ MCFALLS J A, JONES B J, GALLAGHER B J, et al. Political Orientation and Occupational Values of College Youth, 1969 and 1981: A Shift Toward Uniformity ［J］. Adolescence, 1985, 20 (79).

［47］ MCLEAN J D. Presidential Address. Rights, Rituals and the Political Process ［J］. Canadian Psychiatric Association Journal, 1978, 23 (8).

［48］ MEDLIN M M, SACCO D F, BROWN M. Political Orientation and Belief in Science in a US College Sample ［J］. Psychological Reports, 2020, 123 (5).

［49］ MENG X X, ZHOU S H. News Media Effects on Political Institutional and System Trust: The Moderating Role of Political Values ［J］. Asian Perspective, 2022, 46 (1).

［50］ MORENO M C F. Raíces rituales del Rito Escocés Antiguo y Aceptado en las Tradiciones Masónicas Novohispanas y Mexicanas de los Siglos XIX al XXI ［J］. Revista de Estudios Históricos de la Masonería Latinoamericana y Caribeña, 2022, 14 (2).

［51］ MUÑOZ M M V. Etnicidad y Nuevos Espacios de Participación Política y Ritual de las Mujeres Rarámuri en los Asentamientos de la Ciudad de Chihuahua ［J］. Andamios, 2018, 15 (36).

［52］ NILSSON A, MONTGOMERY H, DIMDINS G, et al. Beyond 'Liberals' and 'Conservatives': Complexity in Ideology, Moral Intuitions, and Worldview Among Swedish Voters ［J］. European Journal of Personality, 2020, 34 (3).

［53］ JARAMILLO P. Kariburu: Ritual Digression and Political Positioning in the Healing Practices among the Embera ［J］. Universitas Humanística, 2007, 63 (6).

［54］PANSTERS W G, VAN RINSUM H J. Enacting Identity and Transition: Public Events and Rituals in the University (Mexico and South Africa) ［J］. Minerva, 2016, 54 (1).

［55］PRICKETT P J, TIMMERMANS S. "If no one grieves, no one will remember": Cultural Palimpsests and the Creation of Social Ties Through Rituals ［J］. The British Journal of Sociology, 2022, 73 (3).

［56］PUST R A, DROST C, WILLERDING H, et al. Medieval Scenes of Ritual Circumcision as A Reflection of Sociopolitical Circumstances ［J］. Die Urologie, 2005, 44 (3).

［57］QI F H, CHANG Y Q, KESAVAN R, et al. Online and Offline teaching Connection System of College Ideological and Political Education Based on Deep Learning ［J］. Progress in artificial intelligence, 2021, 12 (5).

［58］QUEIROZ V. Na Rua, No Meio Do Redemoinho: Das Mediações De Exu No Espaço Público à Ação Político – Ritual em Dois Contextos Afro – Religiosos ［J］. Religião & Sociedade, 2022, 42 (1).

［59］RHEE B S, KIM A. Collegiate Influences on the Civic Values of Undergraduate Students in the US Revisited ［J］. Asia Pacific Education Review, 2011, 12 (3).

［60］RUI Z. Research on Evaluation System of Ideological and Political Education of College Students Based on Decision System ［J］. Soft Computing, 2022, 26 (24).

［61］TAO H, DAI Z W, WU Q Q, et al. Textual Research on the Changes of the Ritual of Shiguan Ceremony in the Wei, Jin, Northern and Southern Dynasties ［J］. Journal of Silk, 2021, 58 (12).

［62］TAYLOR L K, DAUTEL J, RYLANDER R. Symbols and Labels: Children's Awareness of Social Categories in a Divided Society ［J］. Journal of Community Psychology, 2020, 48 (5).

［63］TAYLOR S. Symbol and Ritual Under National Socialism ［J］. The

British Journal of Sociology, 1981, 32 (4).

[64] VALLOTTON C D, AYOUB C C. Symbols Build Communication and Thought: The Role of Gestures and Words in the Development of Engagement Skills and Social-Emotional Concepts During Toddlerhood [J]. Social Development, 2010, 19 (3).

[65] VULETIC G. Disrupted Narrative and Narrative Symbol [J]. Journal of Analytical Psychology, 2018, 63 (1).

[66] WAHID A. Transforming Rituals: Creating Cultural Harmony among the Dou Mbawa of Eastern Indonesia [J]. HTS Theological Studies, 2022, 78 (1).

[67] WANG Q. A Study on the Cultivation of Values of Maritime College Students Occupational Pride [J]. International Journal of Information and Education Technology, 2019, 9 (6).

[68] WEN X. Research on Transformation from Patterning Education to Autodidacticism of Ideological and Political Education [J]. Argo Food Industry HiTech, 2017, 28 (1).

[69] WILLEMS W. The Ballot Vote as Embedded Ritual: A Radical Critique of Liberal-Democratic Approaches to Media and Elections in Africa [J]. African Studies, 2012, 71 (1).

[70] ZHENG L J, PAN C R, ZHAO J. The Implicit Theory of Creative Personality on College Students: Talents of Different Areas and Attributions [J]. Psychological Science, 2010, 33 (6).

后 记

　　本书是南京理工大学公共事务学院章荣君教授和南京理工大学马克思主义学院博士研究生端木燕萍共同努力完成的，具体分工如下：章荣君教授主持和负责本书的总体设计、规划部署、研究实施和沟通协调，并承担了绪论的撰写工作；南京理工大学博士研究生端木燕萍承担了本书第一章至第七章的撰写工作。章荣君教授与端木燕萍共同承担了全书的统稿、修订与校对工作。

　　本书聚焦于政治仪式这一中华优秀传统文化、革命文化与社会主义先进文化融合发展的重要场域，探索其作用于大学生政治价值观培育的具体过程和效能。基于当前中央和地方各级党政部门对政治仪式及其思想政治教育功能的重视，再加上大学生群体对国庆阅兵仪式、"七一"纪念活动等不同政治仪式的关注及其主体性的彰显，我们致力于从基本概念、理论基础、分析框架、现实实践等进行深入研讨，对基于大学生政治价值观培育的政治仪式展开深描。本书的撰写可以说是对本研究团队各成员近年来有关政治仪式及其思想政治教育功能理论和实践探索的一次小结。

　　感谢整个研究团队的共同努力，感谢相关研究领域学者在选题确立和撰写过程中给出的意见、赠赐的研究材料，感谢光明日报出版社编辑老师为本书的出版工作倾注了大量心血，提出了诸多宝贵的修改意见。本书的顺利付梓，得益于你们的大力支持。

作者谨识

于癸卯年癸亥月·音乐台东南